梅莉·史翠普

永遠的最佳女主角

Her Again
Becoming Meryl Streep

Michael Schulman
麥可·舒曼 著

溫若涵 譯

獻給傑米
（For Jamie）

「我可以直說嗎？
沒有所謂**最佳**女演員；
也不存在所謂**世界上最偉大**女演員。

我現在已經到了可以得知秘密情報的階段，
所以知道這些都是真的。」

———— 梅莉‧史翠普

2009 於美國演員工會獎（SAG Awards）頒獎典禮，
以《誘惑》（Doubt）奪下最佳女演員獎

目次

國際好評

「才華洋溢者容易吸引同樣有才華之人：
而麥可·舒曼正是梅莉·史翠普應得的傳記寫作者
——謹慎、流暢、讀來讓人愉悅，
他完美詮釋這位美國最偉大女演員輝煌事業的轉捩點。」

—— 資深影評家 彼得·畢斯肯德（Peter Biskind）

「這不僅是一本迷人的傳記，
也讓人一窺精彩表演所產生的化學反應。
透過仔細的研究及極具感染力的熱情，
麥可·舒曼在讚揚梅莉·史翠普工藝的同時，
也將一個偶像還原為人。」

—— 時尚部落客 妲薇·蓋文森（Tavi Gevinson）

「以狂熱支持者的熱情和評論家的謹慎，
麥可·舒曼編年紀錄了梅莉史翠普的早年生活。
這不僅是針對一個年輕藝術家的側寫，
更對那支離破碎的七〇年代紐約的社會、文化氛圍有著生動描繪。
這是即將成為史翠普的史翠普：一本名人傳記，
但以感動人心、引人入勝的成長小說形式來呈現。」

—— 作家 蘿貝卡·米德（Rebecca Mead）

「終於,我們有機會近距離觀察偉大演員之林裡,
更正,近距離觀察那無與倫比、史上最偉大的演員
從她讓世人屏息的第一天,
到眾人紛紛回望、為其演技心碎的每一階階梯,
直到她走上表演藝術的萬神殿。
謝謝你,麥可‧舒曼,
讓我們終於能抵達她所創造的每一個『她』身邊:
從《越戰獵鹿人》的琳達、《克拉瑪對克拉瑪》的喬安娜,
到所有梅莉史翠普以獨特、令人慚愧的豐沛才華喚醒的角色們。」
——《永恆的優雅:奧黛麗‧赫本、第凡內早餐與好萊塢璀璨魔法》作者
山姆‧華森(Sam Wasson)

「這本書以漂亮的觀察力、深切的熱愛來描寫這位正站在所有轉變邊界的女演員。
它不僅捕捉到梅莉的起點,還有那一整個年代。
所有對梅莉、對好萊塢、對劇場有興趣,
或單純想變得不可思議地青春洋溢的人,
都得讀這本讓人愉快、敬佩的書。」
——《修女也瘋狂》編劇 保羅‧魯德尼克(Paul Rudnick)

「針對梅莉早期生活及事業,一本發人深省、充滿洞見的編年計事。」
——《克拉瑪對克拉瑪》珍‧亞歷山大(Jane Alexander)

給繁體中文版讀者的一封信

親愛的讀者們：

很高興看到《梅莉·史翠普：永遠的最佳女主角》遠渡重洋，有了中文版。對所有作者來說，作品若能在他生命航線之外的地方、以他不懂的語言被閱讀，都是件讓人感到振奮刺激的事。不過，我也希望我在寫這本書時的快樂及投入的努力，能在任何語言中被翻譯出來。

為什麼我會決定要寫一本有關梅莉·史翠普的書呢？一直以來，我都很仰慕她的電影作品，尤其是《穿著 Prada 的惡魔》以及《克拉瑪對克拉瑪》（Kramer vs. Kramer）。年過六十歲的現在，她在電影產業中有著罕見、重要的位置，幾乎全世界都承認她是最偉大的女演員。但同時，她的人生故事又鮮為人知。我不禁開始思考：她是如何成為現在的她？早年的她是被怎樣的外力雕磨？梅莉·史翠普已經被確立在崇高的萬神殿太久，以至於沒人記得她是如何走上去的。

於是，和寫出她完整生平相比（值得稱幸的是，這件事還遠未能達成），我決定要關注她的出發點：她如何成為一位演員，以及如何成名。我非常喜歡把現在我們所認識的無敵史翠普，和當年那個還在摸索、涉世未深的年輕女子並置對照。當我更仔細檢視二十餘歲的梅莉時，我漸趨發現這和我感興趣的其他主題多有重疊：七〇年代骯髒油膩的曼哈頓、女性主義、新好萊塢……。我也知道她曾和約翰·卡佐爾（John Cazale）有過一段悲劇性的、狂熱的戀情，而這是她生命中鮮少被了解的一章。當那個年輕的梅莉·史翠普形象浮現出來——那個熱戀中，在紐約翠貝卡區（Tribeca）晃蕩，正準備席捲世界的身影——形成一股我無法抵擋的寫作衝動。

調查過程就像是個龐大又有趣的尋寶遊戲，費時約莫一年半。幸運的是，大約九成的人都答應受訪。最終有八十餘位受訪者：導演、演員、同學、教師、前男友……所有我能找到的人。有些人記憶模糊，有些記得清清楚楚。有些人是好萊塢重要人士如羅伯特‧班頓（Robert Benton），其他人則不為大眾所知 —— 例如，「公園裡的莎士比亞劇組」（Shakespeare in the Park）的其中一人 —— 但他們依然回憶起一個小細節或一小段對話，讓整個故事更為豐富。

我是個土生土長的紐約客及劇場愛好者，也因此被許多和梅莉有關的紐約在地元素所吸引，像是她如何參與備受尊崇的公共劇場。對於離曼哈頓、波契浦西（Poughkeepsie）或紐哈芬（New haven）[1]有點遙遠的讀者來說，有些地方和名字可能有些不熟悉，但我希望這本書的主題是無遠弗屆的。對我來說，這是個關於一位年輕女子，如何以不可思議的才華在世界找到歸屬的故事。她從一個有天賦卻還彷徨的青少年，在歷史生涯的交叉點做出選擇，成為一個成熟的大藝術家。

請好好享受。

麥可‧舒曼

2017 年 9 月 4 日於紐約

1、 三處都是美國東岸的城市或行政區

Prologue
序曲

成為一個明星從來不是她的優先要務，但她會用自己的方式做到，只用她
的才華和奇異的自信清場鋪路。就像她在大學一年級時寫給前男友的信裡
說的一樣：

「我到了一個未知的臨界點，接下來會很可怕、很美好。」

並非所有電影明星都生來平等。如果我們把整個好萊塢放進一塊琥珀標本裡研究，就能看到這個埋藏在層層石塊及沉積物下的古老生態系裡，有不可明說的階級、充滿挫折的野心，以及偽裝成生涯規劃的妥協。要進行這項考古研究，每年暮冬在好萊塢大道 6801 號會是絕佳時機：奧斯卡頒獎典禮。

時至今日，我們已經習慣在頒獎典禮上看見和電影明星一樣多的閒雜人等：公關、造型師、紅毯特派記者，還有紅毯特派記者的公關和造型師。一位入圍者像艘船艦般，拖著一整群的藤壺移動，快速穿越一群群攝影記者、公關和試著不入鏡的助理們。這幾個月來，她實在參加了無數次的午宴、放映會，面對各種臆測。而現在，一個值得信賴的夥伴將帶著她穿越林中幽徑，走進光亮的大廳 —— 在此，她的命運被緘在一個信封裡。

第八十四屆奧斯卡頒獎典禮和以往沒什麼不同。2012 年 2 月 26 日，柯達劇院（Kodak Theater）[1] 外展示著被精準操控的眾生相：看台上的觀眾大聲尖叫，等著來賓在安排下魚貫穿越凱旋門。寸步不離的轉播工作人員帶著問題在前方等待：他們緊張嗎？這是他們第一次走紅毯嗎？還有最讓人煩躁的問句：他們穿的是哪位設計師的衣服？

紅毯上有已經功成名就的名星（葛妮絲·派特洛 [Gwynth Paltrow] 正披著一件白色 Tom Ford 斗篷），也有剛沾上星光的演員（艾瑪·史東 [Emma Stone] 身著一件紅色 Giambattista Valli 禮服，上面的領結比她的頭還大）。如果你有餘裕環顧四周，也可以找到一些男性的身影：布萊德·彼特（Brad Pitt）、湯姆·漢克斯（Tom Hanks）、喬治·克隆尼（George Clooney）。對了，當時甚至還有一個修女 [2]。

無論如何，大多數的目光還是落在女人身上，其中又以最佳女主角入圍者為甚。蜜雪兒·威廉斯（Michelle Williams）穿著 Louis Vuitton 一襲滑順的紅色洋裝，

彷彿精靈。身著白色 Givenchy 晚禮服、留著氣勢逼人的黑色齊瀏海的是龐克公主魯妮·瑪拉（Rooney Mara）。薇歐拉·戴維斯（Viola Davis）以光澤亮麗的綠色 Vera Wang 禮服亮相。還有以《變裝男侍》（Albert Nobbs）入圍的葛倫·克婁斯（Glenn Close），以 Zac Posen 晚禮服搭配西裝外套，帶點狡猾的雌雄同體氣息。

但，第五位入圍者對所有人來說都是個強勁的對手。當她抵達會場時，宛如女王君臨，探視她的子民，她的臉龐散發著勝利的光輝。

梅莉·史翠普金光熠熠。

更具體的說，那件 Lanvin 金色晚禮服垂墜出她的身型輪廓，彷彿希臘女神。配件也同樣有氣勢：她耳際垂掛著金色耳環，手持珍珠母化妝小包，腳上穿著金色 Salvatore Ferragamo 蜥蜴紋高跟涼鞋。許多人都觀察出來：梅莉·史翠普看起來就像奧斯卡獎的小金人。一個時尚部落格寫道：「你是否也覺得，這是她目前為止最好看的樣子？」話裡的暗示是：對一個六十三歲的人來說，這真的是挺不錯的。

更重要的是，這位金色佳人說了：「這是屬於我的一年。」但真的是如此嗎？

讓我們估算一下機率。是的，她拿過兩個小金人，但上次已經是 1983 年的事了。就算入圍了破天荒的十七次，她也打破紀錄地和小金人擦肩而過十四次，可說是穩穩保送進蘇珊·露琪（Susan Lucci）₃ 的境界。梅莉·史翠普是奧斯卡的敗北

1、柯達公司倒閉後，該劇院已於 2012 年 5 月改名為「杜比劇院」（Dolby Theater）。自 2001 年完工以後，此劇院就一直被用以舉辦奧斯卡頒獎典禮。（本書註釋皆為譯註）

2、指的是朵樂絲·哈特修女（Mother Dolores Hart）。她在六〇年代曾和貓王等一線巨星共挑大樑主演多部電影，後進修道院成為修女。2012 年時因以她為主角的紀錄片《God Is the Bigger Elvis》入圍奧斯卡而穿修女服走紅毯。

常客。

再來看看她入圍的電影。大概沒有人會真心覺得由她飾演柴契爾夫人的《鐵娘子》（The Iron Lady）是部傑出電影。即使她的表演 —— 模擬歷史人物、橫跨年齡、改變口音等工夫 —— 樣樣看似符合奧斯卡獎的口味，但這些也早已將她定型多年。《紐約時報》評論史考特（A.O.Scott）這樣寫道：「拖著沉重腳步、緩慢的動作，在仔細抹上的老人妝容之後，梅莉‧史翠普又一次用毫無瑕疵的技巧表現出知名人物的內在特質。」即使全都是褒義字詞，但放在一起就有些了無新意。

當她拖著丈夫唐‧剛默（Don Gummer）走上紅毯，一個娛樂記者立刻將麥克風推到她臉前。

「走紅毯還會緊張嗎？即使妳已經如此專業了。」

「當然，你該感覺一下我的心跳 —— 雖然我不會允許你這樣做。」她冷淡中帶一些幽默地回答。

「妳身上有帶幸運符嗎？」記者持續不懈地發問。

「有的，」她有些匆忙不耐：「我穿著 Ferragamo 的鞋子，畢竟瑪格麗特‧柴契爾所有鞋子也都是他做的。」

轉頭望向看台，她輕輕搖擺了一番，群眾立刻歡欣鼓躁了起來。在歡呼聲中，她牽著丈夫的手走進大廳。

如果這一切迅速有個結果，那就不是奧斯卡頒獎典禮了。在她得知自己是否是

今年的最佳女主角前，還要忍受各種制式流程。主持人比利‧克里斯多（Billy Crystal）會展現他一貫的風格（「看著百萬富翁們送彼此小金人 —— 世界上沒什麼比這更能解決經濟問題的了」），而八十二歲的克里斯多夫‧布藍默（Christopher Plummer）即將成為史上最年長的最佳男配角得主（「打從母親的子宮裡，我就在排練這場得獎感言了」）；太陽馬戲團則以體操來讚揚電影的魔力。

最後，終於輪到柯林‧佛斯（Colin Firth）頒發最佳女演員的獎項。當他一一唱名入圍名單，她重重地深呼吸，金色耳墜在肩際顫抖。螢幕上播放著入圍短片，她飾演的柴契爾夫人正在罵一個美國高官，（「我要像媽媽一樣照顧你們嗎？要茶嗎，艾爾？」）佛斯打開信封，嘴角笑開。

「得獎的是：梅莉‧史翠普。」

◆

梅莉‧史翠普的得獎感言本身就可以被稱為一種藝術形式：有些彈性，也有些正式，謙遜但又不失高度，表達感激的同時又保有適當距離。當然，得獎感言居然多成這樣，這件事本身就有點好笑。除了她，誰的得獎次數會多到能把自虧的冷笑話變成連載？

如今，「世界上最偉大的女演員」的封號加冕於她已久，大概和伊麗莎白二世在

3、美國電視劇長青樹，在 1970 年到 2001 年間主演電視劇《All My Children》，以 Erica Kane 一角入圍艾美獎最佳女主角二十一次，不過只在 1999 年時獲獎一次。

位時間差不多。形容詞總是以最高級被釘在她身上：她是表演之神，能夠讓自己消失在任何角色裡、可以掌握任何類型的戲劇，以及精通所有口音。一般演員必得面臨的五十歲大限在她身上並不適用；她打破好萊塢的淘汰法則，逕自登上事業高峰。除非她放棄，出生在 1960 年以前的其他女演員根本得不到什麼角色。

七〇年代末，她以幾個突破性的角色嶄露頭角，因精細的角色塑造功夫為人稱道。在八〇年代，她是跑遍全球的女英雄，演出史詩澎湃的劇情片如《蘇菲的抉擇》（Sophie's Choice）、《遠離非洲》（Out of Africa）。九〇年代，以她的話來說是個停頓點（即使如此，她還是在奧斯卡獎被提名了四次）。她在採訪中幾次提到，剛滿四十歲那年有三個戲約找上門，都是問她願不願意演女巫。2002年，她演出史派克·瓊斯（Spike Jones）難以歸類的電影《蘭花賊》（Adaptation）後，似乎從當時日復一日的泥濘中解放。自此之後，她可以隨心所欲參加有興趣的拍攝計畫，並且得到好評。隔年贏得金球獎時，她反而還有些困惑：「哦，我什麼也沒準備，」她侷促不安地撥了一下被汗水浸潤的瀏海：「上次得獎好像已經是更新世的事了。」

到 2004 年梅莉以麥克·尼可斯（Mike Nichols）改編的電視劇《美國天使》（Angels in America）獲得艾美獎時，她慣有的謙遜已經轉化成幽默的自信（「我偶爾會覺得自己被謬讚了……但今天不會」）。成功和得獎感言川流不息地到來：她以《穿著 Prada 的惡魔》贏得金球獎（「我覺得自己和在場所有的人都一起工作過」），以《誘·惑》（Doubt）拿下美國演員工會獎（「我甚至沒為頒獎典禮買件洋裝⁴！」）。很快地，她掌握了致詞的藝術：以她特有的精力來挑戰世界，將眾人隱約感覺到的優越感先安撫著，但也華麗展演自我。

所以，當柯林·佛斯在柯達劇院說出她的名字時，彷彿標註了梅莉·史翠普連續參加奧斯卡三十年校友會的現在進行式，同時也象徵她在《蘭花賊》後的順利回歸及事業高峰。當她聽見自己的名字瞬間，手摀住嘴、不可置信地搖著頭。在觀

眾的鼓譟之下，她親了唐兩次，握住第三個小金人，對著麥克風發表感言，一如以往地將自己縮小。

「噢，我的天。噢，**好了好了！**」她安撫了一下群眾，然後自己笑了起來：「當我聽到自己的名字出現時，我好像聽到一半的美國人大叫：『噢，不！別鬧了── 為什麼？**她？怎麼又是她？**』」

有一瞬間，她似乎也因為讓一半的美國人失望而受傷，但下一秒她嗤之以鼻地笑了。

「不過⋯⋯**那又怎樣？**」
以一個漂亮的玩笑略紓緩緊張的氣氛後，她繼續進行感謝工程。

「首先，我要謝謝唐；」她溫暖地說。「如果我最後才謝謝我先生，他就會在退場音樂裡才出現。但我希望他知道，所有我在生命裡最在乎的事，你都給了我。」鏡頭切到唐，他拍拍自己的左胸口。

「然後，我要謝謝我另一個夥伴。三十七年前，我在紐約的第一場演出上遇見一個很棒的妝髮造型師羅伊・賀蘭（Roy Helland）。我們第一次對上眼開始就幾乎一直保持合作關係；我們第一部合作的電影是《蘇菲的抉擇》，然後一直到今晚⋯⋯」她瞬間哽咽；「到他以《鐵娘子》裡美麗的作品得獎，已經經過三十年了。」用柴契爾夫人式的肯定語氣、手揮落如空手道招式：「我、演、的、每、一、部。」

她調整了一下語調然後繼續：「我非常感謝羅伊，但同時也想要感謝很多人 ── 因為我真的知道自己不會再上台領獎了。」（講到這裡，她眼神飄移，帶著難以

4、這次頒獎典禮上她穿著黑色褲裝。

察覺的訊息說：讓我們繼續看下去吧……）「我真的非常感謝所有共事過的人，所有朋友。從這裡看過去，我的人生就在眼前：我的老朋友、新朋友。」

她語氣變得溫柔，邁向大結局：「真的，我真的因為這個獎感到無比光榮。但對我來說，最重要的是一起做電影所搭建出來的友情、歡樂和愛。我的朋友，謝謝你們每一個人，不管是已經離開的、或還在繼續努力的人；因為有你們，我才能擁有這個我無法解釋到底有多棒的職業生涯。」

說到「已經離開的」，她抬頭望向遠方，往天堂的方向舉起手 —— 或近一點，演藝世界鬼魂棲息縈繞的燈光架。她心裡想到的人可能很多。或許是在 2001 年逝世的母親瑪莉·沃夫（Mary Wolf）、以及兩年後跟著離開的父親哈利（Harry Streep）。也可能是挖掘她的導演們：讓她在《法國中尉的女人》（The French Lieutenant's Woman）得到演出機會的卡瑞·賴茲（Karel Reisz）、讓她因《蘇菲的抉擇》成名的亞蘭·J·帕庫拉（Alan J. Pakula）。當然，還有傳奇劇場製作人喬瑟夫·帕普（Joseph Papp）；他帶領畢業後茫然的梅莉找到方向。

在這個事業再創高峰的時刻，很難想像她沒有回想起一切的開始。這一切的開始，都和約翰·卡佐爾（John Cazale）緊緊交纏在一起。

上一次他們相見，已經是三十四年前。他們相遇在三十六年前，紐約中央公園裡上演的莎士比亞戲劇《量·度》（Measure for Measure）。他們分別演出了男女主角安傑羅（Angelo）和伊莎貝拉（Isabella）。每一個空氣凝滯的夏夜裡，她會向他請求，請他原諒她被判刑的弟弟：「饒了他吧！饒了他吧！他還沒準備好要面對死亡。」

約翰·卡佐爾是那一代偉大的角色演員（character actor）[5] 之一，但也是最被戲劇史忽略的一位。他是《教父》系列電影裡永遠的佛雷多（Fredo），梅莉·史

翠普第一個真愛、也是第一個毀滅性的失去。若是他活過四十二歲，他的名字可能會和勞勃·狄尼洛或艾爾·帕西諾一般家喻戶曉。但他實在太早離開、也錯過太多。他沒能撐著看到三十三歲的梅莉贏得兩項奧斯卡獎，也沒能看到她被年歲滋養出帝后一般的沉著自持。他沒有看到她在《克拉瑪對克拉瑪》裡演喬安娜，或是我們都太熟悉的蘇菲、凱倫、琳蒂、法蘭切絲卡、米蘭達、茱莉亞及瑪姬[6]。

約翰並沒有活著見到頒獎台上的梅莉·史翠普，看著她向朋友致謝，所有的朋友，感念這個「無法解釋到底有多棒的職業生涯」。在最後一次「謝謝」之後，她揮手道別，走下側台。此刻，她的招牌再次被小金人磨亮。梅莉·史翠普，演藝界的鐵娘子 —— 永不放棄、絕不倒下，銳不可擋。

◆

事情並非一直都如此順利。

四十二年前，梅莉·史翠普剛從瓦薩學院（Vassar College）畢業，她質地乾淨、才剛發覺舞台的誘惑力。她身邊的人都看到她的才華，但她自己卻看不到未來。雖然有著獨特的美，她從不覺得自己適合成為那種天真爛漫的女主角。這種不安感反而幫了她一把：與其削足適履、把自己雕塑成傳統的女性角色，不如挑戰陌生、奇異或簡單平凡的角色，讓自己消失在那些生命的可能性裡 —— 這些都超越了她在紐澤西郊區童年時期所能想像。她不是伊莉莎白·泰勒（Elizabeth

---

5、 Character actor：並沒有嚴格的定義，但常泛指有趣、古怪、有挑戰性也有存在感的配角。相較於凡事都得完美的主角，角色演員比較沒有外貌上的限制，性格也有更多發揮。

6、 梅莉史翠普出演女主角的知名電影，依序為：《蘇菲的抉擇》、《遠離非洲》、《暗夜哭聲》、《麥迪遜之橋》、《穿著 Prada 的惡魔》、《美味關係》、《鐵娘子》。

Taylor）那種經典美女，也不是黛比‧雷諾（Debbie Reynolds）類型的鄰家女孩；她可以是任何人，卻也可以不被歸類 —— 像隻變色龍。不過，她確知有個角色她不適合：電影明星。

但接下來在她身上的突破性發展，是全世界的演員都夢寐以求的（雖然只有少數人有足夠的才華能把握這種機會）。七〇年代末，她成為耶魯大學戲劇學院的明星學生、在百老匯及「公園裡的莎士比亞」演出中挑大樑、遇見及失去此生真愛約翰‧卡佐爾；遇見人生中第二個真愛唐‧剛默並結婚。她演出《克拉瑪對克拉瑪》，並以此贏得她第一個奧斯卡金像獎 —— 這一切，都發生在讓人目眩神迷的十年之間。

她是怎麼做到的？從哪裡學到這些方法？我們有辦法學習怎麼達到這些嗎？這些問題並非沒有意義：梅莉‧史翠普成為明星的這十年，正是美國演藝界混亂、遊戲規則改變的時代，而最響亮的名字都屬於男性：艾爾‧帕西諾、勞勃‧狄尼洛、達斯汀‧霍夫曼。她違反自己的意願演出《越戰獵鹿人》（The Deer Hunter）好陪伴病重的卡佐爾，並加入《教父》的小圈圈。但真正讓她融入並佔有一席之地的，是她表演的細緻和聰慧。她擅長演出模糊曖昧的狀態：那些矛盾，否認，後悔。即使妝容和口音已經讓她變得難以辨認，但她每次的表演都還內蘊一種不滿足：她拒絕讓一種情緒單純地存在，而是加入對立的情感豐富整個表演。她的內在世界充滿對話。

「對我來說這就像上教堂一樣。」梅莉有次試圖回答她演戲時的心靈途徑：「就像逐漸接近神壇一般。我總覺得只要多說些什麼，就有東西會不見。我的意思是，這其中有許多神秘因素；但我確定我在表演時感到更自由、更不受控，也更敏感。」她的工藝也不乏批評者。1982 年《紐約客》獨行俠影評寶琳‧凱爾（Pauline Kael）就批評她在《蘇菲的抉擇》中的演出：「一如往常，她費了許多心思和努力。但有件事總是讓我覺得困惑：在看過她演的電影後，我只記得她脖子以上的

表演，以下是一片空白。」

這個評論留下長久陰影，一如她總是被批評為「技術性」演員。但梅莉解釋，她其實大部份是直覺先行，而非使用編排好的技巧。即使身為被方法演技（Method acting）滋養的一代，演員將自我情感和經驗投射在角色裡的做法也根深蒂固，她還是一直對這種自虐的做法保持懷疑的態度。她不僅僅是演員，而是一個拼貼藝術家。她的心智運算法可以從資料庫中讀取不同的口音、手勢、情感然後組合成一個個角色。有時候她甚至要看到影片，才知道這些資料是從哪裡來的。

梅莉在第二波女性主義逐漸聲勢高漲時成年，她發掘演戲魅力的過程和「成為一個女人」這件事密不可分。當她在伯納德高中（Bernards High School）當啦啦隊時，曾努力將自己塑造成女性雜誌上的那些女孩；但她的世界在 1967 年進入瓦薩學院時被打開了。當時那裡還只收女學生，不過等她畢業時，已經開始招收男性了。她用本能演出了第一個擔綱主角的劇作：奧古斯特·史特林堡（August Strindberg）的《茱莉小姐》（Miss Julie）。十年之後，她在《克拉瑪對克拉瑪》中演出一個膽敢拋夫棄子、後來又出現爭取監護權的年輕母親。這部片在某些層面上可說是和解放女性的理念背道而馳，但梅莉堅持喬安娜·克拉瑪並非一個無理取鬧的悍婦，而是一個複雜的女人，有合理的期待和疑慮 —— 這樣一個豐富的角色，幾乎半途攔截走這部片的焦點。

她曾這樣說：「女人，比起男人更會演戲。為什麼？因為我們必須如此。成功說服一個比你有勢的人相信一件他不想知道的事，是女人在這數千年間存活下來所依賴的生存技巧。偽裝不只是扮演，而是去想像出一個新的可能性。偽裝自己或演戲都是非常重要的生存技能，而我們一直以來都在做這件事。我們不想被抓到在偽裝，但這是我們這群物種為了適應環境而演化出來的。我們改變自己，只為了符合時代的索求無度。」

才不過幾年，梅莉·史翠普就從一個有魅力的啦啦隊員變成《法國中尉的女人》及《蘇菲的抉擇》中勢不可擋的明星。這個時代有他們的「索求」，同時改變了美國、改變了女性，也改變了電影產業。她崛起的故事，也是有關那些試圖形塑她、愛她、或將她放到眾人景仰高處的男人的故事。

不過，大多數的男人失敗了。成為一個明星從來不是她的優先要務，但她會用自己的方式做到，只用她的才華和奇異的自信清場鋪路。就像她在大學一年級時寫給前男友的信裡說的一樣：「我到了一個未知的臨界點，接下來會很可怕、很美好。」

Mary
瑪莉

她一再練習，讓自己笑起來輕巧優雅，那種男生會喜歡的樣子。她不會把這叫做演戲，但其實這就是。在她不懈的努力下，學校生活裡的她就沉浸在那個角色裡⋯⋯

梅莉很快地會發現，「轉變的能力」是比美貌更有用的名片，而這能力從一開始就跟著她。當她開始演戲，她就進入一個神聖的領域。

偽裝與轉變的天份

十一月的第一個星期六，伯納德高中全體學生為了一個神聖的儀式聚集：返校節（Homecoming），這是青少年們在此競爭、以確認自己在團體中的階級地位的場合。在衛理公會後方清冷翠綠的美式足球場上，眾所周知沒什麼獲勝機率的伯納德登山人隊，對上了唐納蘭（Dunellen）來的隊伍，他們來自另一個大同小異的紐澤西郊區。中場休息時，選手們淨空場地。是時候加冕 1966 年的返校節女王。

大家都知道今年的女王是誰——那個住在舊堡壘路 21 號，金髮碧眼的高年級生。她就是那種什麼都有的女孩：聰明、長得好看、還有一個在美式足球隊的男朋友。她參加啦啦隊、合唱團，在學校裡的戲劇表演裡總是演主角。此時，繫著領結的學生會會長護送她進球場，全場目光落在這個清澈、奇特的臉上。

她非常美。所有人都知道這件事，除了她自己。她有著雪花石膏般的肌膚，高高的顴骨彷彿精細刻畫的雕像；眼凹深邃、眼距稍近，頭髮的顏色像是金黃的玉米鬚。她的鼻子很長，中間略彎曲，很引人注目。

但她覺得自己不夠美，完全比不上那些電影明星。電影明星要「像個女孩」，或性感、或端莊，像是奧黛麗·赫本、安·瑪格瑞特（Ann-Margret）或珍·芳達（Jane Fonda）。電影明星要是漂亮的。不管多少男孩拜倒在她的魅力之下，她告訴自己，她並不漂亮，有那鼻子就不可能。

寶琳·凱爾是這樣形容她的：「史翠普的眼神、金髮讓她擁有女武神[1]般的俊美面容；鼻子略長的那一點比例讓她超越一般漂亮女孩，成為真正的美麗女子。」儘管凱爾後來成為她最主要的批評者，但她說的話是有道理的：梅莉·史翠普並不是美女，她是不同於眾人的那個「其他」；帶有某種有趣、或至少可說是難以歸類的特質。當她舉眉扭唇，她可以化身為任何人：貴族、乞丐，一個戀愛中的人或小丑；可以是個北歐人、英國人或斯拉夫人。但現在，她一心只想當個像全

美運動員般的高校風雲人物。

去年的返校節女王瓊‧瑞福從大學回來履行最後一項任務：將閃亮的皇冠放在她繼任者頭頂。新加冕的女王登上擺滿鮮花的板車，返校節其他皇室成員們在一旁護衛著：喬安‧寶奇諾、安‧波諾潘、安‧米勒和佩姬‧范恩，全都有大捲髮，手腕上配戴花圈手環。當花車穿越球場，梅莉笑著向觀眾揮手，白色手套很是亮眼。她非常努力要成為女王，梳妝打扮、漂白頭髮，把自己變成那種她下定決心要成為的人。

她覺得自己根本演錯角色了，但她的子民卻沒人發現。他們所看到的，從頭到尾就只是一個她在扮演的角色。連那個笑容都只是個偽裝：她一再練習，讓自己笑起來輕巧優雅，那種男生會喜歡的樣子。她不會把這叫做演戲，但其實這就是。在不懈的努力下，她的校園生活就沉浸在那個角色裡。但不管她再怎麼擅長演戲，假面總有裂痕。她看起來還是和那些雜誌上的女人不完全一樣。她騙過了人們，或至少說大部分的人；不過，女孩們就可以直勾勾地看透她。

向群眾揮手的時候，她仍在那個角色狀態裡。被崇拜的感覺很好，但可能就是有那麼一點點寂寞。在花車上，這個高度只有她一個人，她比那些所謂的「同儕」離十一月的天空近個幾吋。要是瓊、佩姬或她最好的朋友，蘇，可以加入就太好了。但女王只能有一個，而她的工作就是要成為人群中最優秀的那個。或許這是第一次，但絕不會是最後一次，梅莉‧史翠普感覺到完美也可能是一個牢籠。

那一年，她十七歲。

1、 Valkyrie，又譯「華爾奇麗雅」。北歐神話中戰神奧丁（Odin）的女兒，在戰場上會決定戰士生死。納粹德國的「女武神計畫」及改拍的電影《行動代號：華爾奇麗雅》即以此命名。

◆

梅莉很快地會發現，「轉變的能力」是比美貌更有用的名片，而這能力從一開始就跟著她。當她開始演戲，她就進入一個神聖的領域 —— 不管要稱那裡是「表演場域」或「教堂」—— 雖然她一直以來也不知道自己是如何抵達、也不知道要如何形容那個世界。

「我當年六歲，把媽媽的裙子套在頭上，準備要在家裡客廳演聖母瑪莉亞。在我把手上的娃娃用布包起來的時候，我感覺到一股沉靜、神聖的力量。我轉變後的神態和舉止被爸爸用攝影機拍了下來，也讓我兩個弟弟：扮演喬瑟夫的四歲哈利和演穀倉動物的兩歲達納，都在那瞬間像被催眠一樣靜了下來。他們真的因為我深度的專注而進入了那個誕生的場景。之前如果想要他們聽命於我，我會使些手段，像是對著他們大叫，但這些手段從沒辦法達到這種效果。」

那是她六歲的事。這則是九歲：

「我記得我拿著媽媽的眉筆，仔細地在臉上畫線，模擬我崇拜的祖母臉上的皺紋。我請媽媽幫我拍了照片。現在去看，當然，九歲的我看起來就像現在的自己、當時的祖母。但我永難忘懷，那時候的我是有可能感受得到她的年紀的。我彎下腰，感覺到自己變得更沉重，但有精神。我覺得我就是她。」

聖母瑪莉亞作為她第一個角色，天經地義：在她之前，梅莉的家庭裡有非常多的瑪莉。她的媽媽名為瑪莉·沃夫·威金森（Mary Wolf Wilkinson），瑪莉·沃夫的媽媽則叫做瑪莉·艾涅絲（Mary Agnes），簡稱瑪咪（Mamie）。當瑪莉·沃夫第一個女兒 1949 年 6 月 22 日在紐澤西的舒敏特（Summit）誕生時，被命名為瑪莉·露意絲（Mary Louise）。但一個家庭裡有三個瑪莉真的很多，在瑪莉·

露意絲學會說她自己的名字前，媽媽就幫她改為梅莉（Meryl）了。

在梅莉成長的過程裡，對自己的家族知之甚少。她母親家族來自於貴格教派，最早可追溯至美國獨立戰爭時期。傳說中家族有人在費城因為竊馬罪而被吊死。有個祖母在禁酒時期曾接收一間酒吧。她的祖父叫哈利‧洛克斐洛‧威金森（Harry Rockafellow Wilkinson），小孩子們都稱他「哈利老爹」（Harry Pop），是個愛開玩笑、手勢誇張的人。梅莉小的時候，祖父母還會用「汝」而不是「你」。

瑪莉‧沃夫臉略寬，給人感覺溫暖，並從父親那遺傳到明亮的幽默感。許多年後，當梅莉在《美味關係》裡飾演茱莉亞‧柴爾德（Julia Child）時，她會借用媽媽豐沛的「享受生活」哲學。瑪莉出生在 1915 年的布魯克林，二戰時期在貝爾實驗室（Bell Lab's）擔任藝術指導，之後則在紐約藝術學生聯盟（Art Students League in New York）就讀。就像那個年代大部份的女性，瑪莉後來放棄戰時的工作，成為一個全職家庭主婦、妻子、母親：正是彼時知名的女權運動者貝蒂‧傅瑞丹（Betty Friedan）的《女性迷思》（The Feminine Mystique）[2] 想要刺激的對象。但瑪莉並不像書中許多家庭主婦一樣身心不適，這或許是因為她從未放棄對藝術的追求。在照顧小孩的同時，她在騎樓經營自己的廣告工作室，為當地的廣告商及企業繪製插畫。如果她生在梅莉的年代，可能會外出工作並為事業打拚，但在那個年代，她仍在廚房裡揉著麵糰，覺得可以在家多接案子、有些收入就很不錯。

梅莉的父系家族就沒有那種明亮的氣氛了。「史翠普」是個來自德國的姓氏，雖然長久以來她都以為來自荷蘭。她的爸爸小哈利‧史翠普（Harry Streep, Jr.）是個獨子（這個家族有很多哈利和亨利，就和母系家族裡的瑪莉一樣）。1910 年

2、貝蒂‧傅瑞丹（Betty Friedan）：美國女權運動的指標性人物，1963 年出版的《女性迷思》（The Feminine Mystique，又譯為《女性的奧秘》）常被認為是引發第二波女權運動的催化劑，書中舉出許多早早離開職場、成為家庭主婦的女性的例子，說明她們的困境，並成為全國暢銷書。

出生在紐華克（Newark），綽號「兄弟」（Buddy），以獎學金在布朗大學求學。入學一年後大蕭條來襲，他被迫提早離校、進入職場，在默克藥廠（Merck & Co.）的人事部門裡做了三十年，工作內容大部份就是開除和僱用員工。梅莉注意到她父親身上總有一絲憂鬱，或許是遺傳到他因病理性憂鬱症住院的母親海蓮娜（Helena）。海蓮娜的丈夫哈利·威廉·史翠普（Harry William Streep）是個永遠出門在外的業務，把太太和孩子留在家裡。當梅莉的父親年老時，看著他孫子亨利·沃夫·剛默（Henry Wolfe Gummer）在高中戲劇表演裡演出《推銷員之死》（Death of a Salesman），他流下眼淚並說：「這就是我爸爸。」

當梅莉去拜訪爸爸那邊的祖父母公寓時，她可以感受到那裡瀰漫著一股哀傷的氣氛。陰影之間，似乎只容得下一絲光線，和充滿溫暖的威金森家大不相同。她的祖母會重複使用所有東西，把每一片錫箔包成一個球；這顆球在洗手槽漸漸長大，小梅莉覺得彷彿有某種魔法。

在戰後一片榮光之中，那個明亮、翠綠郊區的美國夢對史翠普一家來說似乎唾手可及。於是隨著家庭成員增加，他們在紐澤西市中心附近遷徙，先是巴斯金嶺（Basking Ridge）、後是伯納德鎮（Bernardsville）。在梅莉之後，史翠普家又多了哈利·史翠普三世（Harry Streep III），小名「老三」。接下來是個有雀斑的瘦男孩，愛開玩笑的達納（Dana）。梅莉的父母會帶著她到弟弟們的棒球比賽去，但梅莉其實就和他弟弟們一樣活潑、運動神經發達，猶有過之。

史翠普家位於伯納德鎮一個小丘上，街道林蔭成排，步行就可到公立高中。這個小鎮位於紐澤西的「富人帶」，紐約市以西約四十五哩處。1872 年一條新鐵路到來，將寧靜的小木屋聚集地變為優渥紐約客住的社區，讓他們逃離都市噪音、打造夏日別墅。這些人中更有錢的一群在伯納德山上蓋了大房子，被其他人稱為「山上的人」，他們會小孩送到寄宿學校，騎著馬在路上漫步。後期，阿里斯多德和賈桂琳·甘迺迪·歐納西斯（Aristotle and Jaqueline Kennedy Onassis）就

成為「山上的人」的一員，在伯納德鎮擁有十畝的資產。

鐵路將剩下的小鎮一分為二：一邊是中產階級的清教徒，另一邊是義大利藍領階級；後者中有許多人是以幫山上的人蓋房子維生。這裡有為數不多的本地企業，像是做各種亮片產品的米德布克發明公司（Meadowbrook Inventions）。除了那些在馬背上的貴族，伯納德鎮和艾理‧拉卡瓦納（Erie Lackawanna）鐵路沿線的其他郊區城鎮並沒有什麼不同。人們認識彼此；銀行家和保險業者每天早上坐火車前往市中心，把他們的妻子和小孩留在林蔭下的家庭牧歌裡。

身為伯納德鎮一般的中產階級居民，史翠普家族和山上的人沒什麼共同點。他們沒養馬，也不會把小孩送到私立貴族學校。雖然鎮上流行殖民風情的大宅，但史翠普家風格現代，客廳裡有日本屏風，還有史翠普先生傍晚會彈奏的鋼琴。房子外有一個翠綠的草原，史翠普家的孩子們會在此消磨夏日下午。

哈利對他的孩子們有很高的期待，把未來的出路規劃地既直又窄——尤其在伯納德鎮，出路又更直、更窄。梅莉比較可以用輕鬆的方式來面對這些，加上她那不服從的小聰明。像是：除了生日之外，孩子們都可以在「特別日」裡許願，做他們想要的任何事。剛開始梅莉會選擇去動物園或看馬戲團表演，但沒過多久就全換成百老匯歌舞劇：《孤雛淚》（Oliver!）、《命運》（Kismet）、伊舍‧瑪曼（Ethel Merman）主演的《飛燕金槍》（Annie Get Your Gun）。梅莉非常喜愛音樂劇，對當時的她而言，這是唯一的劇場形式。在一次《夢幻騎士》（Man of La Mancha）早場表演後，她媽媽回憶，梅莉坐在第一排，「眼睛彷彿發射出火花」。

她很會對弟弟們頤指氣使，不管他們願不願意，她會逼迫他們玩各種想像出來的遊戲。畢竟，他們是她唯一可以對戲的夥伴。老三後來承認，她「年輕的時候真的有點可怕」。但社區裡其他小孩就沒那麼好控制了。梅莉在 1979 年提到：「我

並沒有所謂歡樂的童年。我覺得沒有人喜歡我……老實說，我覺得證據還蠻充分的。小孩子們會把我追上樹，用樹枝打我的腳直到流血。除此之外，我長得很醜。」

她不醜，但也確實不像個女孩。當安涅特‧芙尼切洛（Annette Funicello）在《米奇俱樂部》（The Mickey Mouse Club）裡引領風潮時，她覺得那淘氣女孩的可愛形象完全拒她於門外。戴上貓眼型的眼鏡、留著及肩捲髮，梅莉看起來就像個中年秘書，有些學生甚至以為她是老師。

十二歲時，梅莉在學校的聖誕演唱會中獨唱法文版的《聖善夜》（O Holy Night）。觀眾全都驚訝地跳了起來，不敢相信社區裡的可怕小孩能發出這麼高昂、純淨的聲音。這也是梅莉第一次感受到掌聲令人上癮的魅力。驚訝的人也包含她的父母；梅莉平常把這些高音花腔藏到哪裡？

有人建議她去上歌唱課，梅莉的爸媽也真的這麼做了。每個星期六早上，梅莉會搭火車到紐約市去拜訪愛絲黛‧利普林（Estelle Liebling），學生們口中的利普林小姐。利普林小姐聯結著的是一個消逝的世界。她的父親曾向法蘭茲‧李斯特（Franz Liszt）學藝，她自己則是傳奇巴黎聲樂教師瑪蒂爾德‧馬切西（Mathilde Marchesi）最後一個在世的學生。她曾在大都會歌劇院的《波西米亞人》（La Bohème）裡飾演歌唱家穆賽塔（Musetta），跟著知名的作曲家約翰‧菲利浦‧蘇沙（John Philip Sousa）巡迴兩大洲。如今她年過八十歲，抹著腥紅唇色、踩著高跟鞋，依然十分時髦，身型雖小卻氣魄逼人。她認識歌劇界的每個人，而且能迅速教出大都會歌劇院搶著要的明星女高音。

在如此尊貴的老師帶領下，沒什麼事可以阻止梅莉成為世界知名的女高音。並不是因為她有多喜歡歌劇——她其實更愛披頭四和巴布‧迪倫（Bob Dylan）——而是這歌喉好到不唱歌劇簡直浪費。每週，她到利普林小姐在卡內基音樂廳附近

的工作室，站在鋼琴旁，讓八旬教師帶著她上上下下音階，穿越和弦。她教梅莉如何呼吸。她告訴梅莉，呼吸是三度空間的，提醒著：「在你背後也還有空間！」

當梅莉在利普林小姐的工作室外等著十一點半上課時，裡面會傳出一個美妙的聲音，是十點半上課的學生，比佛利・細爾斯（Beverly Sills）。她有著一頭紅髮，身形圓厚，年約三十初，從七歲就開始來利普林小姐這裡上課。梅莉覺得比佛利蠻厲害的，但她自己應該也還不錯；況且也沒什麼人聽過比佛利・細爾斯這個名字。

當然，這其中有些誤會：細爾斯從 1955 年開始就跟著紐約市立歌劇院（New York City Opera）表演，距離她演出突破性的生涯代表作——韓德爾的《凱撒大帝》（Giulio Cesare）中的克麗奧佩脫拉（Cleopatra）——也才過了短短幾年。細爾斯在自傳中寫到：「利普林小姐對我十分嚴格，當她彈鋼琴時，從不准我越過她的肩膀偷看樂譜。有幾次上課時我沒準備好，她**非常**生氣。利普林小姐最喜歡對我發出的警告之一就是：『文本！文本！文本！』每當她覺得我只是唱出音符、而沒有認真體會歌詞含義的時候就會這樣說。她希望我可以像勞倫斯・奧利佛（Lawrence Olivier）演戲一樣去表達自己，讓我的觀眾可以透過情感回應。」

利普林小姐有另一個口頭禪：「撐過！撐過！撐過！」她指的是「過渡音」（Passaggio），那種在高低聲域之間刁鑽延展的音。對許多演唱者來說，這裡滿佈地雷。撐過去，利普林小姐叫她的學生只用特定的母音去做：用「噢」或「凹」，絕不用嘴型大開的「啊」，去填滿過渡的縫隙。對一個帶著牙套、頭髮打結的尷尬青少年來說，這個想法一定格外有吸引力：要平順地撐過這個過渡時期。

在 1962 年秋天，梅莉的父母帶她到紐約市立歌劇院的基地：中城劇院（City Center）。細爾斯即將初次演出道格拉斯・摩爾（Douglas Moore）作曲的《欲望之翼》（The Wings of the Dove），飾演主角米莉・席艾爾（Milly Theale）。這

是梅莉第一次看歌劇,而她完全入迷了。在那之前,比佛利不過就是個在她前面上課的好人;現在看著她登台演出,梅莉才了解那些星期六早晨的鑽研奮鬥是為了什麼 —— 舞台上的榮耀,來自於千百小時的疲累工作。

她也在那天晚上領悟了另一件事:她並沒有比佛利那麼好的聲音,她永遠不會成為一個歌劇歌手。

四年之後,她不再去上利普林小姐的課了。不只是因為她放棄了在大都會歌劇院初登場的夢想;梅莉進入了青春期的過渡階段,撐著走過這座橋之後,有著比威爾第更吸引人的東西:男孩。

蛻變的時候到了。

◆

十四歲的梅莉拿下牙套、丟掉眼鏡,戴起隱形眼鏡。她把頭髮浸泡在檸檬汁裡,漂到像黃金一樣發光。到了晚上她會戴上髮捲睡覺,即使是個折磨,但可以在起床時看起來很有精神。梅莉在浴室鏡子前花大把時間仔細雕琢自己。雖然對弟弟們來說是個苦難,但她已經了解到美貌可以帶來怎樣的地位和力量。像多數的急著擁有成年魅力的青少年一樣,她幾乎無法感覺到自己在這過程中拋棄了什麼。

「同理心,是表演藝術的核心。」她後來提到這段歲月:「但在高中的時候,另一種『表演藝術』佔據了我的人生。我想要變得有吸引力,所以我模仿那些我自以為想成為的角色性格,也就是那種典型的漂亮高中女孩。」她模仿《Mademoiselle》、《Seventeen》、《Vogue》雜誌裡的女性,學她們刷睫毛膏、

服裝、塗唇膏。她一天吃一顆蘋果，除此之外幾乎不太吃其他東西。她乞求媽媽幫她買名牌衣，雖然會被拒絕。她細緻調整自己笑的樣子。

她焚膏繼晷，卻沒發現她幫自己選了一個錯誤的角色。她研究男孩們喜歡什麼、女孩們接受什麼；記住這兩者重疊的區域 —— 這是一個「弔詭的妥協」。她發現自己能以無瑕的精準度模仿其他人的言行舉止，就像一個火星人假裝成是地球人。「我在這個角色塑造上花的工夫，說真的，超越之後的任何角色。」醜小鴨版的梅莉，那個舊堡壘路戴著牙套的小惡霸已經消失了。十五歲的她，像是從雜誌裡走出來的完美女孩。

她有了完美的偽裝。

◆

伯納德鎮似乎沒有像其他地方一樣被六〇年代的叛逆之火燎燒。當然，她的朋友們還是聽披頭四和〈點燃我心中的火焰〉（Light My Fire），但所謂的脫軌只是喝些啤酒，沒有大麻。這裡看起來有點像六〇老片《歡樂今宵》（Bye Bye Birdie），女孩們穿著及膝的 A 字裙，在小飛俠式的領子上別圓形別針。男孩們穿卡其衣、格紋外套，頭髮仔細分線。副校長會拿著尺靠近，量他們的鬢髮，過長的話要被送回家。

那時的娛樂，是在市中心的餐館吃漢堡、去電影院看電影。剛入學時有「嬰兒舞會」，大家要以娃娃帽和尿布盛裝參加。第二年的是「毛衣舞會」，在那之後則是盛大的畢業舞會，打扮的主題是「舊英倫時光」。黛比·波札克（Debbie Bozack）和梅莉一樣在 1963 年升上九年級：「我們生活在一個薄殼隔絕的小世

界裡，被保護得十分安全。」再過兩個月，甘迺迪就會被刺殺。

黛比和梅莉在開學第一天介紹課程時認識。在黛比以前的學校裡，和她同年級的學生只有五個；伯納德高中擁擠的走廊和上體育課要換衣服這種事，都讓她覺得害怕。相反地，梅莉看起來既有自信又無所畏懼。她們大部份的課都一樣，所以黛比一直像門徒一樣跟著梅莉。

身為美國青少年準則的新皈依者，梅莉渴望加入啦啦隊；黛比也是，但她並不會做那關鍵動作——側翻。梅莉不僅非常有自信，在這方面還是個專家。有時候，黛比會跟著梅莉回家，在草皮上試著學怎麼側翻。當梅莉指導黛比如何讓她的腳劃過頭頂時，她的手常會因為碰到雨後濕潤的石子而滑開，結果她們什麼也沒練成。黛比後來沒入選啦啦隊，而梅莉理所當然地被選上了。

在秋天週末，幾乎全體學生聚集在美式足球場上。除了書呆子和小混混，每個人都在這：有人負責拿棒子做花式指揮、有人在旗隊（黛比後來進了這裡），還有其實演奏得還不錯的樂隊。他們得感激一個高年級的天才約翰·吉爾斯（John Geils），在幾年之後，他會把小喇叭賣掉換把吉他，創立搖滾樂團「J. 吉爾斯樂團」。

只有啦啦隊，或所謂的「啦啦女孩們」和其他人保持著距離。並不是因為她們看起來很兇惡，而是因為她們之間關係緊密：與眾不同的姣好長相及人氣將她們緊緊相繫。胸口繡著大大的「B」字，她們喊道：「閃電、閃電，風行電掣！」在啦啦隊裡，梅莉和在 Dairy Queen 冰淇淋店工作的同伴蘇·卡斯翠理（Sue Castrilli）成為好友。在伯納德鎮畢竟沒什麼事好做，她們會在 202 縣道上迴圈往返 Dairy Queen 及火車站。蘇值班的時候，會幫她的朋友多加些配料。

在學業方面，梅莉遇到喜歡的課就會很專注。她在語言這塊蠻有天份——至少

在口音上是這樣。但如果她不在乎老師，就會拿 C。她非常害怕孩子們口中的「長牙」幾何學老師，最可怕的則是生物。有個男孩在梅莉的畢業紀念冊上寫著：「只要想著生物和生物考試，妳就永遠不會睡著了！」另一個人寫：「真不知道如果我沒和妳說答案的話，妳要怎麼活下去。」

身為有兩個弟弟的人，她和男生相處自在，或許比和女生在一起還輕鬆。她喜歡那些坐在最後一排的男生，因為他們很好笑。從他們身上，她學到很多日後會派上用場的喜劇表演技巧。在那個當下，梅莉當個觀眾已經很滿足，還會努力維持住自己的角色形象。當她回到家，餐桌上總是熱鬧，史翠普一家會交換彼此的生活和意見。但梅莉也學到一件事情：「意見」不會讓她和男孩有第二次約會；男孩們不喜歡被反對。在異性面前，意見這種事只能先被丟到後頭。

◆

1964 年的春天，梅莉在剛進入高中時遇見了麥克・布福（Mike Booth）。她和他的表哥 J.D. 曾出去約會過一兩次。麥克比她大一歲，留長髮，笑的時候會露出漂亮的牙齒。他穿著蘇格蘭毛衣，袖子剪去半截——這是伯納德高中裡最接近叛逆的表現了。他爸爸覺得麥克是個失敗的傢伙，而麥克用喝酒打架來應證。他差一點就在九年級被當掉。

當 J.D. 第一次介紹他們認識的時候，梅莉問：「你喜歡在伯納德高中的生活嗎？」

「現在開始喜歡了。」

麥克覺得梅莉棒極了。他回憶：「她的眼睛非常明亮，笑起來很真誠，不會像其

他那些女孩一樣傻笑或是盲從。但她身上總是有微微的不協調感,好像打從心底覺得自己穿那件洋裝很怪,或鞋子很不搭,或者她就是長得不好看。」

麥克開始陪她走路回家(他沒有駕照)。夏天時,他們會去麥克的菈菈阿姨家野餐,在池塘裡游泳,或玩棒球。傍晚來臨,他們就參加派對,或是去伯納德鎮上的電影院,然後趕在梅莉的十一點宵禁前回家。麥克寫詩給她,梅莉回贈一冊英美詩集:那是她爸爸給的聖誕禮物。

夏天過了一半,麥克的美式足球訓練開始了,梅莉的啦啦隊也是。他們一起午餐,梅莉會分享她的招牌花生奶油果醬三明治,配著健怡可樂和剩下的布朗尼或蛋糕。梅莉會說:「這熟成的像陳年起司一樣」。麥克很喜歡梅莉自嘲的幽默,她用這種方式來帶過所有激怒她的事情。有時候她會模仿其他人給他看,他覺得那是「超棒的模仿」。有次他問梅莉喜不喜歡游泳,她立刻切換成紐澤西口音回答:「得了,當然」,她舉起上臂吹噓;「我可是非常有運動細胞的──就女生來說。」

有天,他們在走回社區游泳池的路上,看到一個被丟棄在一旁的戒指。那是美國航空的促銷商品,上面有隻金屬老鷹,刻著「初階駕駛」。麥克把它套在梅莉手上。他們的感情穩定發展中。

哈利·史翠普並不樂見這樣的發展。一開始,他規定梅莉一週只能見麥克一次;後來變為兩週一次。他覺得梅莉應該要和其他男孩約會,而不是這麼年輕就跟定一個人。有次,梅莉贏了個游泳同好會的比賽,當她離開泳池時,麥克走上前,在她臉頰上親了一下。史翠普先生聽聞了這件事,把梅莉痛罵了一頓,說她不應該在公共場合做這麼暴露情感的事。

最後,史翠普先生下了指令,要麥克完全在梅莉的生活裡消失。兩人的家相聚一哩,以一條樹林間步道連接,他們只好在這裡偷偷碰面。麥克將一首情詩交給梅

莉，而她的眼睛都因為哭泣而紅腫了。那天晚上，她回到家警告爸爸：如果現在不給我一些自由空間，一上大學，我就會像那些一離家就玩瘋了的女孩一樣。最後，他屈服了。

在她寫給麥克的便條裡，梅莉幻想著他們的未來：高中後他們會結婚，搬到偏遠的小島，加入和平工作團以「教化原住民」。在那之後，梅莉會進入人文學科的名校莎拉·勞倫斯學院（Sarah Lawrence College）或巴德學院（Bard College），麥克會完成他的法律學位，平時兼寫作。他將會贏得普立茲獎，她則會接受百老匯邀約演出主角，並立刻走紅。他們會在尼斯附近買座別墅（當然是早年典型的美式建築風格），一個禮拜舉辦兩次派對。

史翠普先生警覺地觀察麥克，但麥克也在觀察他們家：「在梅莉、她媽媽和兄弟之間，玩笑和嘲諷來來往往、從不間斷；他們取笑彼此，但是是用一種愉快的口氣。我記得自己曾經暗想，天啊，他們真的很喜歡彼此！」

麥克和啦啦隊或許佔據梅莉很多時間，但並非她生活的全部。在父親的激勵之下，梅莉的高中課外活動豐富到有些瘋狂：高一的時候擔任總務股長，參加體操隊、游泳隊，也是法語俱樂部的秘書，同時是「播報員」的領導者：他們每天早上會用大聲公宣布午餐的菜單。她還是年度紀念冊的美術。

同時，她也持續進行歌唱訓練。她加入合唱團，一起穿著長袍禮服表演。有一年的聖誕演唱會中，她在所特丘大賣場裡獨唱韋瓦第的《榮耀頌》。1965 年的年度紀念冊《伯納德人》裡放著一張她穿著毛衣、大捲髮的照片，圖說寫著：「一個值得關注的聲音。」

但梅莉對自己的演唱能力並不是那麼有信心。她向麥克坦誠，覺得自己的聲音「又尖又刺」，雖然他認為那聲音美極了。每當他們快走到她家時，她會高聲宣

布自己的到來：「喔 —— 耶！喔 —— 耶！」利普林小姐聽到的話，應該會想殺了她吧。

「我一定會扭斷妳的脖子，梅莉親愛的，要是你再用一次那種假音的話！」梅莉的媽媽會摀住耳朵，從屋內這樣回應。

有部分也是因為她對課外活動的瘋狂執著，促使梅莉在高二時參加了音樂劇《音樂人》（The Music Man）的甄選。她看過芭芭拉‧庫克（Barbara Cook）在百老匯演出主角圖書館員瑪莉安（Marian The Librarian），現在她自己也贏得了這個角色，讓學校裡一半的人都嚇了一跳。老三那時候還是高一，演了她大舌頭的弟弟溫斯洛普（Winthrop）。劇情高潮是梅莉演唱的〈晚安，我的那個人〉（Goodnight, My Someone），她的聲音輕柔高揚，像是羽毛。她和麥克說，他就是「那個人」。

連她的化學老師都叫她「黃鶯」。隔年四月，她在《李‧阿本訥》（Li'l Abner）[3] 中扮演女主角黛西‧馬伊（Daisy Mae），穿著有流蘇的短褲唱唱跳跳。演出結束後好幾天，她都覺得自己還在發光。當年十六歲的梅莉在學校報紙採訪裡說道：「過去兩個月來，幾乎每天都像是『狗皮膏藥鎮』上平凡的一天……現在好像很難立刻把這些都拋諸腦後。」隔年，她演出《奧克拉荷瑪》（Oklahoma!）的蘿瑞（Laurey），她的好朋友蘇‧卡斯翠理和老三也都在劇組裡。飾演這些天真的女孩，她並沒有特別思考演戲到底是什麼。日後想起這段時間的表演，梅莉說：「我想著唱歌的部分；那些可以讓我表現一下的地方，還有舞蹈。」

一切都是為了感受到自己是被愛著的 —— 一件她一直無法確定的事。說起那個她後來拋棄的那個青春期的自己時：「那時候的我覺得只要看起來漂亮、做那些『正確的事』，大家就會喜歡我。」「高中時我只有兩個朋友，其中一個還是我親戚，根本不算數。還有那些因為男孩而產生的各種糟糕競爭，這讓我非常不快

樂。我每天最重大的決定就是今天去學校要穿什麼，這真是荒謬。」

一部份的她試著掙脫。放學午後，梅莉會在家放著父母的芭芭拉‧史翠珊唱片，模仿她每次呼吸、每個聲音起伏。梅莉發現，她不僅可以表達那些歌曲的情感，同時還能釋放她的其他情緒──那些無法融入這場角色扮演的情緒。即使只是跟著唱出那些陳腔濫調，像是「需要人的人是最幸運的人」，諷刺感也刺痛著她：即使在學校裡被人群包圍，她也不覺得幸運。她只覺得一切都很虛偽。

「某方面的成功常會導致其他方面的失敗。隨著我在外觀上做了許多不錯的選擇，我轉而進行演員所謂的『內部調整』。我調整自己的天性，那個天生偏向──現在也還是──有點跋扈、對事情略有意見看法、愛好發聲（有時有一點點大聲）、有精神又喜歡滔滔雄辯的自己。我刻意地發展出一個溫柔、順從、輕柔的人格，表現出自然的甜美，甚至帶點嬌羞──只要你願意，這對男生來說實在非常、非常、非常非常非常有用。但女生們不吃這套。她們嗅出端倪，知道這只是演戲，而她們說不定是有道理的。只是，我完全陷入了這套遊戲裡。那些調整絕不是因為憤世嫉俗進行的練習，而是在求愛競逐裡發展出來的生存技巧所遺留下來的痕跡。」

麥克‧布福並沒有察覺到這些。他一開始感覺到的「微微的不協調感」已經消失，取而代之的是一股「熱情奔放感」，他回憶：「不知為何她變得比前一年更美了。」

梅莉開始畫畫，然後把她的卡通畫作送給麥克。畫作的內容通常是在開自己玩笑：她會把穿著啦啦隊衣服的自己畫得體毛很多、鼻子拉長，或是畫成一個鼓著

3、《李‧阿本納》（Li' l Abner）：美國諷刺漫畫，從1934年連載至1977年，是一群在美國窮困的山城「狗皮膏藥鎮」上的白人大老粗（Hillbilly）的故事。主角李‧阿本納是永遠十九歲、心思單純的男子，女主角黛西‧馬伊從頭到尾都無可救藥地愛著李（儘管他一開始對她沒什麼意思）。漫畫十分受歡迎，以至於兩人終於結婚時，還上了《生活》雜誌封面。

肌肉、留著鬍子的救生員。她的不安全感在此流露,幾乎是在乞求被看見,但麥克眼裡看到的卻只有她的才華,因為那是他自認缺乏的東西。十七歲的他只是個表現一般的運動員,課業表現更不起眼。

五月到了,麥克帶梅莉去參加在佛洛罕公園的舞會。戴著白手套和花環,麥可說她就像是「微笑之光的真人版」。他們已經約會超過一年了。那年八月,他們去披頭四在 Shea 體育館的演唱會。雖然四周的尖叫聲讓他們幾乎聽不太到樂團在唱什麼,但幸好兩人已經把所有曲目熟記在心。他們的最愛是〈如果我墜入愛河〉(If I Fell),這是兩人之間「我們的歌」。這首歌訴說一件他們本來就心知肚明的事:愛情不只是牽牽手。

面對比他們兇惡高大的對手們,伯納德高中美式足球隊早已習慣羞辱性的失敗。但 1965 年秋天對抗邦德溪鎮的那場比賽是個例外。高三的布魯斯·湯森(Bruce Thomson)驚人的五十碼衝刺(拜左哨衛麥克·布福關鍵的防守阻擋所賜)讓登山人隊贏得了罕見的勝利。麥克看著場邊的梅莉,朝身穿紅白制服的她激動大吼。

但梅莉的注意力飄移。她的目光落在布魯斯身上,那個為登山人隊帶來短暫光榮的人。布魯斯的頭髮是黃沙色,寬肩身材和他的自尊心一樣魁梧。他的女友是旗隊隊長,像麥克一樣是四年級生,對梅莉已經起了懷疑之心。其他女孩也在觀察著,畢竟梅莉是那種想要什麼都可以得到的人。而現在,梅莉想的就是布魯斯。

麥克和一個朋友規劃了往南的公路旅行,在無邊際的世界把他們吞沒前,來場最後的狂歡。上路的前一晚,他在去跳舞的路上看到梅莉和布魯斯擁抱。但他只能責怪自己:幾週前,他和梅莉分手了。他讓梅莉從手中溜走,但這或許是件好事。既然有了自由的機會,他不想要被綁住。幾個月後,他加入了美軍當醫療兵。

◆

在高四那年秋天，梅莉被選為返校節女王。沒人對這個結果感到意外。那時，她已經和一群仰慕者建立起關係：啦啦隊員、合唱團女孩，還有那些會讓她咯咯笑的男孩。黛比想到那時候的感想：「就是，OK，梅莉一定會被選上。」

又是她。

現在，在對抗唐納蘭的賽場上，她就在這裡，伯納德高中的女王。布魯斯·湯森成為她的新騎士，他們看起來很登對：返校日女王及足球明星，這是高校的權威組合。她從花車上俯瞰她的子民：花式指揮、旗隊、運動員、那些坐最後一排的小丑，全都依照青少年世界的分類法排好，從下方仰望著她。她脫下老式眼鏡那天所策劃的劇情，現在已臻完成。她成功演出，幾乎是太成功了。

「我在高四的時候到了一個境界：調整後的我感覺起來就像真正的我。」梅莉這樣回憶：「我確實說服了自己，說這個人就是我、我就是這個人：漂亮、有才華，但沒有因為優越感被排擠。你知道的，就是那種會因為任何一個男生說的任何一件蠢事笑個不停的女孩：在對的時間看向地面，學會在男生主導對話的時候屈服。我真的記得清清楚楚，而且我也知道這些是有用的。我再也不像以前一樣容易讓男生厭煩；他們變得更喜歡我，而我也喜歡這樣。這是我有意識的選擇，但同時我也確實被鼓勵這樣做，然後切實感受到一切轉變。這就是真真正正的表演。」

如果她能跳脫出伯納德鎮的視野，那該有多好。擺脫那些舞會、髮飾、后冠和〈晚安，我的那個人〉。十八歲時，她第一次搭上飛機。飛越伯納德鎮上方時，她往下看，就能看盡她的一生：所有她認識的路、她的學校、她家，全都縮小成兩根手指寬。此時她才明白自己的世界有多小。

在高中的時候只有一種遊戲可以玩，所以她成為玩家。1967 年的《伯納德人》年度紀念冊透露了他們想像中的人生選項是多麼地侷限。在每個頭髮仔細分邊、梳理的畢業生照片旁的敘述，讀起來就像是那個世代集體的願景，記錄了這些男女應該成為的樣子，兩性之間也存在著一條明顯、禁止跨越的界限。

看看這些抹著髮膠、穿著皮夾克的男孩：「美式足球隊上的帥氣四分衛……體育健將……愛打撞球……喜歡金髮妹……常和芭芭拉在一起……瘋狂摩托車迷……喜歡車子和改裝……愛玩賽車……喜歡讀美國歷史……數學小神童……未來的音樂人……未來工程師……未來數學家……未來建築師……期待當兵……最有可能成功的人……」

相較之下，女生都像是戴著珍珠項鍊的縮小版朵樂絲・戴斯（Doris Days）：「想當護士……啦啦隊隊長……讓 Dairy Queen 有好生意……閃亮的棕髮女孩……眼睛非常美……史蒂夫，史蒂夫，史蒂夫……喜愛裁縫……很會耍指揮棒……裁縫機的魔術師……笑起來很可愛……超愛速記……未來的秘書……未來護士……」

在這堆未來建築師和秘書之間，很少人會特別注意梅莉・露意絲・史翠普，那個花了四年試圖征服體制，然後成功的女孩。她光鮮亮麗的相片下，有個千辛萬苦爭取來的結論：「漂亮的金髮女孩……活潑的啦啦隊員……我們的返校節女王……很有才華……男生多的地方就有她。」

◆

在佛蒙特州的西南方角落，梅莉・史翠普坐在班寧頓學院（Bennington College）入學辦公室，對面坐著一個看起來很嚴肅的行政人員。她爸爸在外面等待。

「這個暑假妳讀過哪些書呢？」那位女士問道。

梅莉眨了眨眼。書？**這個暑假？**她暑假的時候在游泳隊上，在興奮尖叫聲中度過。

她回想了一下：有天因為下雨，她在圖書館裡瀏覽一本本書的封面。其中好像有本和夢有關的書吧。

但當她說出作者的名字「卡爾·焚格」時，那個女士打斷了她。

「拜託，是『榮格』。」她不屑地說。

梅莉癱軟在座椅裡。在她認識的所有人裡，這是他們在暑假讀過最長的一本書 —— 至少是游泳隊裡的所有人 —— 而這個女士居然因為梅莉看錯作者名字而對她發脾氣？

她在門外找到她父親。「爸爸，帶我回家。」

好吧，或許她搞砸了班寧頓學院的入學面試，但還是有其他的選項。她自我評估了一下：「我是個好女孩，漂亮、運動神經發達，在高中四年裡讀了大概七本書。我也讀《紐約客》和《Seventeen》，詞彙量豐富；在自然和數學方面則完全看不懂。我會用特別的方式模仿別人說話，這還讓我在大學先修課程的法文考試裡過關了（即使我根本不懂文法）。我不是那種天生的學者。」

不過，她知道自己想要的更多，而不只是像黛比和其他女孩一樣去上秘書學校。她喜歡學習語言，甚至能假裝自己會說法文。或許可以當個聯合國翻譯？

那條既直又窄的路，最後通往波契浦西。在 1967 年的秋天，她從伯納德鎮離開，前往九十分鐘旅程之外的瓦薩學院。這次，她已經知道如何正確念出：「卡爾·榮格」。

Julie
茱莉

現在,她忙著取得「真實的身份認同」;而這樣的認同有部分來自「成為別人的能力」。

她才剛要發現演戲的趣味,戲劇系也正要發現她。

瓦薩學院的劇場啟蒙

「純潔與智慧」是瓦薩學院的校訓，雖然這些詞老早就從校徽上消失了。瓦薩學院創立於 1861 年，是七姊妹學院（Seven Sisters schools）[1] 裡最早被認可為學院的學校，讓年輕女性能接受人文學科教育，就像當時哈佛及耶魯提供給年輕男性的一樣。

1967 年時，純潔已經是個嚴重過時的字。女校的優雅生活聽起來就像上個世紀的事。當時流行的願景很清晰：瓦薩女子要嫁得好、負起照顧家庭的責任，有閒暇時間能當志工或兼職更好。1961 年時擔任瓦薩校長的莎拉·布蘭丁（Sarah Blanding）曾在學校午宴時向聽眾保證學校的功用：「成功地教育年輕女子，讓她們為創造快樂的家庭、有前瞻性的社區、認真奮鬥的州及友愛的國家做準備。」

創造快樂家庭的步驟一：擁有快樂的婚姻關係，對象最好是常春藤聯盟的男生。週末時，瓦薩小姐們推擠著搭上巴士，目的地是普林斯頓或耶魯的聯誼現場（如果錯過巴士，告示板上貼滿徵求一起共乘的紙條）。當巴士抵達男校校園，繫著領帶的男生們團團圍觀，等著看最新的「收穫」。幸運的女孩會和耶魯知名的 Whiffenpoof 合唱團男孩跳舞；如果妳是「那種女孩」，隔天早上就會在塔夫特旅館裡醒來，再搭上回波契浦西的巴士。

十年之後（1977 年），梅莉演出電視版《不平凡的女性及其他》（Uncommon Women and Others），編劇是她在耶魯戲劇學院的同學溫蒂·瓦瑟斯坦（Wendy Wasserstein）。劇本根據瓦瑟斯坦在另一所七姊妹學院曼荷蓮學院（Mount Holyoke College）的經歷，去捕捉那個正在消失的世界。在劇本裡的女校人文學科教育現場，彷彿舍監一樣的「家媽」布魯門女士，訓練那些戴著髮帶、穿著百褶裙的年輕女孩們，叫她們要過「高尚的生活」。在父女週，女孩們唱著：

雖然我們有過幾次機會

可以和哈佛或達特茅斯的男孩約會

浪漫地在外過夜

還有那一堆堆來自普林斯頓的邀約

但我們

把自己留給耶魯

當然，並不是所有 1967 年的女性都在忙著成為某人的太太。前一年，新成立的全國婦女組織（National Organization for Women，NOW）剛發出宣言。領導人貝蒂·傅瑞丹呼籲「性別間完全平等的伴侶關係」，瓦薩學院新鮮人中較激進的人也是這麼想的。

在《不平凡的女性與其他》中，一個角色這樣形容尋找 Mr. Right 和現代社會對女性的要求之間的衝突：「我覺得這應該不是個過分的願望；我真的想要遇見我的王子，甚至是幾個王子。但我不能放棄『當一個人』，也想要記得那些學過的藝術史。我只是不明白，為什麼突然之間我就得確信自己想要什麼。」

梅莉踏入校園時，還對改變的浪潮一無所知。她日後提到：「如果你在我剛進入瓦薩的時候問我什麼是女性主義，我會猜應該和弄得漂漂亮亮的指甲、乾淨整潔的頭髮有關吧。」

梅莉被瓦薩的傳統與驕傲的校風吸引，感到目眩神迷。這和她高中啦啦隊那些吵鬧簇擁不同，而和學術界崇高的本質有關。開學幾天後，學生們聚集在一起參加開學典禮，校園導覽等暖身活動告一段落，秋季學期正式開始。傍晚，典禮在夕陽湖畔的小丘上舉辦，瓦薩女孩們常帶男孩們來這個人造湖約會。

典禮上，女孩們身著白衣，全體教師職員穿著長袍坐在一個平台上。梅莉在寫給

1、七姊妹學院（Seven Sisters schools）：美國一個鬆散的女子人文學院結盟，七所學校的成立期間為 1837 年—1889 年。至今其中五個學院仍提供全女子教育環境。

麥克的信裡提到：「這是美到讓人感動的一幕，不是嗎？」「但真正撼動我的，是想到有多少當代偉大的心靈坐在我面前。渺小的梅莉・史翠普啊！而他們真的準備好要和這樣的『我』在專題課裡面對面討論。哇。這完全足以把你的自尊心都削到骨頭邊。」

她很快地和室友麗茲成為好友，她們會一起去校園的咖啡店，也會一起彈吉他，歌單有艾迪・佛洛伊德（Eddie Floyd）的〈趨吉避凶〉（Knock on Wood）、賽門與葛芬科（Simon and Garfunkel）的〈垂危的對話〉（The Dangling Conversation）、披頭四的〈在我生命裡〉（In My Life）、〈這裡、那裡和所有的地方〉（Here, There, and Everywhere）；山姆與戴夫（Sam and Dave）的〈撐著點，我來了〉（Hold On, I'm Coming）還有一些歐提斯・瑞丁（Otis Redding）的歌。梅莉畫了一張她們倆在沙發上彈奏的塗鴉，在麗茲頭頂寫著：「聲音性感低沉，猶太裔，來自布魯克林，吸大麻，垮掉的一代，髮珠，好人，體貼。」在她自己上方則寫著：「梅莉・露意絲・史翠普，十八歲又五個月，躁動的中高音，歐裔白人新教徒（Wasp），伯納德鎮，溫和，飄忽不定，JM，」—— 這代表歌手強尼・馬提斯（Johnny Mathis）[2]——「依然感性，有著像拜亞[3]的彎鼻子，還有黃金般的心靈。」

有什麼想法的時候，她會寫信給麥克。那時候他正短暫派駐在德國，即將前往越南。距離或許讓她更容易傾吐不安及熱情：「要來這裡讓我很焦慮。這裡有初出社交界的嬌貴女孩、也有人就像油膩膩黏在桌上的灰塵，但有那麼多人，讓我覺得自己其實不需要那麼擔心。畢竟這兩種人都有些界限模糊的小團體，有些人兩邊都沾一些；但更多人像我一樣，是這兩者比例不同的混合體。」

她修了戲劇和英文課，還有「管他的就是想學」的初階義大利文。這裡沒有男孩，也就沒有打扮、爭奪的必要。最近的「產卵處」還要搭一趟公車，遠到梅莉終於可以自在呼吸。學校裡，大家徹夜不眠，邊抽菸邊爭論著女性主義、種族問題或

是意識流。梅莉讀了《冰上的靈魂》（Soul on Ice），艾爾居·克里佛（Eldridge Cleaver）在書中以回憶錄的方式敘述了一個黑人在美國的困境——在伯納德鎮，誰會知道黑豹黨[4]？但在這裡她解放了，她可以好幾個禮拜都穿同一件套頭毛衣，亂綁個包包頭，在宿舍裡跳土耳其舞，沒人在乎那些求偶競賽。生平裡第一次，女性之間的情誼不被比較和嫉妒破壞。

有關這段時間的轉變，梅莉事後回憶：「很快地，我就認識了一些可以挑戰彼此的那種一輩子的朋友。去除掉所有為了男人的競爭，加上朋友的幫助，我的腦子開始運轉。我的靈魂彷彿站了起來、抽離，然後回來找到自己。這次，我不需要偽裝。我可以瘋瘋傻傻，可以情緒化、有攻擊性，可以散漫、開放、好笑或強硬，我朋友們都隨我去。有一次我三個禮拜都沒洗頭髮。她們接受我，我就像那隻童話故事裡變『真實』的絨毛兔子[5]。我有了實體，而不是一隻想像中的填充玩具兔。」

即使如此，也並不代表男孩們就此消失在生活中。梅莉在室友牽線下開始和一個耶魯大三生鮑伯·勒凡（Bob Levin）約會。他是美式足球隊上的全衛[6]，也是梅莉口中「我在耶魯的新玩意兒」。她會在比賽裡幫他加油，包含成為傳奇的那場29：29平手的耶魯——哈佛之戰[7]（湯米·李·瓊斯還在哈佛緋紅隊上）。週末時，

2、強尼·馬提斯（Johnny Mathis）：五〇年代開始走紅的美國流行及爵士歌手，全球唱片銷量達三億五千萬張，包含多張白金專輯。

3、瓊·拜亞（Joan Baez）：與迪倫同代，美國著名鄉村民謠歌手及社會運動者。

4、黑豹黨（Black Panthers Party）：活躍於 1966 到 1982 年之間的黑人民權運動團體。

5、原文為 The Velveteen Rabbit，是 1922 年出版的英國童書。大意為一隻絨毛兔雖被小男孩疼愛，卻因故要被銷毀，在被燒掉前夕被仙女變為真的兔子。

6、fullback，相對於四分衛（Quarterback）和半衛（Halfback），是後衛中退位到最後面的一位，因而得名。通常體格高大、結實

7、1968 年的比賽中，哈佛隊在最後 42 秒中奇蹟式連得 16 分讓兩隊平手。哈佛士氣大振，隔日校報以著名的「哈佛擊敗耶魯，29：29」為題。

8、DKE 兄弟會（Delta Kappa Epsilon）：美國最早成立且重要的兄弟會（Fraternities）之一，1844 年在耶魯由十四位學生成立。

她會和鮑伯參加DKE兄弟會[8]的派對，他的「兄弟」還包含日後的美國總統喬治‧布希。布希曾經「授爵」鮑伯，讓他參加秘密組織「骷髏會」，但他拒絕了，參加了沒那麼正式的艾拉胡俱樂部[9]。鮑伯會帶梅莉參加艾拉胡的週日晚宴，但她通常不多話，不確定女生應該在傳統的男子俱樂部裡扮演什麼樣的角色。

從高中到大學，梅莉喜歡的男生類型並沒有改變太多，但他們的重要性卻漸漸消退。在瓦薩有條不成文的規定：如果妳和同學在週末有計劃（例如說一起去聽場演唱會），這些計劃在其中一個女生和男生敲定約會的當下，立刻取消，男士優先。「我還記得應該是在大二的時候，有人提出異議，說這種做法或許是沒禮貌、奇怪又殘忍的：朋友應該和男生一樣重要，」梅莉回憶：「這在當時真是一個新想法，令人耳目一新。」她對音樂、書和電影都有強烈的感知力。有個週末她去達特茅斯聽賽門與葛芬科的演唱會，當葛芬科唱到〈給艾蜜莉，無論我何時可以找到她〉（For Emily, Whenever I May Find Her），她被震懾，動彈不得。特別是最後一句歌詞「Oh I love you, girl/ Oh I love you」——葛芬科哀泣訴說的那句愛情宣言——以她無法言喻的理由打動了她。她寫信給麥克，在那封隨著橘色楓葉書籤寄去的信裡說，那句歌詞其實太過「輕描淡寫」了：「但當他唱出那句歌詞時，你可以感受到第一次聽到那些話的美麗情感。我不知道他怎麼做到的，在唱過那首歌那麼多次後，依然讓它如此撼動人心。」

這就是一堂表演課。課堂上，她學到如何透過情緒共感讓觀眾感覺「真實」。

一天晚上，梅莉在宿舍床上讀詹姆斯‧喬伊斯（James Joyce）的《一個年輕藝術家的畫像》（A Portrait of the Artist as a Young Man）。當她讀完最後一頁，把書闔上，那些句子彷彿還在她耳裡迴盪：「歡迎，喔生活！我第一百萬次和經驗的真實相遇，並將我種族還未被創造的良知鎔鑄進我的靈魂裡。」

梅莉覺得自己有「嚴重的身份認同危機」。她下樓到大廳向一個女孩問自己是不

是發燒了，但其實只是希望能感受到有個人的手放在她額頭上。那本書讓她困惑，但困惑中又帶來讓她無法抗拒的興奮。其他所有事情現在看來都變得支微末節：那些宿舍房門外傻氣的閒談、她和鮑伯看似理性聰明的對話……她想要的，是真實的東西，那種會打在她臉上、把她從無時無刻不自我焦慮的狀態中搖醒的東西。但什麼才是「真實」？喬伊斯想和她說什麼？那困惑，彷彿是因為喬伊斯把她推向某個她沒準備好要去，或是根本不想去的地方。

她開始動筆寫一封信給遠方的麥克：「現在，可能是因為距離的關係（實際上的／心靈上的？），我傾向把你，『麥克』，當做我想要找到的東西，也把你對我的意義看得比一切都重要。我多希望你一直在我身邊。我想念你，或至少和你說話。詹姆斯·喬伊斯真的讓我飛到看不清四周的雲端；他的『畫像』，有點自傳意味的那本，是如此的個人。我在裡面看到你、看到我，看到每一個人。他的作品裡有太多讓我無法理解的事。」她用一句義大利文結尾：Te aspetto e le tue parole come sempre。

我永遠等著你和你的訊息。

◆

凌晨兩點，麥克·布福在營房裡被喚醒，接受指示去急診室報到。直升機降落的吵雜聲清除了所有睡夢的痕跡。越共剛攻擊了海邊一個基地，醫療團正在將受傷的士兵一個個從重機上拖下來。

9、骷髏會（Skull and Bones）是耶魯最老的祕密組織，每年「授爵」十五位學生加入，通常為名門望族，或在某方面有天賦或有領導風範的人。大小布希和創辦《時代》、《生活》雜誌的出版大亨亨利·路思（Henry Louce）等人都是成員。艾拉胡（Elihu Club）則每年選擇六位，也是耶魯最優秀的神祕組織之一。

位於綏和市的九十一號後備醫院原先醫治越南公民，但在這種特殊情況下也有例外。麥克在受傷的美國大兵之間快速穿梭，用剪刀剪去他們的疲倦。有些病患需要止血帶，非常需要 —— 他們可能會失去一隻手臂，但這是活過今夜的唯一方法。太陽升起時，有九個美國人死去。

「這真是一場愚蠢的戰爭，」麥克在心底想：「從一開始就不應該發生。」

麥克並沒有等到被徵召、或像有些朋友一樣逃兵，而是自願從軍入伍，期待著那之後的大冒險。像家鄉許多人，他也對戰爭有過疑慮，但他覺得只要成為醫療團，無論如何也算是件值得驕傲的事。在三個月的基本訓練及三個月的醫療訓練後，他被送到德國，在藥房裡工作及開救護車。

大部份的人會非常樂意待在德國，但麥克想前往有軍事行動正在發生的地方。一個朋友申請轉調到越南，軍方當然欣然同意。在一個酒酣耳熱的夜晚後，麥克也決定要做一樣的事。兩三週內，他就得到指令飛往關島空軍基地。

每天三次，麥克會到職務中心，看名字和編號什麼時候會像賓果遊戲一樣被大聲喊出來。「二等兵某某某！峴港！向某某長官報到！」每當有人被叫到那種「爛地方」，其他士兵就會避開那人，彷彿他身上有傳染病。麥克最後被派到綏和：軍事行動的正中心。抵達越南的飛機上，他俯視越南海岸線：蔥鬱的叢林、蜿蜒的海灘，對他來說，這簡直像火星的異世界。他的冒險終於要展開。

他跳上前往醫院的卡車，隱約覺得自己現在好像成為敵人瞄準的槍靶。他到了軍營，把行李在新床旁卸下後，去見單位裡的其他人。在外頭他遇到二三十個人正一邊大聲播音樂，一邊抽大麻抽得好像沒有明天。越過防衛的鐵絲網，那裡還有一個火藥單位及一個運輸單位，而後就是無窮無盡的沙和仙人掌。

隔天，他向醫院報到，開始了每天十二小時輪班、每週工作六天的生活。在那個傷患比床多的地方，他看到嚴重的創傷截肢、槍傷傷口、支離破碎的身體；女人、小孩、越南士兵，有些全身遍佈燒夷彈造成的三級灼傷。在這片可怕的景象裡，他覺得自己是幸運的。如果被派到前線當現場醫護人員，他就是一個走動的槍靶。

在休假日，士兵們會搭卡車到破爛的郊區，那裡有女孩和包著大麻的紙盒菸等著他們。麥克會在鄉間遊走，晃進佛教的寺廟，喝一杯和尚倒給他的茶。有時候他會和一個兄弟騎著越野摩托車到城鎮邊緣，像史提夫‧麥昆（Steve McQueens）那樣縱身跳入河谷。其他日子裡他會躺在軍營裡讀軍隊圖書館的書。他回想這段時間：「我覺得自己在越南就像個白癡，但我和自己說『嘿，那我要多閱讀，我要發展我的心智。』所以我讀了很多哲學和存在主義的東西：杜思妥也夫斯基、卡繆、沙特等等，還有詩 —— 波特萊爾、里爾克、韓波、葉慈，以及佛教、東方哲學相關的書。」

他知道自己正錯過許多事：大學、搖滾樂、甚至是他在報紙上讀到的反戰抗議。他二十歲時收到梅莉的一封信，那時她去耶魯聽作家威廉‧曼徹斯特（William Manchester）的演講：「我在這裡沒有被當，課程一點都不難。指定閱讀都有趣極了，我讀了喬伊斯的《一個年輕藝術家的畫像》，還有理查‧魯本斯坦（Richard Rubenstein）的《奧許維茲之後》（After Auschwitz）也非常非常棒。」

在伯納德鎮的時候，麥克總是在和梅莉聊書。但現在梅莉提到的這些：讓她呼吸暫停的喬伊斯、室友們和賽門與葛芬科，都讓麥克覺得她，以及家鄉，變得很遙遠。「我覺得，我好像在世界的另一邊。」

◆

在瓦薩的前兩年，梅莉在校園裡盡情驚艷、迷惑、思索。但這種狀況沒有持續多久。這間只收留女性的避風港雖然解放了梅莉，卻有迫在眉梢的威脅。像梅莉一樣，瓦薩也有「嚴重的身份認同危機」。

在整個國家裡，單性別教育環境都逐漸不受青睞。到了 1967 年，瓦薩有三分之二的學生都和梅莉一樣來自綜合高中，而要讓這些女學生下定決心放棄男孩（無論他們的優點是什麼）變得越來越困難。在 1964 年上任的瓦薩校長，畢業於牛津的歷史學者亞蘭·辛普森（Alan Simpson），也是個女子人文學院教育制的忠實支持者。但瓦薩不像其他的七姊妹學院一樣有鄰近又門當戶對的男子學院，相對來說更遺世獨立一些，對一週七天都想和男生互動的年輕女子來說，吸引力大減。曾經川流不息的入學申請書，漸漸枯竭。

在 1966 年的秋天，辛普森校長組成了「新維度委員會」來規劃瓦薩的未來。在第一次會議時，他提到漢彌頓（Hamilton）正在創立一個女性學院，衛斯理大學和耶魯也有可能會跟進。想像都還懸而未決：或許瓦薩也可以成立一個男子學院？或收編一個鄰近的學校？委員會開始開發有潛力的「舞伴」。

委員會不知道的是，辛普森心中其實有個更激進的計畫。該年十二月，他和耶魯的校長金曼·布魯斯特（Kingman Brewster）會面，討論兩校合併的可能性。瓦薩可能賣掉波契浦西的校地，搬遷到紐哈芬市。他知道這一旦成真，會是學界的震撼彈，因此將這個構想保密。

但消息還是走漏了，即將到來的「皇室聯姻」讓瓦薩的校友們歇斯底里了起來。在校友雜誌上，有人投稿：「這真是讓人無法想像！居然要拿恬靜、美麗的校園來交換大城市裡的嘈嘈擾擾和壓力！」教授們同樣持反對意見，擔心他們的生存空間會被耶魯的教職員擠壓甚至替換掉。《生活》雜誌一期的頭條呼應了這高漲的情緒：「他們怎麼敢做出這種事？」

在學的學生們卻有點期待。的確，她們可能會失去「瓦薩學生」的身份，但「把自己留給耶魯」將會變得易如反掌，還省下來回三小時的車程。有些啦啦隊員開始學唱耶魯的精神歌曲〈Boola Boola〉。一項 1967 年春天的問卷調查中問瓦薩學生：「讓男學生參與課堂，是否能讓討論品質更好？」以及「妳是否認為，瓦薩課程因為缺少男性而在討論觀點上有嚴重的缺失？」68% 的學生對這兩個問題都回答：「是。」

像大部分在瓦薩的學生一樣，梅莉緊密關心著這場騷動。大家都蠻喜歡兩校合併的構想，包括梅莉，但不太有人相信這會成真。搬遷校園所費不貲，而且那些戴著珍珠項鍊的校友，會把瓦薩攻擊得體無完膚到獎學金都沒人支持。

「我真的覺得，如果我們想趕上、或是像安提奧克（Antioch）甚至是史瓦摩爾（Swarthmore）[10] 這些學校一樣多放寬限制，應該就要搬去紐哈芬。現在，尤其是在社交關係方面實在不正常；大家常常很匆忙、慌亂，關係中有很多狀況。有些瓦薩的姊妹會和耶魯幾個學院有結盟，至少提供一個比較簡單的方式去找個『成熟朋友般的情人』，而不是『週末情人寶貝』。」梅莉寫給麥克的信裡這樣說。

1967 年 11 月 12 日，辛普森校長通知布魯斯特校長：瓦薩－耶魯合併案胎死腹中。埋葬曾經熱情付出的計畫同時，他宣佈，留在波契浦西的瓦薩學院將全速前進。

這要怎麼做到？創立一個男子學院的想法仍然盤旋不去，但在 1968 年 5 月 30 日有了戲劇性的發展：教職員以 102 比 3 的懸殊比數，同意讓男子入學瓦薩。這個選項並沒有經過詳細檢視，不過在當時已經是看起來最不接近世界末日的方法了。如果辛普森沒有那麼積極地尋求與耶魯合併，瓦薩的老班底們可能也不會考慮男女同校。是年 7 月 11 日，當學生們正在享受暑假，學校董事會通過此提案。

10、 兩所都成立於 1850 － 1865 年間，是歷史悠久的人文學科學院。

從 1970 年秋天開始，將是瓦薩自二戰後第一次對男學生敞開大門。

「追求完全男女共學的瓦薩：方案及預算研議中」；這是瓦薩學生報《雜論新聞》（Miscellany News）的頭版標題。1968 年的秋季學期開始，學生間充滿竊竊私語，夾雜著興奮、焦慮甚至有點滑稽的好奇感。在《雜論新聞》中的專欄，有個名叫蘇珊·卡斯特拉（Susan Casteras）的學生寫下〈瓦薩男子——迎接滑稽的末日〉，文中想像著即將入學的男子生活，例如一個六呎二吋的壯漢要如何把自己塞進為女性打造的床？浴缸是不是得依新尺寸製作以便容納更多「亞馬遜來的學生」？「餐點也得重新規劃，以避免饑荒景況。畢竟，一小匙白起司放在兩片枯萎的萵苣上；一塊三吋見方的肉、一個搖晃著的紅色果凍及一杯冰茶（無論有沒有加檸檬）可無法讓超人們滿足。」

時序來到 1969 年，瓦薩女孩們為即將到來的男孩入侵武裝自己。但男孩在大二的梅莉心中並不排在優先考慮的次序。現在，她忙著取得「真實的身份認同」，而這樣的認同有部分來自「成為別人的能力」。她才剛要發現演戲的趣味，戲劇系也正要發現她。

另一次蛻變，即將到來。

◆

麥克·布福開始害怕回家，他知道每個人都會用不一樣的眼神看著他。不管他的立場是反戰、或只是後備醫藥團，他都會被貼上「嬰兒殺手」的標籤。另外，他開始習慣探險式的生活。漸漸的，綏和變得好像他的歸屬之地，如果他真的屬於某個地方的話。

1969 年 7 月底，麥克在越南和家之間的某個地方過夜。從越南出發，他在路易斯堡暫停，換了新制服，拿機票，最後一次在軍隊剪了個難看的髮型。機場裡的電視還在播阿姆斯壯登陸月球的影片，但麥克沒辦法像其他美國人一樣享受這狂喜。

「除了讓我覺得自己也像個太空人外，那對我來說一點意義也沒有。在越南待了一年半後，我就像從外星來的人。只不過，我沒穿著太空裝，而是被在那裡的記憶給緊緊包覆。」麥克回想起那段時間，在心中想：**老天，我不知道我是否能變回「正常人」**。

麥克沒和家人說自己什麼時候會到家，因為他不想要歡迎派對。當他母親在門口看到他時，情緒十分激動。她讓他坐下，然後開始補充鎮上所有的八卦：誰生病、誰懷孕、誰有金錢糾紛……就在麥克因為時差幾乎要睡著的同時，母親補充：
「喔，還有一件事。」
「怎麼了？」
「梅莉每天都打來，問你什麼時候回來。」

當梅莉走進屋內，他很驚訝。兩年不見，她變得很波希米亞：大圓型耳環、牛仔褲、涼鞋，露背印地安花紋的襯衫及長至腰際的金髮。

「我的天啊！」麥克想著，**「她長大了，不再是個女孩了。」**

他和她說起醫院、佛教建築和摩托車旅行，她則聊起瓦薩、戲劇課和她讀過的書。麥克無法忽視她的美麗、自信和穩重。讓他感到驚訝的是，梅莉表現的就像他們從沒分手過一樣。他們每隔幾天就見一次面，開車在伯納德鎮以及其他老地方閒晃。但麥克心底止不住的疑問是：為什麼她要和我這樣的人在一起？

一切就像什麼都沒發生，但其實已經發生過太多。在信裡他們向彼此傾訴最深的渴慕，但當真人相對，他們之間反而有了距離。麥克變得焦躁，但不知道該如何解決這股躁動。大部分的人不太敢問起越南的事，即使問了，他也不知道要回答什麼。鎮上的小孩總是用可疑的眼神看著他，而那些曾經打過二戰的兄長們則會像軍中同袍般拍拍他的背，但這感覺也不太對勁。

梅莉也變了。聊天的時候，她會講起在大學約會的其他男孩，像是鮑伯。麥克搞不清楚這是什麼意思，只知道她有所保留，而他也是。這樣的狀態持續了一陣子後，他問梅莉為什麼要一直來見他，然後和他說其他男朋友的事。梅莉說，因為她不知道他在想什麼 —— 他之前提了分手，離開之後也幾乎不回信，即使她寫了那麼多封。麥克回憶起這段往事：「我理解到自己有多膽小。我完全不打算坦白、和她說我對她的感覺。她和我玩著同一種遊戲。」

麥克需要離開這地方，無論去哪都好。爸媽家太安靜，伯納德鎮也實在太小。他在越南錯過了 1967 年那場「愛之夏[11]」，不如搭便車到舊金山，或許還能嚐到一點餘味，又或者可以就此展開另一場冒險。在夏末，梅莉沿著 22 號公路開了一個小時載他到賓州的伊斯頓（Easton），他則把三十日印度之旅帶回來的小東西給她：一件絲製錦緞，還有一個象牙刻成的濕婆神。

當他踏出車門，梅莉給他一個吻，並說：「別忘記寫信給我。」

「那當然。」麥克這樣回，心裡卻明白他不會這麼做。

◆

一天在戲劇課上，梅莉正在練習《慾望街車》（A Streetcar Named Desire）中布蘭琪（Blanche Dubois）的獨白。一個蓄著濃密鬍鬚的魁梧男子從房間的最後方衝到台前，那是戲劇課的指導老師，克林特·阿金森（Clint Atkinson）。

「妳真厲害！真厲害！」他和那個被嚇到的年輕布蘭琪這樣說。阿金森把另一個劇本交到她手上：「念《茱莉小姐》（Miss Julie）。」

梅莉看著奧古斯特·史特林堡（August Strindberg）1888年的大師之作，有些困惑。雖然她曾經在高中音樂劇裡演過主角，但這可不是圖書館員瑪莉安；她在腦中搜尋，想不到有什麼可以和史特林堡那飽受摧殘的瑞典女貴族相比的角色。即使如此，當她念出台詞時，阿金森瞪大雙眼：他在這個優雅的二十歲少女身上，找到了他的茱莉小姐。

阿金森去見戲劇系主任艾佛·史普瓊恩（Evert Sprinchorn），提議搬演《茱莉小姐》，卻被史普瓊恩拒絕：「你不能這樣做！」阿金森是個創作導演，而史普瓊恩卻不一樣，他是個學者，研究對象正是史特林堡。阿金森當時正在討論工作續約，史普瓊恩覺得這只是他想要討好自己的手段。

史普瓊恩心裡也確信這是行不通的。首先，他和阿金森解釋，這部戲只有三個角色。要讓學生都參與，至少也得要五或六個角色。除此之外，角色難度太高了。茱莉小姐的內心世界遍佈地雷，在階級壓力和心中慾火下自我獻祭。她和權威玩起遊戲，誘惑父親的僕人吉恩（Jean），也同時被誘惑。茱莉小姐是個淑女，是個愛人，是個造反者，也是一團無法形容的混亂。最重要的是，她得扛起一整齣戲的成敗。有哪一個大學生有辦法處理這樣的角色？

11、Summer of Love，受「垮掉的一代」影響，1967 年以舊金山為中心、後來在美國各地及歐洲展開的嬉皮生活運動，政治傾向通常為懷疑政府、反越戰。

阿金森拜託他：「今晚來朗讀會一趟吧，看看你會有什麼想法。」史普瓊恩答應了。幾個小時後，他們倆便坐在學生劇場的等候室裡，看著梅莉·史翠普朗讀茱莉小姐的台詞。

十分鐘內，史普瓊恩把頭靠向阿金森，說：「你就去做吧。」

燈光亮起，這是一幢瑞典鄉村大宅裡的廚房。仲夏之夜，茱莉小姐一如平日在一旁跳舞取鬧，讓人難堪。梅莉在側台等待進場，看著台上的侍從和廚師八卦著房子的女主人。（「今晚她又要發瘋了。茱莉小姐絕對是瘋了！」）她檸檬色的頭髮盤了起來，雙手穩放在拉皺的藍色禮服上，臀部上方還有個華麗的大蝴蝶結。這是她第一次看正式的戲劇演出，而她還在裡面主演。

瓦薩的學生劇場以前曾有馬術隊進駐，下雨時，有些後台的房間裡還是聞起來像馬廄。在預演的時候，阿金森要幾個學生去紐約找丁香花做佈景。但那時節已非盛夏而入隆冬，最後只好在劇院裡灑些丁香水，試圖掩蓋過馬的氣味。當梅莉聽到入場指示，她站到燈光下，一顆丁香味的水滴在睫毛上晃動。

有些主修戲劇、在劇場裡花了很多時間的學生對選角不甚滿意，從沒想過梅莉會負責這個角色。「她看起來比我成熟很多，」扮演廚師克莉絲汀（Christine）一角的朱蒂·林傑（Judy Ringer）這樣說：「我想在很多方面都是，但在演出風格和進入情緒的方法上，她比戲劇系裡的其他人都要來得成熟，而沒有人知道她是怎麼做到的。我實在說不準。」

表面上，梅莉看起來一點也不熱衷鑽研這些。飾演吉恩的年輕教授李·德文（Lee Devin）說：「我不記得她做了什麼特別的努力。」在男生還未能入學時，男性的角色由老師或雇請來的專業演員飾演。在台上，德文誘惑、服侍也折磨梅莉；下了舞台，他試著當個教授，不過梅莉對知識份子的來回過招一點也不感興趣。

「我那一套以不斷探問為主的華麗指導對她來說不適用。她就是做到了一些事。」

但那部戲似乎在她身上施了奇怪的魔法：「那是一個非常認真嚴肅的劇，我真的不知道自己在幹嘛，完全不知道。但我的老天，裡面有各種我不曾對自己承認、或向眾人展示的感受，全都匯流在一起。」

茱莉小姐複雜的情緒樣貌，彷彿解除梅莉自身的情感封印，將她非黑即白的性格賦予了色彩。史特林堡筆下的女主角，逐一展現了人類心理的全貌 —— 蠻橫、欲求、優越、厭惡、自我嫌棄，她請求著、哭泣著、夢想著，焦慮著 —— 所有的情緒，都在她拿著吉恩的刮鬍刀、漫漫游離到自殺風暴中心的那個夜晚裡顯露出來。《波契浦西日誌》（Poughkeepsie Journal）在 1969 年 12 月 13 日盛讚：「她一開始有些神經質，在內在自我扭打，最終摧毀了社會觀感的外殼……這對女演員來說，無疑是非常高的要求……但令人驚訝的是，史翠普小姐輕易掌握了這個角色。」

梅莉彷彿又回到小時候扮演聖母瑪莉亞的場景，那間教堂，那個神秘的區域。

「妳是怎麼做到的？」朋友們問。但她自己也不知道。

艾佛・史普瓊恩倒有個理論可以解釋這齣劇為何如此劇烈地改變女主角：「無論她是否察覺，梅莉認同了那個角色。茱莉小姐某種程度上是討厭男人的，這或許也是梅莉・史翠普的一個面向 —— 她正在反抗父權社會。」

「我愛我的父親，」茱莉小姐這樣和吉恩說：「但我還是相信母親說的，因為我並不了解事情的全貌。她叫我要討厭所有男人 —— 你也知道她有多討厭男人 —— 所以我向她發誓，這輩子絕不做任何男人的奴隸。」史特林堡在《茱莉小姐》裡描寫了一個正在消逝的世界：舊世代的貴族及菁英在新資產階級崛起時

分崩離析，而茱莉和吉恩正是「現代的角色，生活在時代的轉捩點」；那是一個把貴族和侍從丟入火坑跳死亡之舞的年代。

換句話說，這情況也適用於這齣戲被搬演的校園。那是 1969 年 12 月，七〇年代的前夕，也是瓦薩的新時代。再過不久，男生就要走入瓦薩的教室、宿舍，甚至是浴室了。可以不用在週末搭車屈辱地前往男校當然很好，但是否也有一些什麼會消失？如果有男生坐在後頭，瓦薩女孩們還會自在地在教室內交談嗎？是否還能過著不洗頭髮的生活？

對那些首批踏入瓦薩校園的男學生而言，這是個讓人手忙腳亂的世界。女性早已習慣這世界有些對她們不友善的地方，但在這裡，男人才是新奇的少數，而他們極少有機會遇到一個沒為他們的存在準備好的地方。浴室裡沒有小便斗，起居室裡有印著大花的布簾（開學後兩天神秘消失了）；一個奮發向上的健身愛好者只能在自己的宿舍房間舉五百磅的槓鈴，直到地下室騰出個空間為止。1972 年入學的傑夫・西佛曼（Jeff Silverman）從全男校轉學過來，夢想來一場賀爾蒙的冒險：「成為唯一一個男生 —— 無論在課堂、在餐桌上或僅僅是『出巡』到人群間 —— 是我們必須要習慣的事。早上看到髮捲、晚上看著女孩們穿睡衣的樣子，都不能當作一回事。」「我們之間還沒有默契，潛規則還不存在，所謂合適的禮儀，也就看我們如何邊走邊磨合出來。一開始，我們都不知道在早上八點時要和身旁的女孩說什麼。但很快地，我們發現『麻煩你把糖傳過來』就會是個好開始。」

同時，女孩們也在適應餐廳裡男生落下的沉重腳步聲。對梅莉・史翠普來說，改變是很明顯的：「男生在我大三大四的時候入學。我住在達文森和緬因（Davison and Main），當他們搬進來後，下午茶、著裝規定（dress code）那些女孩宿舍的東西就消失了。但也還有一些更小眾驚奇的東西，我想它們轉往地下發展了。我記得在男生進來的第一年，突然間文學雜誌、報紙、班級幹部和當時很重要的學

生運動都變成男性主導。我覺得那可能是對賓客暫時性的尊重；當時平等主義的確盛行，瓦薩跟進，所以我們也是。我想我們已經準備好要接受他們，但我也知道自己很感激前兩年可以離開兩性之間的惡性競爭。」

《茱莉小姐》裡有一幕，吉恩回憶起小時候和七個兄弟姊妹及一隻豬，一起住在小屋裡。他和茱莉小姐說，從窗外他可以看到她父親的花園，有棵蘋果樹從圍籬邊探頭出來：「對我來說那就是伊甸園。有很多憤怒天使帶著燃燒的劍守衛著蘋果樹，但即使如此，我和其他男孩還是設法找到一條通往那棵生命之樹的路⋯⋯我知道妳一定因此鄙視我。」

茱莉小姐聳了聳肩，說：「所有男生都會偷蘋果吧。」

◆

麥克·布福依然無法停止移動。他搭便車到加州，回來的路上則攀登了大峽谷。他在北加州的餐廳打過工，開過水泥卡車。他就是停不下來。

麥克的母親把他高中的成績單送到大學入學輔助中心，每次他回家的時候給他看大學名冊。

「你看這所！赫拉·史考特學院（Hiram Scott College），在內布拉斯加。」
「媽，我不想去。」

某個雨夜，尼克森總統來到伯納德鎮旁的莫里森（Morrison）幫州長選舉站台，麥克和朋友前往抗議。當尼克森的車隊抵達，麥克跳到車前喊著標語：「一、二、

三、四，我們不要再戰死！」尼克森閃過一個勝利手勢，遁入旅館。一個半小時後當他再度出現，群眾更為氣憤，衝向趕著坐上豪華轎車的尼克森。麥克被人群帶到離總統僅有五呎之距，他瞪著尼克森，用盡力氣喊著標語。

尼克森一離開，麥克就聽到身邊有人說：「就是這個傢伙！」突然間，三個穿西裝的男人出現，把他摔倒在地。他的口袋被淨空，然後被拖到一個空房間接受審問。

「你替誰工作？共產黨嗎？」其中一個人開口問。麥克笑了出來：「你開什麼玩笑？我是剛從越南回來的退伍軍人，而且我一點都不認同那邊發生的鳥事。」他們問麥克為什麼去抗議現場，他回擊：「我不過是想和他要張簽名照，我要開間『怪老二俱樂部』分部。」

這件事上了地方報。當記者打電話到家裡來的時候，羞愧的父親說他已經離開家去科羅拉多州上大學了，但他當然沒有。麥克就在那裡，即使他的魂魄彷彿流蕩在外。隔了一週，他和父母說要去登阿帕拉契山脈小徑。接著，他想去台灣學中文。他就是無法停下來。

流浪之後他突然發現，其實自己是想念越南了。他想念刺激，想念叢林，想念在季風捎來的大雨中搭卡車抵達小鎮。

梅莉不停詢問他什麼時候要來瓦薩看看，所以他最後終於搭火車到了波契浦西。他和梅莉的大學同學們一起廝混，包含男生。他喝酒——或許有點太多，因為他一直有點緊張。他們聊詩，但當麥克開始稱讚艾茲拉・龐德（Ezra Pound），有個男生立刻攻擊龐德的反猶太傾向。

「我知道，但他也是個偉大的詩人！」麥克差一點就說出他覺得〈好兄弟的牧歌〉

（Ballad of the Goodly Fere）是史上最好的詩之一。但他懂什麼？畢竟他從沒讀過大學。

離開瓦薩之前，梅莉說他應該考慮一下申請就讀瓦薩，現在已經可以開放男性入學了。

但麥克知道這是不可能的。「在一群光鮮亮麗的孩子裡，只有我一個退伍軍人，彷彿像是身處異世界。或許也因為我那時候沒什麼安全感，但我確實知道瓦薩不是我該待的地方。」

◆

到了她在瓦薩最後一年的秋季學期。身為一位對搖搖欲墜的女權不滿的人，梅莉做了一件難以想像的事。她參加了達特茅斯學院（Dartmouth College）的交換計劃，成為四千名男子校園的六十位女子之一。這就像到了瓦薩的鏡像王國。

當梅莉在 1970 年抵達達特茅斯時，她明白即將要面對的是什麼。就像在瓦薩的男生一樣，降落在新罕布夏州漢諾威市的女孩們是新奇的生物，而且是不受歡迎的那種。她回憶：「他們真的很不想要我們出現，校園裡總是瀰漫著『你們』和『我們』那種壁壘分明的感覺。」

一天，梅莉和一個女生朋友在貝克圖書館的走廊讀書，想去房間另一頭的洗手間。她們感覺到所有男生的目光，所以她們忍耐再忍耐，直到再也忍不了。當她們穿過圖書館，男生開始用腳打節拍，手拍桌子。梅莉說：「那完全是帶有敵意的。」

達特茅斯的社交場合，基本上都發生在韋伯斯特大道（Webster Avenue）上的兄弟會裡。一天晚上，梅莉的同學卡羅·杜德利（Carol Dudley）看到一張桌子被搖搖晃晃地抬出窗外，不久後，兩個醉得誇張的男人便滾下階梯，在雪地裡只穿著短褲。梅莉會指責那些「像急著要擠進屠宰場的牛」一樣想接近兄弟會的女孩；在瓦薩的日子讓她變了，變得討厭這種僵化的性別角色。

在課業上，一樣有讓梅莉無法認同的事。「我全部的科目都拿Ａ。看到成績單的時候，我驚訝得都鬥雞眼了。在瓦薩，英語系因為二十年來第一次有人拿Ａ還開了個派對，但在達特茅斯，就我來看，拿Ａ並不難，甚至可說教授給得有點隨意。『啊！』我對自己說，『這就是男子學院和女子學院的差別。』我們用老方法去爭取好成績，努力去爭取一個Ａ。但在男子學院，他們需要順利擠進法律學院的潤滑劑，慈愛愚昧的母校就急著要讓他們的寶寶看起來很棒。」

即使如此，非主流文化在達特茅斯也更盛行。大家愛穿破爛的衣服，男孩們會留長髮——「從背後看，是蠻像瓦薩的。」梅莉說。杜德利則回憶：「社交生活開放到不可思議，所有人都可以弄到破衣服，或在折扣店裡找到便宜東西。每個人都有台老破車，沒花什麼錢也能活得下去，只要在宿舍買點酒喝就好。一大桶[12] 啤酒大概只要 50 分或一塊美金。」

獨自一人時，梅莉會在上峽谷（Upper Valley）的景色裡享受平靜。不在漢諾威旅店裡當服務生時，她會在康乃迪克河岸邊讀書，或去羅林斯小教堂（Rollins Chapel）對著自己唱歌。她很喜歡這種放空的生活步調。她也去甄選過一齣劇，但輸給了自己的好朋友，沒有爭取到唯一的女角色。她同時也是舞蹈課上唯一的女生。來自千里達（Trinidad）的教授伊洛·希爾（Errol Hill）指導的戲劇寫作課裡，她寫了一些充滿女性主義色彩的劇本，用「高度象徵性、帶有隱喻、嚴肅但有趣」的方式處理女性解放的議題。

或許，梅莉也被葛洛莉亞‧史坦納[13]的畢業典禮致詞激發了對於女性主義的熱情。在那場名為〈活在改革中〉（Living the Revolution）的演講裡，史坦納對1970年入學的學生們說：「男人去打獵的行為，總被視為在部落時期享有優越地位的證據，但當他們出外打獵時，女人蓋房子、犁田、發展出畜牧業，也讓語言及溝通系統更完善。男人雖然一起待在外頭的樹叢，卻被隔離開來，缺乏彼此溝通，常常變成善於移動、卻不太聰明的生物。」

梅莉在達特茅斯的專題是戲服設計。她在宿舍房間的地毯上花上許多時間，畫出舞台史上不同時期的戲服：宮廷式誇張蓬鬆的褲裝、蓬蓬裙、馬甲、腰撐等等。冬天時，她已經有一個橫越時代的作品集，裡面有她可能曾經是、或未來可能成為的女性幽影。

杜德利注意到瓦薩和達特茅斯之間的教育風格差別：「瓦薩裡的女性們習慣認真做筆記再慢慢反芻，但我覺得男生的思考模式比較不受限制，有很多自己的想法而且樂於為此辯論。」這並不代表男天生就比較聰明；他們被教育要在課堂上發表意見、能言善辯，但在七姊妹學院裡，「優雅生活」那一套仍然殘留著。

梅莉也注意到這點：「我還記得自己曾想著，在瓦薩，面對問題時大家都安靜坐著，用政治正確、深思熟慮的回應來作答。」但在達特茅斯，只要教授一問問題，就有五個男孩搶著要答。她說：「這對我來說非常有啟發性。這是以往不存在我身上的特質。那種氣氛和期待，對主動的人來說很有吸引力。」

時序從1970年轉到1971年，梅莉收拾好行李，回到波契浦西。在男性主導環境下生存沒那麼容易，但在漢諾威的那幾個月讓她變得更堅強了。現在在課堂裡，

12、單位為keg，一開始是稱呼裝啤酒的桶子。在美國，1 keg大約是15.5加侖（gallon）。

13、葛洛莉亞‧史黛納（Gloria Steinem）：1934－。美國著名的女性運動者、記者，被公認為1960－70年代的女權運動領導者。

她模仿在達特茅斯見識過的學習動力。在教授還沒問完問題前,她就把手舉高,說:「我懷疑這個問題是否**成立**。」她到底知不知道那個問題,已經不重要。她曾經站在性別哈哈鏡的兩端,像夢遊仙境的愛麗絲一樣,知道固守一側只會讓事情變得越來越讓人困惑。

◆

阿金森教授不斷推梅莉上台:布萊希特(Bertolt Brecht)的《四川好女人》(The Good Woman of Setzuan)、莫里哀(Molière)的《守財奴》(The Miser)。還有在三月,她的最後一個學期裡,她演出喬治・李洛(George Lillo)1731 年的悲劇《倫敦商人》(The London Merchant)。阿金森會選擇這個劇本,有部分是因為裡面有個很適合梅莉的角色:莎拉・米爾伍德(Sarah Millwood),一個逼迫她的愛人為她偷竊的妓女。最後愛人甚至謀殺自己的舅舅,兩人雙雙被送上絞刑台。

再一次的,舞台上發生的事就像宿舍裡性別戰爭的倒影。儘管被譏笑為「充滿謊言、殘酷血腥的女人」,米爾伍德要讓男性繳械:「我所認識各種不同階級、不同職業的男人,在某些事情上都沒什麼差別:所有人都可以為了追求至高權力變得道德敗壞。」

梅莉彷彿重新經歷《茱莉小姐》的情緒風暴。或許她想到那些在圖書館路上拍打桌子的達特茅斯男生,也或者,時候就是到了。那年四月,尼克森總統授權軍隊入侵柬埔寨,校園裡如火如荼地對這個軍事擴張行為展開辯論。梅莉在耶魯時也參加過反戰運動,那時她和鮑伯手舉「我們不會去!」的標語,一邊被其他學生從宿舍窗戶邊推擠開來。但在瓦薩,她覺得自己完全不被運動團體和權力中心重

視——這些地方都由男性主導，即使他們仍然是相對少數族群。梅莉看著他們在隊伍前方發號施令，讓她想起艾比·霍夫曼[14]的仿效者，永遠都在一群仰慕著他們的女孩面前表演。這也是劇場，不過不是好的那種。

無論是什麼驅動著她，這些都在《倫敦商人》最後的演說中如熔岩一般爆發出來。「觀眾對著梅莉歡呼，彷彿她剛表演的是歌劇詠嘆調。」飾演商人索羅古德（Thorowgood）一角的史普瓊恩這樣說：「在閱讀十九世紀戲劇作品的描述時，有時候會在炫技表演的場景裡看到『觀眾對著女演員站了起來』的形容。啊，當我和梅莉一起在台上時，感受到的正是這種熱情——觀眾對著我們站起來。」

《雜論新聞》（The Miscellany News）也稱讚：「梅莉·史翠普低聲呼喚、密謀、啜泣然後大聲喚醒她的角色。」「這是個史翠普小姐熟習的角色。經過茱莉小姐、《守財奴》的富爾馨和現在的米爾伍德，史翠普正在觀眾腦海中建立自己的形象。」

即使受到稱讚，梅莉依然搖擺不定，覺得演戲是個難以維生的行業。有段時間，她無法決定要主修戲劇還是經濟。但阿金森對她有強大的信念，甚至在她畢業前就帶她到紐約。1971 年 4 月，梅莉首度以專業演員的身份登台演出。阿金森製作了莫利納（Tirso de Molina）的《賽維爾的花花公子》（The Playboy of Seville），這是唐璜（Don Juan）故事的早期西班牙演繹版。梅莉在劇中扮演的是佃農蒂斯貝（Tisbea），主角的戰利品之一。

表演在庫比古羅劇場（Cubiculo Theater）舉行。這裡被稱為「方塊」（The Cube），是個在地下層有七十五席的劇院，座落在第九大道和五十一街交叉口。雖然不是城裡最乾淨漂亮的角落，但這裡是紐約。阿金森曾在春假帶著一些瓦薩

14、艾比·霍夫曼（Abbie Hoffman）：美國知名的社會運動份子，反戰形象鮮明，無政府主義者。

女學生到這裡來，大多是像梅莉這樣有才華能在專業人士面前自持的演員。

紐約來的演員菲利浦·勒史傳奇（Philip LeStrange）飾演卡塔里農（Catalinon）。他和梅莉曾經在瓦薩合作演出《守財奴》，對他來說，梅莉彷彿不在乎舞台上的光環。在後台，女孩們往往會比較每晚觀眾的笑聲——其中有人甚至做了記錄表。但梅莉不做計算，她只是靜靜觀看。在《賽維爾的花花公子》這齣劇中也一樣，勒史傳奇說：「即使在排練中，她也會在一個制高點不停觀察。」

她在看什麼呢？在眾多新奇事物裡，她還看到麥可·莫里亞提（Michael Moriarty），扮演主角「花花公子」的三十歲演員，不羈、帥氣，有著高額頭和凝重的眼神，聲音顫抖、抽離，好像隨時都要厲聲說話。他演的唐璜冷靜至極，好像覺得一切都讓他無聊到死。

莫里亞提並沒有演完三週。才過一半，他甄選上另一個百老匯秀並離開了。不像《賽維爾的花花公子》，那是個收費表演。阿金森忙亂之中找了另一個唐璜，雖然新演員的演法完全不同。也因為如此，梅莉瞥見演藝圈的真實狀況。事情並沒有這樣結束，這也不是她最後一次遇見莫里亞提。

落幕之後，她回到瓦薩，對未來依然感到困惑。她知道自己很會演戲，在前排觀賞《茱莉小姐》的朋友們都和她這樣說。但要說到在台上最神聖的時刻，她的心思就飄到松卓·格林（Sondra Green）的演講課。

梅莉是格林在瓦薩最喜歡的學生之一，甚至被選在五位可以選修進階課程「演講的基礎」的名單之中。格林不喜歡即席演講，但她心裡有個題目，她非常好奇梅莉會如何發揮。

格林回憶：「我從來沒給過其他人這個題目，在梅莉之後也沒有。我和所有學生

說我要去拿信，五分鐘後回來，所以他們就只有那些時間可以準備。其他人的題目不重要，但我給梅莉的題目是：上台，然後為妳過去五十年的劇場生涯做一場最後的謝幕。」格林和她說：想想海倫‧海斯（Helen Hayes）[15]。

當格林回來時，她叫梅莉站在舞台幕後，然後讓其他學生坐在台下瘋狂鼓掌叫好。當幕升起，台上是一個不滿二十一歲的女孩，但她的神態就像是一個六十歲或更老的女人，一個在無數舞台、度過無數次謝幕的演員。

她往前站一步，雙手合攏，優雅地向她那五位觀眾鞠躬。手臂鬆開，她開始發表演說：「這不僅僅是我的謝幕，也是給你們的致謝。我們一起走過，很多很多美好的歲月……」格林被感動了，梅莉自己也是，雙眼泛淚。

「在那之前，我不曾讓自己感動到哭過，即使我刻意為之……」梅莉在許多年後，經歷了數不清的謝幕，回想起那一次：「我一直沒辦法做到，但那次真的讓我覺得自己死去了……那次演出讓我用想像力跳躍，然後發現，噢，原來自己可以完全在演出裡失去自我。」

她回到那個「假想」的聖殿，看見五十年後的自己。

◆

麥克‧布福終於開始另一場冒險。他不屈不撓的母親希望他可以趕快走出來，給他看位於墨西哥的亞美利堅大學（University of the Americas）的介紹。那本學校

15、 Helen Hayes，1900-1993。美國名演員，有「戲劇界第一夫人」之稱，活躍年代橫跨八十年。

簡介上，有兩個被雪掩蓋的火山：波波卡特佩（Popocatepetl）和依茲塔塔西華多（Iztaccihuatl），看起來很美。感覺是個可以逃離過去的地方。

休假期間他會回家，在伯納德鎮帝的鞋店打工。工作剛開始沒幾天，梅莉走進鞋店。披著圍巾和長外套，她看起來更加成熟了。當年在啦啦隊般地蹦跳走路方式，現在看來都過於張揚。

他們後來又以朋友的身份見了幾次面。麥克不再覺得自己是當年回家鄉的那個可憐蟲；現在的他是環遊世界的騎士，見過世面。他在墨西哥遇到一個女孩。他確實地讓梅莉知道這件事，當她在他家時。

「她很漂亮，是墨西哥混血。」說的同時，他想到那年夏天梅莉曾細數過多少常春藤聯盟的追求者。

「真的嗎？」梅莉說著，或許閃過一絲後悔。他們在伯納德鎮的幾個假期裡，看著彼此一點點改變，每次都讓他們越來越遠。高中的時候世界很小、很安穩，但現在，他們已經失去交集。那個梅莉曾經對著訴說喬伊斯的男孩，已經找到另一個可以闖蕩迷失的世界。

但梅莉並非一無所有，她也找到同樣迷人、屬於自己的東西。在其中一個週末，她興奮地和他說：「我終於在瓦薩演戲了。」

「妳開玩笑的吧。」

梅莉開始說起那個名為《茱莉小姐》的劇碼，說起她如何被潑滿假的金絲雀血，她來看的朋友們又如何笑到頭都要掉下來。

「我可以演一幕給你看嗎？」

當梅莉變身為茉莉小姐的瞬間，麥克的注意力被抓住了。那是茉莉小姐在吉恩玷污她後，最具毀滅性的一幕：「你這個奴僕！你不過是個擦鞋的，在和你說話的時候給我站好！」

事後，麥克曾經想過梅莉選擇的段落是否別有深意。她是否藉著茉莉小姐的怒氣瞄準他，背後藏著不能言明的怒意，或對他們關係的失望？

但當他看著梅莉的時候，這些情緒的根源還未明朗；他單純被震懾了。在黛西·馬伊之後，他還沒看過梅莉演其他的角色。他沒看過這樣的角色。

「天啊，」他心想，**「她走了好遠。」**

◆

梅莉在 1971 年 5 月 30 日從瓦薩畢業。畢業典禮的致詞人是伊利諾·荷姆斯·諾頓（Eleanor Holmes Norton），黑人女性主義運動領導者及未來的女議員。還在猶豫是否該申請法律學院的梅莉回到上峽谷，參加朋友在新罕布夏剛起步的劇團。在找到更合適的地方前，她決定先加入他們。

一天，她和達特茅斯的寫作課同學彼得·米克（Peter Maeck）一起翻著學校報紙，看到一個新的暑期駐點劇團「綠山公會」（Green Mountain Guild）在徵人，薪資是一週 48 元美金 —— 還不差。彼得和梅莉開車到佛蒙特州的胡士托（Woodstock）試鏡，雙雙入選。

劇團的創辦人是一位戲劇教授羅伯特・歐尼爾－巴特勒（Robert O'Neill-Butler），他和年輕妻子瑪姬（Marj）一同經營劇團。歐尼爾・巴特勒身材高大，有些霸道，演員們常叫他「O-B」，永遠搞不清楚他到底是不是英國人。在後台，梅莉常唱些從母親那裡學到的經典爵士歌曲，和 O D 六個月大的兒子（她幫他取了個綽號叫「狂腿」）玩耍。

他們在不同城鎮間旅行，在史托（Stowe）、齊林頓（Killington）和蓋奇（Quechee）搬演舞台劇。團員們住在小木屋或青年旅社，所有人都擠在一起，過著集合公社般的生活。一晚，當他們都躺在床上，米克面無表情地說：「這就是所謂的劇場啊。」大家在一片黑暗中放聲笑了起來。

在這裡，所有事情感覺起來都不正經，特別是演戲。在約翰・凡・祖頓（John Van Druten）的《海龜之聲》（The Voice of the Turtle）中，梅莉和米克要在台上喝牛奶、吃餅乾。演到一半，梅莉衝下後台，然後冷靜地走回台上說，「抱歉，剛剛有塊餅乾卡在我喉嚨裡。好了，我們演到哪了？」

O-B 叫他們演《政府要事》（Affairs of State），一齣 1950 年過時的百老匯喜劇。由另一個達特茅斯的朋友彼得・帕內爾（Peter Parnell）擔任愛上秘書的政要，梅莉則演出原先在百老匯由賽莉絲・荷姆（Celeste Holm）飾演的秘書。年輕演員們得到一些自由發揮的空間，又覺得劇本已退流行，所以偷偷將這齣劇重寫為坎普風[16]的滑稽模仿劇。帕內爾模仿卡萊・葛倫（Cary Grant），梅莉則是個先怯懦、後來大爆炸的秘書。當 O-B 在開演首夜到達現場的時候先是大驚失色，但要阻止也太遲了。

隨著天氣轉涼，O-B 把夏季駐點改為冬季駐點。梅莉和其他三個演員搬進距離胡士托一哩遠的舊農莊，下雪時（幾乎就是整個冬季）這裡靜得像是瓷器上描繪的田園風景，或是童話故事裡的場景。米克回想：「那真的頗像是在牧歌裡。我們

會在房子前彩排，煮點東西給大家吃，然後找朋友來，是很不錯的生活。」

他們在滑雪木屋、穀倉和挑高的餐廳裡演出，把道具堆在閒置的托盤或任何在手邊的東西上。滑了一天雪的觀眾通常既疲累又被曬傷，有時候梅莉在台上都聽得到打呼聲。她同時在賣節目冊上的廣告和寫劇本，不過沒給任何人看過。她還在一個美麗的穀倉裡主演蕭伯納（Bernard Show）的《坎蒂達》（Candida），她父母特地從紐澤西來看表演。在跨年時，一些達特茅斯的朋友從波士頓開著兩台福斯的金龜車來探訪。1972 年的第一天，他們張開昏沉迷濛的雙眼，感覺十分快樂。

但在心底，梅莉還是感到躁動不安。雖然她的「業餘團體」很有趣，但她也知道還有更厲害的劇團。她覺得自己已經準備好要成為一個真正的演員，無論那是什麼意思。在某個休假日，米克陪梅莉到紐約，她要參加國家莎士比亞劇團（National Shakespeare Company）徵選。劇團平常會巡迴演出，也同時經營梅莉之前演出《賽維爾的花花公子》的庫比古羅劇場。她覺得徵選過程還蠻順利的，但最後收到了回絕信。米克說：「她覺得很荒謬，不可置信。」

梅莉想著，如果她想要演戲 —— 真的演，而不是在滑雪小屋之間閒晃 —— 那她應該要去進修表演。美國最頂尖的戲劇學院有茱莉亞（Juilliard）和耶魯（Yale），她看了一下申請書：耶魯要 15 美金，但茱莉亞要 50 塊，比她一個禮拜所得還多。梅莉寄了封信給茱莉亞表達不滿：「這就像是人口取樣，說明了你們會得到怎樣的學生。」

所以就剩下耶魯。像其他地方一樣，戲劇學院的考試需要準備兩段獨白，一段現

16、坎普（Camp），一種演員透過意圖搞怪或嚇人，讓觀眾感到荒謬有趣的表演方式。此指好笑之意（Campy）。

代劇碼、一段古典。梅莉選擇了一個她已經演練過的角色：《慾望街車》中的布蘭琪。而古典部分則是非常莊嚴——《威尼斯商人》的波西雅（Portia）：「慈悲的本質並不被限制／它從天而降，恍若柔雨……」

在被雪覆蓋的農莊裡，她琢磨著那幾段獨白。角色在她身上的來去讓她感到刺激：前一分鐘，她還是紐奧良那個神經質、性愛關係受挫、在悶熱空氣中，冒著汗珠的布蘭琪，下一秒就變成機智、冷靜、滔滔不絕辯論「慈悲」本質的波西雅。刺激來自於蛻變，而這是她做得到的事。

從胡士托出發到紐哈芬，一路通順。二月底時，耶魯校園尖塔上的雪在暖陽下融化。梅莉穿著長洋裝抵達，迎接她的是查克・勒凡（Chuck Levin），前男友鮑伯的弟弟。鮑伯畢業時他們分手了，他隨後搬回北加州。雖然他們曾經模糊地討論過婚姻（同居並不是個選項），但梅莉的爸爸對未來的想像仍然是條又直又窄的路。他們的關係，就結束在父親對鮑伯下的最後通牒：「你想要支持她？那幫她付最後兩年的學費吧。」

回到耶魯，查克帶她到以前曾經是兄弟會的戲劇學院。踏上佈滿灰塵的樓梯，會看到一間排練室，裡面有個小木頭舞台。當查克在外面等著，梅莉站在一排教授面前。她帶他們去威尼斯、帶他們去紐奧良。

當彼得・米克往農莊窗外看，梅莉正把她的奈許漫遊者（Nash Rambler）開進積雪的車道。她從車子裡跳出來，爬上階梯，近乎張揚。她發亮的眼睛直盯著米克，笑了開來。

「我可把他們嚇死了。」

Constance
康士坦絲

「我在戲劇學院的時候，真的覺得害怕。那是我第一次察覺到，演戲並非
只有有趣的地方，它也有黑暗之處。」

對她來說，耶魯「就像是個矯正營，先把你頭剃光，讓你懂得謙卑。很多
事會擊沉你，出於生存的本能，你只好開始判斷什麼才是重要的。」

耶魯戲劇學院的天才學生

美國名演員雪歌妮·薇佛（Sigourney Weaver）、劇作家克里斯多夫·杜蘭（Christopher Durang）和溫蒂·瓦瑟斯坦、以及梅莉·史翠普。這些 1972 年到 1975 年間在耶魯戲劇學院交會的彗星們，讓那段時間成為毫無爭議的黃金時代。從這裡開始，他們將會繼續合作數十載，一直到百老匯、熱門鉅片和普立茲獎讓他們的職涯像火箭般噴射到高空。不過那時候，他們還只是聰明年輕的演員、劇作家和怪胎，邊縫著戲服，邊穿梭在耶魯佈滿常春藤的牆間，為了契訶夫而磕磕碰碰。

覺得聽起來很不錯嗎？不，那是地獄。

「我直覺上認為，學校，或是一個聲稱要成為學校的地方，不應該任意武斷地評斷一個學生；」雪歌妮·薇佛說：「但在學校裡的一切都是政治。到現在我仍然搞不懂他們到底想要我幹嘛。我覺得他們可能為我勾勒出一個柏拉圖式的夢幻女主角，但我永遠都沒辦法、也不想變那樣。」

1974 年入學的凱特·麥可葛雷果·史都華（Kate McGregor-Stewart）說：「我第一年就得去心理治療。我掙扎著要證明自己的價值，所以勉強還被允許留下，很多人第一年就被退學了。我記得班上從十八個人變成十二個人。」

1975 級的琳達·阿金森（Linda Atkinson）則說：「他們並不是要找到你的優點、在那之上賦予更多意義。他們覺得重要的是要摧毀你所有的優勢，然後在你體內建立起其他東西。這樣不是有點蠢嗎？當我們還是有點才華的時候，某某某就說：『把那些都丟到窗外吧！』」

溫蒂·瓦瑟斯坦稱呼這裡是「耶魯創傷學院」。

梅莉自己則是如此回顧：「我在戲劇學院的時候，真的覺得害怕。那是我第一次

察覺到，演戲並非只有有趣的地方，它也有黑暗之處。」對她來說，耶魯「就像是個矯正營，先把你頭剃光，讓你懂得謙卑。很多事會擊沉你，出於生存的本能，你只好開始判斷什麼才是重要的。」

梅莉在 1972 年秋天拿著獎學金抵達紐哈芬時，對這些還一無所知。她只知道自己喜歡演戲、繪畫和大自然。她和新同學說，她最喜歡的地方就是蒙特婁北邊的洛朗山脈（Laurentian Mountains）。這一年，她才剛滿二十三歲。

她搬進教堂街上一棟三層樓的黃色維多利亞式建築，和耶魯劇場（Yale Repertory Theatre）在同一條街上。這裡以前是匿名互助戒酒會，偶爾還會有人從窗戶裡張望，想回來參加聚會。現在，學生在這裡隨性流動，可以住幾個月、一學期或幾年。第一晚，樓友們在廚房討論住宿規則，決定儲藏室裡的食物要寫上名字。梅莉和一個導演系學生巴瑞．馬修（Barry Marshall）一起分租二樓，外加他的太太及名叫「小狗」的科基。

三樓住的則是威廉．艾韋．隆（William Ivey Long），一個從來沒到過這麼北方、北卡羅萊納州來的紳士。他在威廉與瑪麗學院研究文藝復興及巴洛克時期的建築，剛逃離一個博士計畫（題目是：梅帝奇家族的結婚慶典），來到耶魯和大師李名覺學習舞台設計。他抽下「誠徵室友」傳單上最後一張紙條，一開始還睡在行軍床上。

學期中，他們會迎來另一個新室友：一個高挑、貴氣的美人，原名蘇珊．薇佛。十三歲時，她覺得長一點的名字比較適合她，從此改名雪歌妮。所有人都知道她父親是西維斯特．薇佛（Sylvester Weaver），前 NBC 電視台的總裁，但這絕對沒辦法從她混亂的時裝打扮裡看出來：嬉皮毛毯、機車皮衣外套，一疊疊依顏色區分，放在地上像垃圾堆。她看起來就像是假扮成遊民的雅典娜女神。在史丹佛，有段時間她甚至住在樹屋。當克里斯多夫．杜蘭遇見她的時候，她穿著帶毛球的

綠色睡褲，據說是她「精靈」戲服的一部分。

那時，雪歌妮已經入學第二年了，仍然讓教授們感到困惑。他們眼中的雪歌妮明明是個女主角的料子，但她卻覺得自己是個喜劇演員。他們不斷批評她的外表和穿著，說她穿的衣服像剛起床的皺床單。在一次評選裡，教授們說她在走廊裡看起來很陰沉。她回道：「我看起來很陰沉，是因為我都沒被選上任何角色！」第二天，她穿著白襯衫、戴著珍珠項鍊走進聲音訓練課，教授卻嗤笑說：「你知道嗎，雪歌妮，你真的不需要討好所有人。」於是下一次評選，她從服裝部拿來一塊紗，畫上大大的公牛眼睛，釘在她的夾克後面，象徵她所受到的服儀迫害。「來撞我啊。」她說。

失望之餘，她搬離校園，要和學校保持距離，結果就成了威廉的室友。「噢，你一定要來看那個歌舞秀！」搬進去第一晚，雪歌妮就這樣說：「我朋友們表演的喔。」不久後，威廉就身處奇揚地紅酒瓶和棋盤格桌布間，看著這輩子看過最奇怪的表演。表演者是兩個二年級主修編劇的學生 —— 亞伯特・伊紐拉圖（Albert Innaurato），扮成《真善美》的修道院院長；還有克里斯多夫・杜蘭，穿著藍色的絲綢晚禮服。表演結束之後，一個鬍子鬆垂在臉上的學者坐了下來，開始滔滔不絕講起藝術和劇場。這是麥可・凡高（Michael Feingold），日後《村聲》（The Village Voice）雜誌的戲劇評論主筆。

威廉回憶：「我根本搞不清楚到底發生了什麼事，我不懂他們的劇場。」他已經準備好要溜回家了。

隔天，當他站在廚房，遇到一位「金髮女神」，自稱梅莉・史翠普。她得知威廉主修設計，便問道：「那你要不要看看我的戲服草稿？」梅莉拿出一些充滿想像力的美麗畫作。噢，我的天！他心想，她是個演員，畫出來的東西還像夢境一般。現在，他真的覺得自己該逃回家了。

「戲劇學院的每個班級，都覺得其中某人的存在根本是個錯誤，」梅莉班上一個主修導演的學生，華特‧瓊斯（Walt Jones）這樣說：「我覺得那就是我。」當然，所有人都在擔心同一件事。但誰會承認？最好還是觀察同學，試圖找出誰是那個「錯誤的存在」；因為如果班上其他人都不是，那就可能是自己。

◆

戲劇學院本身就建立在一場危險的計算上。戲劇學院吸引了劇場人，在他們野心還遠遠大過於經驗的年紀，把他們放在一個渺小、孤絕的社群，而注意力、掌聲、戲份這些對他們來說最有價值的東西，全都供給不足。不過，耶魯戲劇學院還是培養出自己的瘋狂品牌，這都要歸功於一個人：羅伯特‧布魯斯坦（Robert Brustein）。

布魯斯坦，聲如洪鐘、意堅如鐵，統治戲劇學院如其封地。他是《新共和》（The New Republic）雜誌的好戰劇評，相信阿爾托（Antonin Artaud）所說的「拒絕經典」（no more masterpieces）：劇場應該要挑戰觀眾、要是政治性的、要新得熱烈。布魯斯坦討厭亞瑟‧米勒（Arthur Miller）的自然主義劇場，排斥布萊希特的史詩劇場。學期之間，他在瑪莎葡萄園島（Martha's Vineyard）[1]度過暑假，和莉莉安‧赫曼（Lillian Hellman）、威廉‧史迪龍（William Styron）和喬瑟夫‧赫勒（Joseph Heller）等人來往。他最著名的書，叫做《反叛劇場》（The Theatre of Revolt）。

在成為院長之前，布魯斯坦曾經以演員身份入學耶魯戲劇學院，但覺得訓練方式

1、 Martha's Vineyard，位於麻州東南方的度假島。

像是上古時代。在發音課裡，學生被訓練說 A 的時候嘴巴要張大、說 R 的時候要輕顫。他們聽約翰‧吉爾古德（John Gielgud）的錄音檔，學習「大西洋中央口音」（Mid-Atlantic Accent）[2]。布魯斯坦的結論是，這種說話方式根本不適合表演，因為大西洋中央除了魚之外根本沒有任人。「那裡有的就是熱情粉絲、文言文、鞠躬哈腰、削足適履、以及英國復辟時代的劇本。」一年後，他就離開了。

所以，當耶魯校長金曼‧布魯斯特在 1966 年問他要不要接管戲劇學院時，他斷然拒絕。耶魯戲劇學院，在他心中就是「污水凝滯的池塘」，劇場死去之地。如果真要他接管，他要有絕對權力去做大改革：新教職員、新課表、新的一切。「我的計劃，就是把這個專注在達標、給學位的研究所，變成一個專業的藝術學院，培養美國劇場裡的藝術家。」他在回憶「耶魯混亂歲月」的回憶錄《大做一場戲》（Making Scene）裡這樣寫道。

當布魯斯坦在下一個學期抵達紐哈芬時，照第一位副院長果敦‧洛果夫（Gordon Rogoff）的說法，就像是「騎著白馬來解救眾人」。新的耶魯戲劇學院不培養電影裡那種「明星」，而是要陶鑄專業的劇場人，從古希臘的埃司基勒斯（Aeschylus）到當代的尤涅斯科（Ionesco），都可以應付的劇場人。「我想要培養的演員，是可以演出任何角色的 —— 從希臘悲劇，到最實驗性質的後現代劇作。」當他看到 1970 年畢業的一個有才華的演員，亨利‧溫克勒（Henry Winkler）接演電視劇《逍遙的日子》（Happy Days）裡永遠的青少年馮茲（Fonz），可想而知的是失望了。

在他以直覺勾勒的未來藍圖裡，還得要創立耶魯劇場。這個專業劇場和學校並行，學生會和雇用來的演員一起演出大膽、跨類別的製作，一同嘲笑布爾喬亞階級的品味。耶魯劇場演出布魯斯坦製作的《馬克白》（Macbeth），裡面的女巫變成外星生物，坐在會飛的盤子裡被發射進場。也有莫里哀的《唐璜》，開場是「褻瀆宗教的獻祭儀式」—— 之所以褻瀆，是因為表演場地以前正是個聖騎士

教堂。「中產階級的教區民眾們都嚇壞了。」洛果夫說。

布魯斯坦剛到耶魯時，他發誓要用參與式民主的方式來管理學校。但那段混亂歲月——激進主義、黑人民權運動、靜坐——已經讓他像羅伯斯比爾（Robespierre）一樣獨裁。1969 年，曾經稱讚布魯斯坦「對異議保持開放、有包容力的態度」的《耶魯日報》（Yale Daily News），大力譴責他「權威式、壓迫性的政策」，並呼籲他辭職。布魯斯坦拒絕接受：「我曾經試著當一個溫和、理性的導師，去處理抗爭、混亂及缺失。但現在，我已經不再覺得自己可以當一個慈祥的人。」

當梅莉抵達耶魯時，布魯斯坦幾乎讓所有人退避三舍。大學部的學生認為他不讓他們去研究所的課，是刻意虧待他們。觀眾對他實驗性質的節目感到困惑。研究所的學生永遠都在革命起義。有個學生和《紐約時報雜誌》（New York Times Magazine）說，「你知道那個莎拉·李（Sara Lee）[3] 的電視廣告吧——『所有人都有不喜歡的東西，但沒有人不喜歡莎拉·李』。在那個時候，我們可以照樣造句成『所有人都有不喜歡的對象，但沒有人喜歡羅伯特·布魯斯坦』。」

1975 年度入學的學生們，隱約知道自己即將要進入一個名人引領的異教團體。但詭異的是：當他們抵達校園準備開始第一學期時，布魯斯坦已經不在了。八年的苦難之後，他精疲力盡，決定休息一年去當《倫敦觀察者報》（The London Observer）的客座評論。取而代之的，是一群次等的小暴君；而他們即將讓梅莉·史翠普第一年的耶魯生活痛苦不堪。

2、傳統觀念上的美式「標準口音」。這並非任何一地的口音，而是融合美式及英式英文（也就是大西洋兩岸），流行於 1900 年到二戰期間，常見於美國上流社會，通常在私立學校或戲劇學校做為教材。

3、美國甜點品牌。

◆

9 月 13 號星期三，梅莉沿著教堂街走去上第一堂課。1975 級班上的三十九名同學裡，有九位參加了表演組的課程，四個男生、五個女生。

戲劇學院在佈告欄上的正式公告，說課程內容是「如同學徒制一般，讓學生進入一段高紀律的訓練期。在這段期間，每個學生才賦的發展、思想的拓寬及對劇場的藝術貢獻，都會被納入評量。」如果評量結果不盡理想，學生們可能會進入學業查看階段，那也是被退學的第一步。

一週兩次，他們會聚集在大學劇場上戲劇課程 1：「耶魯劇場概論」（Introduction to Yale Theatre）。這堂課的教授是被布魯斯坦指派暫代院長的霍華·史坦（Howard Stein）；他人見人愛，就像是遇到困難的時候可以尋求協助，微笑著的好警察，也因此成為布魯斯坦和學生間的緩衝。

星期一、三、五早上是戲劇課程 128：「聲音練習」，內容是要教導學生「正確的呼吸、練習語調、清晰表述，及一對一的矯正工作」。星期二和四則是戲劇課程 138：「舞台動作」，訓練內容是「體操、默劇，姿態表達及身體組成研究」。這就是莫尼·雅金（Moni Yakim）和卡門·德·拉瓦拉德（Carmen de Lavallade），前首席芭蕾舞伶的領域了。拉瓦拉德加入耶魯劇場，希望能重新發現自己演員的那一面。

梅莉享受這些課程，特別是關注於實踐的部分：「我現在能想到、會依賴的，都是和身體有關的東西。」在動作課，他們學到如何放鬆、什麼是力量。在聲音課，他們讀十四行詩，學到：一個想法就是一次吐納、一次吐納就是一個想法。「在歌唱課裡，雖然我們都不是歌手，但貝西·帕里須（Betsy Parrish）告訴我們：『是

不是歌手並不重要，歌唱是一種表達，這種表達未被你的腦和神經過濾、阻撓，它是純潔的、它是音樂。它從你的最深處而來。』我學到的就是這些，但演戲呢？我並不知道人們要如何教表演這件事。」

不過耶魯還是有表演課的，就是戲劇課程 118—— 一堂梅莉後來變得十分害怕的課。每個星期二、三、四下午，學生們會魚貫進入兄弟會大宅改建、梅莉接受入學甄選的維儂大廳（Vernon Hall）。地下室的空間叫做耶魯歌舞秀場（Yale Cabaret），有個爛得親切的黑盒子可以讓學生們在上面放鬆，並搬演自己的作品；無論多奇怪、多胡亂拼湊都沒問題。在那之上，是一個有木頭地板、光線昏暗的大工作室，散落著摺椅和衣架。這裡就是課程 118 進行的地方。課程目標，是「建立一個劇團的工作方法」，以及雕琢專長及技能，例如「即興創作、劇本分析、馬戲、基礎文本斷句、面具」等等。這堂課的教授，是湯瑪士·哈斯（Thomas Haas）。

「哈斯是梅莉的魔王，」布魯斯坦說：「後來我才發現，他也是我的魔王。他是個可悲的人類，他的才華就是挑出班上最有才華的人，然後因為他們有才華而把他們丟出去。」其他人有比較溫和的看法；梅莉的同學史提夫·羅爾（Steve Rowe）把哈斯稱作「啟蒙眾人的燈塔」，並跟隨三十四歲的哈斯從康乃爾（哈斯在那裡完成一部分的博士研究）到耶魯。不過，1975 級的學生們一開始就和他產生了許多衝撞。他們會私底下嘲笑他「牆隔開的眼睛」：一隻向左、另一隻向右。有謠言說他妻子離開他去參加女權運動，留下兩個年紀還小的兒子 ——也就是那種啟發《克拉瑪對克拉瑪》的家庭新潮流。

總之，私生活煩惱也可能讓他在維儂大廳裡的排練工作室裡更加憂鬱。哈斯在這裡帶領一年級的學生進行即興劇場遊戲，例如地下鐵練習：走進地下鐵的車廂，然後立刻建立自己的角色、要去什麼地方。也有繪畫練習：扮演一個經典藝術作品。第一天，哈斯的開學作業是：即興創作你的死亡。「他說大部分的人死得不

夠好。」琳達 · 阿金森回憶。

第一輪的死亡，從哈斯點了一個踱踱的表演主修學生艾倫 · 羅森堡（Alan Rosenberg）開始。羅森堡在凱斯西儲大學時雙修戲劇和政治學；他在紐澤西開百貨公司的父母給了他幾百美金當作研究所報名費，但他在一場撲克牌賭局裡幾乎輸光了，剩下的錢只夠報名一所學校。他去耶魯戲劇學院面試，不知為何竟然被錄取了。像其他人一樣，他也覺得自己的存在是個錯誤。

當羅森堡走進工作室，他看到一個美麗的年輕女子坐在摺椅上。他回憶道：「我像被雷打到一樣。我不停看著她，無法停止。」梅莉有種他無法定義的美：「就像是一個可以永遠看著、沉思的藝術品。」

壞消息是，她已經有男友了：菲利浦 · 卡斯諾夫（Philip Casnoff，又稱［菲爾］，Phil）。他在 1972 年夏天加入綠山公會，和梅莉曾經一起在米克的戲裡演出同一個性別中立的角色，隔夜輪流。夏日過後，他得到音樂劇《福音》（Godspell）的全國巡迴演出機會，休假時會到紐哈芬找梅莉。菲爾有著飛揚的頭髮及白馬王子的臉龐；就像高中的布魯斯 · 湯森及大學的鮑伯 · 勒凡，他和梅莉在一起也很登對。

羅森堡起身，用裝瘋賣傻來偽裝自己的不安，開始表演他的死亡。他用啞劇形式，演出一個男子走在街上、被一群虎頭蜂攻擊的場面。學生們都笑了，但這樣算成功嗎？

他回到座位上看其他人表演。有人假裝自己身上著火，另一個學生則朝自己嘴裡開槍，緩緩流血至死。接著，輪到梅莉。她所演出的死亡，那天在房間裡的人應該都無法忘記：她幫自己墮胎。這不僅僅是個讓人不安的演出，也稱得上是個慘烈的第一印象。這和當時的社會氛圍也有關：「羅與韋德」案（Roe v. Wade）[4]

還在最高法院審理，結果要隔年一月才會出來。面對非自願的懷孕，女人仍然被迫要自己想辦法，並且常常以悲劇作結。

有件事很清楚：梅莉對於表演的許諾之深刻，是旁人所不能及的。回想起那場演出，羅森堡說那「不可思議地強烈」。他注意到，梅莉的臉在舞台上會有不同的色彩，因為她完全進入了那個角色。相較之下，羅森堡就沒那麼認真。在每個人都自我毀滅完之後，哈斯說：「我覺得艾倫應該不了解這個練習在做什麼。」

羅森堡既憂愁又快樂地回家。快樂是因為遇見了夢幻女神；但面對哈斯「精準」一點的要求，他不知該怎麼做。他打給一個醫生朋友，問問要怎麼「死得精準」，朋友回答：精準？試試骨髓栓塞吧。

回到課堂上，哈斯點名羅森堡進行第二次嘗試。這次，他依然採取啞劇形式，但內容是一個男子開車爆胎。他靠邊停，想下車修理，不料千斤頂裂成兩半，他的腿當場斷掉。二十秒內，他就死去了。雖然還是像個鬧劇，但已經比被蜜蜂螫死好了。他心想，如果不能讓哈斯驚艷，或許可以吸引梅莉的注意力吧。最後哈斯的結論是，到感恩節前他們都要繼續練習死亡。

◆

慢慢地，同學們越發確定梅莉‧史翠普在幾乎所有事情上都贏過眾人。「她更有彈性、更柔軟，對身體的掌握度比其他人都要好。」她的同學羅夫‧瑞德帕夫

4、 美國社會承認墮胎權的關鍵一案。一名二十一歲的女子（綽號珍‧羅，Jane Roe）意外懷孕，因為知道德州法律規定強暴案受害者可以墮胎，而謊稱受到強暴，後因為警方沒有留存強暴案證明而無法墮胎。生下孩子後，她控告當時的德州達拉斯郡司法官韋德（Henry Wade）違反隱私權。

（Ralph Redpath）這樣說。她會跳舞；在游泳池裡可以游三趟不停。她會用古耶爾起司做好吃的舒芙蕾。在體操課上，她從立姿直接做了個後空翻，讓曾是奧運選手的老師唐‧東瑞（Don Tony）和同學都大吃一驚。在匈牙利擊劍手卡塔林‧皮羅（Katalin Piros）的擊劍課裡，她舞劍宛若瀟灑影星艾羅爾‧弗林（Errol Flynn）[5]。別人問她之前有沒有練過擊劍，她回答：「只試過幾次。」這個女孩到底是從哪裡冒出來的？

在即興表演練習時，她更有創意，每當她需要一個想法，就好像有十幾個可能性同時擠進她的腦袋。有一次，哈斯叫他們走過一扇虛構的門，不用言語，但要讓彼此知道自己是從哪裡來、要到哪去。他們不能用臉部表情，只能運用身體。梅莉那天穿著有帽子的卡夫坦（Caftan）長大衣，當站在門前，她把手縮進大衣，把它轉半圈、用帽子蓋住整個頭。她不僅是面無表情，而是乾脆把臉遮住。「即使是這樣，她的表演還是擊敗我們。」華特‧瓊斯說。

有次在莫尼‧雅金的肢體課上，指令是在房間裡飄盪，表現得像風中的葉子。演員們雙手叉腰四處走動，試著不要有眼神接觸以免不小心笑出來。「我們所有人都在房間裡覺得很糗，只有梅莉用現代舞般的姿勢立在牆邊。」瓊斯回憶。另一個學生被吹到身邊，問她還好嗎？梅莉淡淡地說：「我被卡在樹枝上了。」

「史翠普」成為一個新的流行用語，威廉對這個詞的定義是：「站上舞台，佔有你的角色，讓我們專心看你。」不論這是好是壞，她為同學們設下基準。

她會用詼諧感磨去一些過於耀眼的光芒。有次在排演後，她和瓊斯在鋼琴旁邊偷懶。當她開始唱羅伯塔‧法拉克（Roberta Flack）的〈第一次見到你的臉〉（The First Time Ever I Saw Your Face），瓊斯假裝成俱樂部的伴奏鋼琴師。梅莉說：「那個長音，你覺得我可以撐多久？」瓊斯彈奏那句「第一次 ——」；當梅莉開始唱的時候，他跑到大廳假裝要打電話；當他回來的時候她還在唱「次 ——」。

他坐下，彈下一句讓歌曲繼續進行。「這是我們之間的遊戲，那時旁邊沒有別人。」瓊斯說。

在刁鑽打磨學生的死亡之幕好幾週後，哈斯終於前進到下一個階段。他們要表演契訶夫的《三姐妹》（Three Sisters），並在裡面加點變化。每個演員從帽子抽籤抽出自己的角色，不管性別，梅莉抽到排行第二的瑪莎（Masha）。在演出的時候，他們被限制只能說數字，或是從每一句裡挑出一個詞，不斷重複。哈斯的構想，是希望發展出詩的力量，潛進語言汪洋深處，帶回文本之下的珍珠。

羅森堡的角色是索力歐尼（Solyony），一個粗魯的軍官。在一幕裡，他聲稱女人一旦開始哲學性的思考，結果通常都是「虛無」。瑪莎反擊：「這是什麼意思，你這糟糕的男人！」梅莉選了「什麼」這個詞，並拿來對著羅森堡像飛鏢一樣不斷投擲：「什麼。」「什麼？」「什麼！！」瓊斯回想這一幕：「她大概說了三十次。亞倫看起來都陷到地底了。」

事實上，羅森堡真的深陷癡情之中。

「我當時因為單戀梅莉而非常痛苦。」羅森堡和梅莉都住在紐澤西，他們會在週末一起出去走走。在聖誕節，羅森堡到梅莉家拜訪她的家人們。有時候，他們會去紐約 —— 可能是去看最新的柏格曼（Ernst Ingmar Bergman）電影，可能只是窩在朋友家玩吉他、唱歌，根本忘了要出門。羅森堡並不把哈斯的即興遊戲認真看待，這種態度多少也影響了梅莉。「和我在一起，她有時候會變得有點壞。」他說。1973 年一月，他們去華盛頓抗議尼克森第二任就職典禮。梅莉並不像羅森堡那麼投入政治，但她還是翹課去了，被記了曠課。

5、Errol Flynn（1909-1959），出生於澳洲的影星，在好萊塢拍攝數片以劍客為主題的電影都非常受歡迎，包含《鐵血船長》（Captain Blood，1935）、《羅賓漢冒險記》（The Adventures of Robin Hood，1938）、《劍俠唐璜》（The Adventures of Don Juan，1948）。

痛苦的癥結點，至少對羅森堡來說，是菲爾·卡斯諾夫。當他放假來拜訪的時候，其他學生都因為他帥氣的外表目不轉睛。梅莉不僅僅是完美的擊箭手、體操員、歌手和即興創作演員，她還有個外型完美的男友。不過，菲爾不常出現，即使出現了也載浮載沉在戲劇系學生那高壓、緊密的小團體邊緣。梅莉逐漸漂向羅森堡，注意力擺盪在兩個非常不一樣的追求者間：白馬王子和宮廷小丑。

同時，《三姐妹》的練習到了最後階段，要舉行一個給教職員看的三小時成果發表。導演教授麥可·波斯尼克（Michael Posnick）回憶：「舞台正中央有個沙發，沙發上是飾演瑪莎的梅莉·史翠普在讀書。她躺下，手上拿著書，一邊讀著。我發現她其實是在磨蹭沙發。突然間，我看到從來沒有看過或意識到的瑪莎。」

波斯尼克就像其他人一樣，發現梅莉其實在追求比同學更遠、更大的東西。她願意冒更多風險，做更奇怪的選擇。到了春季學期，一年級的學生都稱自己是「梅莉·史翠普班」。雖然很風光，但大家說起來其實都沾染一丁點的討厭情緒在裡面。後來，哈斯做了一件沒人預料到的事：他把梅莉放進課業查看名單。

這完全不合理。威廉·艾韋·隆說：「我們班都稱自己是『梅莉·史翠普班』了，這個混帳竟然把一班的女神放進查看名單？……當然，我們都覺得他是在嫉妒梅莉。所有人都因為這件事暴動了。」羅森堡擔心這是因為她花了太多時間和他在一起。他從來沒在課業上被警告過，因為也沒什麼人對他有所期待。但在梅莉身上，就不一樣了。

「湯姆（湯瑪士·哈斯的暱稱）告訴我們的說法是，雖然沒什麼事情是梅莉不能做到的，但她還不夠努力。」華特·瓊斯這樣說，隨即提起他目睹哈斯在《三姐妹》結尾明明也熱淚盈眶。他補充：「我記得那時候覺得他說的都是鬼扯。我的意思是，到底誰還能比她更努力？」

連教職員都不懂這是怎麼回事。在一次教職員會議中，哈斯提到梅莉的才華：「不，我不相信那是真的才華，也不覺得她有什麼潛力。」波斯尼克不敢相信自己聽到的；那就像站在帝國大廈前，然後抱怨它擋到陽光了。

「他說我為了避免和同儕競爭，刻意保留自己的能力，」梅莉說：「當然也有一部分是真的，但也沒必要為此警告我。我只是想同時當個好人、拿到學位然後畢業罷了。」除此之外，她開始質疑哈斯對於角色詮釋的想法。「他說，『當你在戲裡踏入一個房間，觀眾應該立刻知道你是誰。』但我覺得，當你離開那個房間，一半的觀眾應該要知道你是誰，另一半則完全不同意他們。」

這輩子第一次被貼上問題兒童標籤的梅莉，只好更努力。主修表演的學生接著開始排演高爾基（Maxim Gorky）的《在底層》（The Lower Depths）[6]，一個發生在俄羅斯貧窮寄宿公寓的故事。這也是高年級生們第一次在排練場上見到一年級生。亞伯特·伊紐拉圖，當時是個主修編劇的二年級生，參加的時候就只期待（或甚至是希望）看見一場悲劇。「所有人都在說，『一年級的糟透了，一個厲害的都沒有。尤其那個漂亮女生，她真的演得很爛。』」

那個「漂亮女生」，就是梅莉·史翠普，她在劇中扮演房東的太太。在第三幕的高潮，她因嫉妒而怒火中燒，把親妹妹推下樓梯，再用一桶熱水燙她。在後台，大家竊竊私語討論那位演瓦希莉莎（Vassilisa）的女演員；說她雖然在台上如此暴力可怕，但是很有魅力。麥可·凡高說：「那時候，我就知道這女孩注定要往更大的舞台去。如果妳能演這麼可怕的角色、同時又讓大家談論妳有多有魅力，很明顯地，妳就掌控了觀眾。」

6、高爾基最知名的作品，副標是「俄羅斯生活景象」。1902 年時由莫斯科藝術劇場製作，名導演史坦尼斯拉夫斯基（Konstantin Stanislavski）自導自演。這齣劇讓他一炮而紅，也成為俄羅斯社會寫實劇場的標竿之作。

甚至連遠在天邊的布魯斯坦都感受到梅莉的光芒。十二月時，他從倫敦飛回來待了八天。學期最後一天下午，學校在歌舞秀場舉辦了耶誕派對。桌上擺著柳橙汁和伏特加，學生唱著五○年代流行歌曲的黃色版本。在漫長的學期結束後，這是一個眾人可以擦乾汗水、放鬆的場合。不過，對一年級的學生來說，這又像是另一種甄選：一個讓權力集於一身的院長認識自己的大好機會。布魯斯坦的回憶錄中寫道：「我特別注意到一位非常美麗且有才華的一年級演員，從瓦薩來的，叫做梅莉·史翠普。」他終於找到一個擁有「慵懶性感的特質，又有幽默感」的演員可以演出法蘭克·韋德坎（Frank Wedekind）《大地之靈》（Earth Spirit）中的露露（Lulu），雖然日後他並沒有看到她演出這個角色的機會。布魯斯坦不知道的是，湯姆·哈斯有多不在乎她的才華。

到了春天，眾人的苦痛終於稍稍得到某種舒緩。哈斯被派去耶魯劇場導一齣布萊希特的劇；亞蘭·米勒（Allan Miller），一個教表演的副教授，取而代之來負責一年級。沒人因為哈斯的離去難過，但同時也有點緊張。和學術派的哈斯相比，米勒更「街頭」一點；這個布魯克林來的男子對無意義的事情沒興趣，和即興創作比起來，他更偏好場景分析（scene study）。這是完全不同的取徑。

米勒曾經帶過十五歲的小芭芭拉·史翠珊演戲，後來則在《妙女郎》（Funny Girl）的彩排中指導她。當他抵達耶魯，他覺得這群學生演員「蠻聰明的」，但「幾乎沒有真誠過」。米勒的批評直率，不掩飾想法或刻意圓滑，他也頗以此為傲。還有，他剛結束一段十八年的婚姻。有天，米勒突然約梅莉去耶魯劇場看戲，她猝不及防。她該去嗎？「她覺得這件事有點怪，就拒絕了。」羅森堡說。她回答米勒，她已經答應要和紐約來的男朋友約會了。被拒絕後，米勒邀了梅莉的同學蘿拉·查克（Laura Zucker），而她答應了。

學期中，學生們漸漸察覺到米勒和查克應該是在交往。同時，他對梅莉的態度越來越嚴厲。他說：「她的才華毋庸置疑，有時候表現得非常傑出，但很冷。」他

開始在教職員會議上叫她「冰雪公主」。在課堂上，他會責備梅莉不夠努力。或許，在某種程度上她真是如此，但學生們懷疑米勒和查克聯手欺負梅莉。「一開始他們幽微地表達不滿和惡意，但後來漸趨強烈。」瓊斯說。

學期以蕭伯納的《芭芭拉少校》（Major Barbara）在高峰作結。米勒覺得梅莉有著「奔馳的熱誠」，很適合擔任主角芭芭拉。她是個救世軍女孩，道德感崇高，起身反抗身為軍火實業家的父親。另外，他選了查克當芭芭拉的母親。在排演時，查克會滿懷怒意瞪著梅莉，臉上寫著：「她沒那麼好，**真的。**」到了晚上她會說些刺激米勒的話：「我都和導演睡了，怎麼會拿不到芭芭拉這個角色？」

排練時，米勒督促學生將蕭伯納的字句建立在憤怒、厭惡或自我懷疑的基礎之上，但無論梅莉多認真嘗試，她永遠無法讓米勒滿意。「和米勒相處的那段時間，她悲慘極了，」瓊斯說：「她不知道米勒到底在和她說什麼。她做了所有她能做的事，但米勒持續逼她，就像她從來不曾努力過。」其他學生也在地獄裡掙扎；有個演員實在太不滿，對著米勒舉起拳頭，但在最後一秒打向牆壁，而不是導演的臉。

在一次即興彩排中，米勒丟出一個建議，隨即發現梅莉極欲忽略這個建議，像要揮散某個臭味，轉過身去背向他。「好了梅莉，把話說出來。」米勒督促她。接著，「她用一種驚人的，融合了慾望和痛苦的眼神鞭打我，然後嘎然而止。」米勒回想那一幕：「她讓情緒的流動停止，不想變得脆弱。這就是為什麼她會被叫做『冰雪公主』。」

事實是，梅莉覺得米勒的方法「霸道」。她對「挖掘自己的痛苦」來創作的概念抱有疑慮，認為不幸和藝術之間沒有絕對關聯。她不願為了芭芭拉少校釋放心裡的惡魔。教授們看到的懶惰、逃避，是梅莉的一場心靈革命，對象是形塑了上個世代的演員、成為正統的方法演技。她喜歡使用想像力，並且覺得米勒的方法只

是「一堆鬼扯」。「他用一種讓我覺得噁心的方式潛入個人的私領域。」梅莉說。不過，或者她也真的有所保留。

即使和老師有過爭議，梅莉所詮釋的芭芭拉少校依然成為「史翠普」班的典範。凡高說：「他們的確避免了太過矯揉造作的問題，但也不是班上每個人都像梅莉一樣使出全力。」

演出完的星期一，大家聚集在工作室裡等待正式評量。（學生們稱這個活動為「打擊評量」）一個接著一個，教授們對演員發表評論，從比較小的角色開始，直到主演群。肢體動作的老師會說：「你其實並**不懂**怎麼動。」聲音老師會尖聲說：「你的口音真令人**感到羞恥**！」

飾演芭芭拉父親的華特·瓊斯表示：「那真是個浴血戰場。我們都被攻擊得快碎掉了，但梅莉被罵得最慘，那是延續亞蘭那個學期對她的批評而來的最後一擊。」

最後，梅莉忍著沒讓眼淚掉下來。但那時候，差不多所有人都快哭了。

學生們都很驚訝。他們覺得，最容易被攻擊的目標，攻擊起來最荒謬。米勒無法理解梅莉傳達的東西，當然也沒辦法認同，所以才乾脆在眾目睽睽之下把她攻擊得什麼也不剩。

學期結束後，亞蘭·米勒離開了耶魯，也帶走蘿拉·查克。不久之後，他們搬到洛杉磯，結婚了。主修表演的學生們，就此少了一個人。

無論耶魯是否有為她留個位置，梅莉都覺得心力交瘁。雖然她在那裡有朋友，包含可愛的羅森堡；但老師們輕則對一切不屑一顧、重則濫用權威。這些現象，多少都是來自布魯斯坦的影響。「老師們被羅伯特的極權、刻薄風格影響。」伊紐

拉圖說。在沒有組織結構可以平衡這種極權的狀況下，學生們只能團結自保。「我們感覺到這個世代、這個年級對某些事物的掌控權。」威廉・艾韋・隆回想。

在黃色維多利亞風格屋的廚房裡，梅莉對著威廉（有時她會親密稱呼他為「威姆」，Wi'm）傾倒所有委屈。身為一個演員，如果她就像老師們說的那麼糟，那為何要留下？不過，如果她就像他們同學認為的那麼有才華，為何要放棄？

若說梅莉在第一年有學到什麼，那就是堅持。如果她更努力一些 —— 比在《芭芭拉少校》裡還更努力 —— 某個有權力的人才會認可她。

然後，羅伯特・布魯斯坦回來了。

◆

1973 年 9 月 5 日，耶魯戲劇學院所有人聚集在大學劇場。剛走上台的那個男人，只有雪歌妮・薇佛和克里斯多夫・杜蘭等三年級的學生才認識；對其他人來說，他只存在在傳說裡 —— 那個永不退讓的羅伯特・布魯斯坦，正要發表開學演講。

「在這個講堂看到這麼多不熟悉的臉聚集在一起，感覺真有點奇怪。」他站在講台上說：「這是我當院長來第一次，不僅要對一年級的學生，同時還要向二年級的學生自我介紹。」這時他看了一下二年級生的臉，其中包含梅莉・史翠普。「不過，我向你保證，由於學校的小規模、師生合作關係的緊密特質，我們很快就會好好認識彼此。」

對初入劇場的學生們，布魯斯坦都會坦白地說出他的想法；在他們的行為不符合

他期待時，也直接表現出他的失望。他說：「當一個表演者可以面對那麼多令人興奮的劇作，以及那麼多有挑戰性的角色，同時也能掙得在藝術家圈裡還算體面的薪水，居然還有人會轉而選擇電視影集、電影或廣告裡的小角色；這讓我非常驚訝。這就像一個窮盡生命努力要成為小說家的寫作者，因為要接可以賺更多的廣告案而拒絕出版社的合約。」

在暑假時，布魯斯坦沉迷於逐漸明朗的水門案（Watergate scandal），甚至逼真地模仿了尼克森。身為一個擁有自己小王國的鐵腕統治者，他被權力的脆弱搔動。但這個醜聞也深深困擾著他。

布魯斯坦接著說：「幾年前，這裡還充滿著樂觀的革新氣息，有些人說我們是一個胡士托之國（Woodstock Nation）。但從現在看來，叫我們自己是水門之國（Watergate Nation）還更精準一點。我們所有人 —— 無論老少、男女、主流或非主流，藝術家或政客 —— 都得要承擔這件事的污點。」

他作出結論：「美國劇場現在正在測驗我們的人格，而我們在這場測驗中扮演的角色，會決定劇場界的未來。如果我們的專業無法讓我們通過測驗，劇場就成為水門之國的共謀，把這個國家交給叛徒。如果要改變劇場的面目，我們必須要改變自己的面目，堅持信仰，試著重新點燃那曾讓我們內心燃燒的火焰。」

這是崇高的理想，但不是每個人都買單。一個主修表演的學生說：「他開著從倫敦買來的賓士車，然後發表一篇偉大的演講，說我們永遠不該因為賺錢而去演戲。我看著那台紅色的賓士，然後再看看這個男的，想著：**這傢伙是哪位？**」

布魯斯坦決定要翻新整個表演課程計畫。現有的課程就他看來「充滿派系、惡性競爭和抹黑」。他後來提到：「從英國回來後不久，我發現前一年讓我非常驚艷的演員梅莉·史翠普居然在查看名單裡。這件事更加深了我想要改變的決心。」

要改變，他最大的煩惱之一就是缺乏一個中心的思想脈絡。最後，他請到業界傳奇人物鮑比‧路易斯（Bobby Lewis）來擔任「大師老師」。路易斯和哈洛德‧克勒曼（Harold Clurman）、史黛拉‧阿德勒（Stella Adler）、李‧史特拉斯堡等人都是團體劇場（Group Theatre）[7]的創團成員，曾經在美國劇場界中協助推廣方法演技。在好萊塢，他也曾和卓別林、凱薩琳‧赫本（Katherine Hepburn）等同台演出。

有些學生覺得路易斯（以及方法演技的訓練）已經過時了。「他所代表的傳統在我們看來已經過時了。」華特‧瓊斯說：「但我不知道當年的我們以為自己是誰。」再一次的，他們被嚴厲教鞭揮打。梅莉回憶：「每一年，都會有場政變。新教授進來說：『無論你去年學到什麼，別再費心思了，我們會用新的方法來處理。』」

不過，要忍耐路易斯彷彿卡通人物艾默‧富德（Elmer Fudd）[8]的聲音（「我在些我的灰憶錄」）和他詭譎的教學方式本來就很難。當他的黃金獵犬凱薩陪在身邊時，路易斯更愛傾瀉他和那些偉人的軼聞：馬龍‧白蘭度、卓別林等等。然後，他會重複一樣的故事，或再講第三次。大家都需要用演的才能表達驚喜。

有時候他們也有些真的驚喜。一堂課裡，梅莉和法蘭樹‧史都華‧多恩（Franchelle Stewart Dorn）演出吉恩‧惹內（Jean Genet）《女僕》（The Maids）中的一幕。他們在學生們稱為「鏡房」的舞蹈工作室裡練習，兩位演員用鏡牆重新演繹那一幕，以鏡中的影像作為另一個他們。班上沒有人了解這代表什麼，但路易斯完全被擄獲。

7、團體劇場（Group Theatre）：創立於1931年的劇場集合體，包含演員、導演、編劇和製作人。創立的中心思想是要為創辦人們心中理想的戲劇——有力、自然及高度有紀律的手藝——提供一個基礎。他們將史坦尼斯拉夫斯基的技巧移植過來，轉化為後世所稱的「美國演技派」。

8、華納兄弟公司創立的卡通角色，是邦尼兔（Bugs Bunny）的死對頭，但每次在追捕他的途中都會反而傷到自己或其他角色。講話方式很特殊，會用W來取代R和L。

無論是否有意識地在做這件事，梅莉會拆解身邊的人的組成，來創造她的角色：或許是某人的聲音、或許是某人的手勢。在一部理查．李（Richard Lees）劇作要甄選老女人的角色時，她用上一種奇怪的肢體抽搐，手顫抖著彷彿在彈豎琴。在那之後，她和同學說那是從她阿姨身上偷的，不過聲音是從外婆那借的。

十一月時，二年級的學生們要在大學劇場樓下狹窄的實驗劇場（Experimental Theatre，the "Ex"）搬演布萊希特的《愛德華二世》（Edward II）。史提夫．羅爾飾演劇名主角愛德華二世，梅莉則是安皇后。她集中精神準備，即使《耶魯日報》在圖說裡稱呼她為「梅莉．羊翠普」（Meryl Sheep）。

克里斯多夫．杜蘭飾演她的兒子：「我們排演了幾個禮拜，但狀況不是很好。導演說他想要在舞台佈置裡加入馬戲團的元素，但在展示服裝時，梅莉被打扮得像空中飛人的特技演員；她胸前、褲檔都有珠子，走路時會發出各種聲響。梅莉穿上這件衣服，凌厲的眼神如匕首般射向導演，說要她穿著那件衣服表演是不可能的。」珠子這才被拿了下來。

梅莉決心要向重要人士證明她的能耐。一天晚上，威廉．艾韋．隆去她的更衣間放一件戲服，卻在洗手台裡看到血跡。梅莉給自己太大的壓力，因而有了嚴重的胃病，她擔心自己有了胃潰瘍。在表演前，她吐了。

她看著威廉，說：「威姆，別和其他人說。」

◆

雖然她曾努力要擊退「漂亮女孩」的封號，但梅莉依然是校園裡耀眼的存在。同

學們會在街角瞥見她檸檬色的頭髮──那是仿造歌德式建築裡一抹明亮的色彩。因此，她在耶魯最讓人難忘、最具突破性的角色──就是她讓自己變得無比醜陋。

這個角色的出現，要感謝學院裡的駐校小丑們：克里斯多夫·杜蘭（小名克里斯）和亞伯特·伊紐拉圖。克里斯在哈佛主修文學之前，在天主教學校長大。他因為創作一齣名為《宇宙的本質與目的》（The Nature and Purpose of the Universe）的荒謬劇進入耶魯。來自費城的亞伯特也是一個誤入歧途的天主教徒；兩人都是男同性戀，都在逃離沒有容身之處的宗教背景，並在惡意之間找到慰藉（他們的劇本裡都有邪惡的修女）。開學第一天，克里斯遲到，便裝作他腳跛了。亞伯特一眼就看出他只是在演戲，他們立刻變得密不可分。

不像一些低調的同學，他們倆無可救藥地花枝招展，完全不遮掩性向。伊紐拉圖說：「我們就像走在街上的聖誕樹。」和表現得就像貓一樣聰明毒舌的亞伯特不同，克里斯更狡猾，有著小天使的臉孔和蛇一般的聰慧。曾經賞識他的布魯斯坦形容他「像隻致命食人魚，卻有著伊頓貴族學校的禮節以及合唱團男孩的純真」。

當耶魯藝廊準備舉辦一個有關威廉·布雷克（William Blake）和湯瑪斯·葛雷（Thomas Gray）的展覽時，他們倆被要求要創作並演出一齣短劇。於是，兩人裝扮成牧師，把五十齣劇融合在五分鐘內。上一秒，克里斯還是《玻璃動物園》（The Glass Menagerie）的蘿拉（Laura），下一秒，亞伯特就以《旭日東昇》（Sunrise at Campobello）裡的伊利諾·羅斯福（Eleanor Roosevelt）之姿登場。當他們用《酒店》（Cabaret）裡的〈歡迎〉（Willkommen）曲調唱彌撒到一半時，觀眾裡有個女生對朋友說：「我們走吧！」憤而離場。但副院長霍華·史坦覺得這場表演很滑稽好笑，督促雙人組把這套表演搬到歌舞秀場。

他們接著合作《卡拉馬佐夫兄弟》（The Brothers Karamazov）的滑稽仿作，在

耶魯的悉利曼（Silliman）學院搬演。整齣劇充滿富有指射性的笑點；杜斯妥也夫斯基在劇中遇到了三個丑角，茱納・白恩斯（Djuna Barnes）[9] 和阿奈・寧（Anaïs Nin）[10] 也友情客串演出。海報上寫著：「卡拉馬佐夫兄弟，主演：伊蒂艾　伊凡斯女士（Dame Edith Evans）[11]」，說她會扮演劇中的康士坦絲・卡內特（Constance Garnett），英國知名的俄國經典文學翻譯家。但當觀眾抵達時，卻聽說「伊蒂芙・伊凡斯女士」跌傷了屁股，這位八十歲女翻譯家的角色，會由戴著鬍子及印花帽的亞伯特來飾演。胡鬧就是他們的金字招牌；儘管接到抱怨，史坦還是訂下了這場秀，要在實驗劇場的春季檔期上演。

再次搬演會有些改變。首先，劇名改為《白痴卡拉馬佐夫》（The Idiots Karamazov），女性角色們也會由女生來扮演，因此要重新構思康士坦絲・卡內特這個角色。編劇們的想像裡，她像個女巫，是性受挫的老女人，坐在輪椅上漫不經心地幫這齣劇念旁白。當她沒有在摔單片眼鏡或對著侍從恩尼斯特・海明威尖叫時，她會看似徒勞地試著讓自己說的話聽起來合理些：

康士坦絲：**《卡拉馬佐夫兄弟》**。這是所有語言裡最偉大的作品之一。它處理了人類無法言說的悲慘情境：飢餓、懷孕、渴望、愛情、飢餓、懷孕、束縛、疾病、健康，還有身體。我們不能忘記身體。**（放縱地顫抖著。）**

誰能攻克這個奇怪又困難的作品？答案既有啟發性，也同等程度地不合理：就請那個「漂亮女孩」梅莉・史翠普吧。《在底層》裡，她已經展演過有魅力的惡意；這次，她有可能也讓惡意變得有趣嗎？

但陷阱來了：這次的導演正是可怕的湯姆・哈斯。當克里斯和亞伯特建議選梅莉演出康士坦絲，他斷然拒絕：「梅莉有**哪一場表演**是好看的嗎？」

年輕的編劇們依然堅持，願望便實現了。

梅莉拋棄一切虛榮心，把自己丟進角色裡。但即使克里斯和亞伯特寫了越來越多神經質的獨白，哈斯的排練時間表上卻彷彿遺忘了梅莉的存在。這其實是個愚蠢的舉動，康士坦絲的戲份非常多，而她需要時間來發展這個角色。導演是否在暗中陷害她？

一天，梅莉在大學部讀書中心的大廳遇到亞伯特。他和克里斯、雪歌妮常常會在這裡用餐，講講垃圾話、抱怨學校的政策。雪歌妮已經三年級了，卻還沒有在耶魯劇場裡拿過重要的角色。不過，她找到自己的一條路：無論克里斯和亞伯特在歌舞秀場裡搬演什麼荒謬劇，她都可以演。

梅莉在飯廳裡遇到這三人。她對亞伯特說：「我可以和你私底下聊聊嗎？」然後把他拉到一旁。「你有沒有辦法讓我參加排練？湯姆不讓我參加。」

亞伯特說，哈斯也把他們倆排除在外了。導演刪了戲謔的台詞，放慢節奏，同時讓演員們以極端嚴肅的態度來演出。震驚之餘，編劇們尋求霍華·史坦的幫助，求他讓他們參與自己劇作的排練。總之，他們現在也無法幫梅莉求情。每當他們提起這件事，哈斯堅持梅莉只要排練就會越來越糟 —— 放她自己練習比較好。

幾個禮拜之後，亞伯特在大學劇場和歌舞秀場中間的走廊看到梅莉。她看起來非常喪氣。

「妳怎麼了？」他問。

9、 茱納·白恩斯（Djuna Barnes）：1892 － 1982，美國作家、藝術家，知名作品有經典的女同性戀地下小說《Nightwood》。

10、阿奈·寧（Anaïs Nin）：1903 － 1977，出生在法國的古巴裔作家，長年居住在美國。創作範圍包含報導、散文寫作及情色文學。

11、伊蒂芙·伊凡斯女士（Dame Edith Evans）：1888 － 1976，英國德高望重的劇場女演員。

梅莉一股腦地說出她的挫折：「他不讓我去排練。我跑去問他，但他根本不願意正眼看我。」她的台詞除了很長，還有高密度的學術指涉，而她幾乎無法理解自己在說的笑話。她說：「我真的需要練習。」

亞伯特回道：「你知道，我曾經演過這個角色。」
她差點忘了。「你是怎麼演的？」

要回答這個問題，亞伯特瞬間回到伊蒂夫·伊凡斯人格：「喔喔喔喔，」他像《不可兒戲》（The Importance of Being Earnest）裡喝醉的布拉克紐太太（Lady Bracknell），大聲示範：「我就是像這——樣講話。」

她的腦袋開始轉動。「這其實蠻有幫助的。」她說。她回家後開始過濾那些冒出來的想法：究竟如何把這個「坎普」的漫畫人物變成自己的角色？

當她終於能參加排練時，梅莉以一個發展完全的喜劇人格出場：華麗、古怪、瘋狂的康士坦絲·卡內特。她甚至自己做了粗糙的假髮和塑膠鼻子，鼻端有個突出的痣。她看起來就像邪惡的西方女巫。

很快的，康士坦絲——作為這齣劇的框架——主導了整齣劇。在第一幕裡，卡拉馬佐夫唱了一首歌舞雜耍（Vaudeville）曲目〈喔我們必須要去莫斯科〉（O We Gotta Get to Moscow）。一天晚上，梅莉即興加了一段伴奏；那實在太好玩、太出乎意料了，最後被正式寫進劇本裡。編曲的華特·瓊斯說：「因為她做了這些，你才知道有更多可能。你會更了解那個角色、她對這齣劇有多重要，也了解這齣劇是如何在那個瘋狂、混亂的腦袋裡發生。」

哈斯並不覺得這有趣。杜蘭說，他仍然「對梅莉有心結」：「他覺得梅莉奪走觀眾對另一個角色的關注，叫她收斂一些，而她也確實這樣做了。」

在技術彩排前幾天，命運給了梅莉加速前進的機會：哈斯得了流感，將第二幕交給他的學生助理們處理，而他們讓這齣劇重新回到原先那個怪誕的風格。

當哈斯痊癒後，他似乎跟上了這個新的黑色喜劇（Screwball）節奏。在一次排練中，他坐在觀眾席上快速彈響指——**快、快、快**！——演員們跌跌撞撞努力要跟上。當音樂結束後，梅莉站在眾人面前說，「這是我在劇場有史以來經歷過最讓人不舒服的一次。」

哈斯面無表情地看著她，「嗯哼，」他說：「節奏就是這樣。」

戲在 1974 年春天開演。雖然神秘又瘋狂，學生們都認為這是自家值得驕傲的作品，揉合了他們在歌舞秀場凝聚的那股目中無人的感性。擊中這個偉大作品的中心點——或說，威力足以橫掃半徑的——就是梅莉・史翠普。除了編劇外，沒人知道為什麼最後康士坦絲彷彿變形，成為狄更斯（Charles Dickens）小說《遠大前程》（Great Expectation）中的郝薇香小姐（Miss Havisham）[12]；穿著威廉設計的薄紗結婚禮服（「這是我第一次用絲質薄紗」），她滑著輪椅走進粉紅色的聚光燈下，唱起詠嘆調：

你或許會問，

她是否哭泣，

那個謙遜的女翻譯，她會不會才是母體，

這表演的主角，

如果真是如此，你知道，

她不會讓這一切過去。

12、狄更斯筆下的郝薇香小姐（Miss Havisham）是個五十多歲的有錢寡婦。因為曾在教堂神壇前被拋棄，終身堅持要穿著婚紗。她鎮日生活在不見天日的大宅，看起來十分蒼老，介於蠟像和骷髏之間。

她不僅讓這個人物有了深度，同時也展現了聲音的靈活性；從百老匯式的飆高音到脆弱、懸浮著的那一句「讓這一切過去」，她微弱的嘶聲，彷彿一個洩了氣的氣球。有些觀眾以為她是某個教職員的太太，或至少是個五六十歲的演員。

前幾晚的謝幕，當觀眾大聲歡呼、讚賞，梅莉會滑著輪椅上台，用拐杖刺前排，吼著：「回家去！回家去！」編劇們愛死了這個即興演出，但哈斯叫她停止這樣做。隔天晚上，她就假裝心臟病發，戲劇化地死去。杜蘭說：「我們知道她是在對抗湯姆。」

麥可·凡高說梅莉的表演融合了「誇張到極致的張揚及完整的思想」。沒有什麼是假的，沒有什麼是太超過的；康士坦絲的妄想對梅莉來說是天經地義，這種關係讓她們倆都變得更有趣味性了。鮑比·路易斯覺得這是他看過最有想像力的戲謔劇演出。

最重要的是，梅莉讓「重要人士」羅伯特·布魯斯坦驚豔了。這齣劇以及女主角的演出，都滿足了他對反自然主義（anti-naturalistic）、布萊希特劇場的想像。他在回憶錄中寫道：「梅莉有著完美的偽裝。她高挺的鼻子變成巫婆像是鳥喙的樣子，鼻頭上還有疣。原本懶散的眼睛，上了一層淤泥。可愛的聲音變得破碎，帶著野性的權威。這個演出立刻讓我們知道她是個重要女演員。」他在日記裡寫下：「梅莉·史翠普，一個真正的寶藏。」

興奮之餘，布魯斯坦為耶魯劇場的秋季表演訂下了《白痴卡拉馬佐夫》。

◆

正當梅莉在舞台上慢慢找到自己的存在理由，她的感情生活卻漸趨複雜。兩個追求者，菲爾·卡斯諾夫和艾倫·羅森堡，都非常清楚對方的存在。雖然梅莉和羅森堡的關係撲朔迷離：友情以上、愛情未滿，但這已經夠惹惱菲爾了；他可是在百老匯製作的《火爆浪子》（Grease）裡被選上演出「青年天使」（Teen Angel）一角的人呢！

冬日將盡，事情也到了該了結的時刻。一天晚上，這兩個男子發現他們同時抵達梅莉住處。菲爾臨時到城裡來找女友，卻發現她已經和羅森堡有約。當她把兩人分開，他們便開始大聲對罵。

「你幹他媽的為什麼在這？」
「我才是今晚應該要陪著她的人！」

在他們開始揮拳相向之前，就發現梅莉已經離開現場了。受夠他們的男性中心思想，她連外套都沒披就離開了。外頭不僅冷風刺骨，紐哈芬的街道在入夜之後還很危險。學生如果在排練場工作到深夜，在回家的路上不時要躲避歹徒。艾倫和菲爾急忙外出尋找梅莉，路上仍不停爭吵著。不過他們都白找了，她消失在紐哈芬的深夜裡。

梅莉和菲爾已經在一起一年多了，艾倫也知道自己處於弱勢，但至少他能在菲爾不在時陪她。他們會一起去鱈魚角過週末，他會買禮物送她：玻璃珠子、從他們家的百貨公司拿來的裝飾耶誕盤。梅莉會傾訴她的焦慮：她害怕專業上的失誤而做惡夢，艾倫說這是「對失敗的持續恐懼」。她被《成長的極限》（The Limits to Growth）一書迷住，擔心文明有一天會耗盡地球的資源。她的臥室窗外是寧靜祥和的角落，但她想念伯納德鎮的森林。「我後來才發現那是紐哈芬最寧靜的地方。重點是，那時候的我以為那是地球上最吵雜的角落，還夜夜失眠。」

艾倫決定要孤注一擲。有天，當梅莉在他公寓裡發呆，他向她求婚。他也知道這是個界外三分球，機會並不大，所以表現得像是臨時起意：沒有跪下、沒有戒指。但他是真心的：「我覺得我們可以一起做很多美好的事。」

他們討論了一下，然後大笑。不知怎地，對話偏離到其他主題上了。她沒有給個明確的好或不好，說到底，這就是拒絕。艾倫知道她對他不是認真的，至少不像他對她那樣。菲爾還卡在他們之間，而且，她並沒有準備好要和任何人長相廝守。

二月時，鮑比·路易斯把班上拆成兩組，一半演出惹內的《陽台》（The Balcony），另一半演出索爾·貝婁（Saul Bellow）的《最後的分析》（The Last Analysis）。梅莉演出《陽台》裡扮成小馬的妓女，嬌小、淫蕩，穿著馬甲、高筒靴、網襪還繫著馬尾巴。艾倫則主演《最後的分析》，一個貝婁原先為了佐羅·莫斯特（Zero Mostel）創作的角色（雖然他後來為了演《屋頂上的提琴手》〔Fiddler on the Roof〕而拒絕了）。這個角色讓艾倫心生畏懼——他是個年輕人，不是個圓滾滾的猶太丑角，一點也不像佐羅。

艾倫的焦慮一如梅莉，具現化在身體狀態上。他嚴重脫水，梅莉甚至必須得帶他去看校醫。在床上養病幾天後，他及時趕回來演出。演出之後，他的朋友們聚集在後台，慶祝他撐過難關，但也和他說了件事：鮑比·路易斯在中場就離席了。艾倫怒不可遏。表演後第一堂課，路易斯針對第一幕給了非常詳盡的批評，但當他開始對第二幕發表概略性的觀察時，艾倫舉起了手。

「不好意思，」他說：「我聽說您在第一幕後就離開了，那為什麼還要討論第二幕呢？」

路易斯承認他中途離席，說他並不喜歡導演的方式。

.

艾倫的臉因為憤怒而漲紅：「鮑比，我們都付了很多錢來這所學校。如果你不喜歡學生導演們進行的方向，或許更應該撐著看完整場表演。我們說不定需要你的幫忙啊！」

匆匆離開教室之後，艾倫去見霍華‧史坦，說自己要退出這個學程。兩天後，他打包整理好公寓。他沒有時間說再見，甚至是和梅莉。但他心裡也知道，和路易斯之間的衝突只是離開的表象；如果梅莉接受求婚，他會忍受所有的壓力和自尊和狗屁倒灶的事。但沒有她，一切又有什麼意義？

他說：「我真正想擺脫的，是她。還有我對她的感情。」

表演課上，少了兩個人。

◆

耶魯劇場「以呱呱聲」作為春季演出。在倫敦時，布魯斯坦詢問百老匯導演伯特‧席夫洛夫（Burt Shevelove）[13] 是否願意把阿里士托芬（Aristophane）[14] 的《青蛙》（The Frogs）改編成當代的音樂劇，在派恩‧惠特尼體育館（Payne Whitney Gym）的游泳池搬演。這會是個換季的輕鬆娛樂小品，也是劇場賺點快錢的好機會。

為了編曲，席夫洛夫找了合作過《往公會所途中發生了一件趣事》（A Funny Thing Happened on the Way to the Forum）[15] 的史蒂芬‧桑坦（Stephen Sondeim）[16] 來編曲。當時四十四歲的桑坦正平步青雲，接連創造了幾齣指標性作品，其中包含《夥伴們》（Company）及《富麗秀》（Follies）。跟著桑坦到來的，還有

他的交響樂指導強納森·圖尼克（Jonathan Tunick）；而跟著圖尼克來的，是一整個交響樂團。不知不覺，這個「輕鬆娛樂小品」變得誇張奢華，有六十八個表演人員，包含二十一個穿著青蛙劇服和網狀丁字褲、從耶魯泳隊被徵召來的游泳健將。

為了讓合唱團的編制完善，布魯斯坦抓了每個他能抓的戲劇學院學生，克里斯多夫、雪歌妮和梅莉都被找去參加，但一開始沒人知道這是怎麼回事。凱特說：「我記得自己走進泳池，側身到克里斯旁問他這是怎麼回事，但他也不知道。」既無聊又想找樂子的合唱團團員們一直開玩笑，說要把桑坦丟進游泳池裡。之前在《白痴卡拉馬佐夫》演海明威的羅夫·瑞德帕夫還叫梅莉教他蝶式。

桑坦覺得整件事不專業到了羞辱人的地步，把布魯斯坦看作一個傲慢又沒有製作能力的學者（布魯斯坦曾經針對他發表的劇評，更讓一切雪上加霜）。另一方面，布魯斯坦對於這齣戲變得如此浮誇鋪張也感到駭然，何況這一卡車的小丑個個都有著百老匯尺寸的自尊心。有次排演，他公開感謝劇組和工作人員的辛勞；桑坦馬上爆發，質疑為何遺漏了音樂家們。火上澆油的是，游泳池的音效真是糟透了，糟到桑坦還在開幕曲裡加上一句：「回音有時候會持續好幾天……好幾天……好幾天……」

在首演夜，李歐那·博恩斯坦（Leonard Bernstein）[17] 和哈洛德·普林斯（Harold Prince）[18] 等東尼獎加持的百老匯星光群下凡至紐哈芬，一邊送飛吻一邊搶位子。桑坦還得知一個出乎意料的惱人消息：布魯斯坦邀請了紐約劇評們，其中有《紐約時報》的梅·古梭（Mel Gussow）[19]。他喜歡這齣劇，將它比擬為「引人入勝的米高梅史詩電影」。如果古梭有往左邊看台的長椅看看，就會注意到一個纖細的金髮女子，打扮有如希臘繆思，生平最後一次投身於合唱團。

雖然有大量的正面回饋，但《青蛙》仍承擔些許攻擊。一個醫學院的神經學者寫

了一封憤怒的信給布魯斯坦，抱怨「簡陋」的劇服暴露了游泳者的背部。布魯斯坦回應：「當你因為泳隊裸露的臀部感到憤怒及羞恥，明顯是忽略注意到這場表演中也有一位暴露胸部的女演員。無論你對男性臀部和女性胸部的偏好是什麼，我希望你也同意在這個兩性平權的時代，偏廢任何一方，都是對另一個性別的污辱。」同時，紐哈芬女性解放中心（New Haven Women's Liberation Center）也投訴，認為這場表演把女性視為「性物件」。布魯斯坦則回應：「我認為你對我們社會裡『極端主義中缺乏的幽默感』所做的諷刺，是無價的。」

這種嘲諷的語調，正說明了布魯斯坦對於第二波女性主義運動的感覺。他太過信手捻來的回應像是污辱。當《Ms.》雜誌[20]寄來一份調查問卷詢問：「貴劇院曾搬演多少和女性相關的戲劇？」以及「貴劇院裡，有多少齣劇是由女性編劇或導演？」時，布魯斯坦以一封嘲弄的問卷回擊：「你們發表多少和男性有關或由男性撰寫的文章？有多少編輯是男的？」

布魯斯坦對女性主義的憎惡，讓一個一年級的編劇主修學生感到痛苦。來自布魯克林中產階級猶太家庭的溫蒂・瓦瑟斯坦在 1973 年的秋天抵達耶魯，她頭髮毛

13、伯特・席夫洛夫（Burt Shevelove）：1915 － 1982，紐澤西出生的美國舞台劇編導，擅長音樂劇。

14、阿里士托芬（Aristophane）：約西元前 448 年－前 380 年，被視為古希臘成就最高的喜劇劇作家。

15、又譯為《春光滿古城》，靈感來自希臘荒誕劇（Farce），敘述一個羅馬奴隸幫助主人求愛以換取自由的故事。1962 年席夫洛夫的首演版榮獲東尼獎最佳劇本及最佳音樂劇，主角正是佐羅。後改編為電影。劇名緣起為歌舞雜耍表演裡常見的開頭「往劇場途中發生了一件趣事」（A funny thing happened on the way to the theatre)。

16、史蒂芬・桑坦（Stephen Sondeim）：1930 － ，被譽為美國音樂劇界最重要的人。曾獲奧斯卡最佳原創歌曲獎、七次東尼獎、多次葛萊美獎及普立茲戲劇獎。

17、李歐・博恩斯坦（Leonard Bernstein）：1918 － 1990，美國最重要的指揮之一，幾乎和世界各大交響樂團合作過。

18、哈洛德・普林斯（Harold Prince）：1928 － 。美國重量級劇場製作人及導演，至今仍為史上最多次個人東尼獎得主。

19、梅・古梭（Mel Gussow）：1933 － 2003。美國劇評、影評，為《紐約時報》撰稿三十五年。評《青蛙》的文章現在在線上資料庫仍可看到：
http://www.nytimes.com/books/98/07/19/specials/sondheim-pool.html

20、女性解放雜誌，創刊於 1971 年。創立者之一為女權運動者葛洛莉亞・史坦納（見第二章註 13）。

躁，體型圓潤，情感奔放。在曼荷蓮學院研讀歷史後，她想要寫和女性生命有關的劇本，但她充滿玩笑、自然主義風格的劇本和布魯斯坦前衛、現代的理想相違背。他會公開質疑瓦瑟斯坦的入學資格，說她的作品「只是在虛張聲勢」——但卻不在意愛徒克里斯多夫・杜蘭的作品就是大剌剌地要「虛張聲勢」。

她在班上的遭遇也沒好到哪裡去。在第一次讀了後來發展成《不平凡的女性及其他》的劇本時，一個男生說：「我就是沒辦法進入這些妹仔的東西。」

溫蒂把她的不安 —— 有關體重、有關才華 —— 都藏在典型的女孩笑聲之後。就算她媽媽每天早上七點打來問找到老公沒，她還是不太愛乾淨，幾個禮拜都穿同一件胸前有玫瑰刺繡的紫色洋裝。就像雪歌妮，她對於裝扮成別人期待的樣子沒興趣（也做不到）。

她在男同志身邊最能放鬆自己，所以幾乎一直待在克里斯旁邊。他們有堂共同的寫作專題討論課，克里斯注意到溫蒂一直在放空。「妳看起來也太無聊了，妳一定很聰明。」課後克里斯這樣說。（十幾年後，她把這句台詞放進獲得普立茲最佳劇本獎的《海蒂紀事》［The Heidi Chronicles］裡。）他們開始在上課的時候傳紙條，寫他們亂七八糟的家庭故事。杜蘭說：「在深處，她有屬於自己的悲傷，但我那時候沒看出來。」

女性在她身邊會有些緊張：所有她們害怕看到的自己，溫蒂都坦蕩地表露在外。「溫蒂某些方面讓我覺得很可怕。她，就是我內心的脆弱不堪的赤裸版本。」雪歌妮這樣告訴溫蒂的自傳作者。

梅莉正是那種溫蒂窮極一生要閃避的女性：又高又瘦的金髮尤物，宛如吹氣就會有生命降生的女神。溫蒂傾向不去相信這種女人，也覺得她們和自己是不同世界的人。但梅莉十分和善，讓溫蒂日後將她列為「完美但又讓人可以忍受的女子」

清單第八名。溫蒂寫道：「梅莉絕對不會拿毒蘋果給你，她就是專心在做自己要做的事。」

在所有戲劇學院的學生都得輪班的服裝整理職務裡，溫蒂和梅莉一邊燙洋裝，一邊開玩笑。但溫蒂的笑聲讓梅莉隱然有些不安：這似乎不像是真誠的情感釋放，更像是刻意示好。梅莉說：「我覺得，她一直看起來有點寂寞。她表現得越歡樂、笑得越開心，看起來就越寂寞。」

梅莉為了暑期歌舞秀的開幕季留在紐哈芬。這個歌舞秀場是學生劇場的延伸，在十週內搬演十齣戲劇，幾乎沒什麼排練。上一週，梅莉還是湯姆・史托帕（Tom Stoppard）[21]《謎探》（The Real Inspector Hound）中的辛西雅・穆敦小姐（Lady Cynthia Muldoon），下週，她就成為莎士比亞喜劇《無事生非》（Much Ado About Nothing）裡的碧翠絲（Beatrice），或是杜蘭《貝特與波的婚姻》（The Marriage of Bette & Boo）裡尖酸刻薄的姊姊。為了這齣劇他們把歌舞秀場變成「聖母永恆苦痛天主教教堂及賓果大堂」。通常看威廉在四周地上找到什麼，他們就穿什麼上台；座椅之破舊，得用膠水和運氣黏起來。在《生生世世德古拉》（Dracula Lives）裡，製煙機沒油了，他們用藥局買的礦物油取代，結果整個劇場變成油膩、刺鼻的沼澤。

沒有冷氣的歌舞秀場燠熱難耐。不過，有些劇團成員依然在三樓住了下來，直到校園警察把他們踢出去。每到星期六，梅莉會在她校外的公寓幫大家做法式吐司。表演開始前，他們會提供大學部學生做的起司蛋糕和蘇打水，不過端出去前得先偷偷把蟑螂從盤子上掃掉。大家會打掃清理到深夜以便明天演出。在教堂街上最喜歡的酒吧裡，他們練習著「耶魯式伸展」：每當想要說某人的壞話，就要

21、湯姆・史托帕（Tom Stoppard）：1937 —。出生於捷克的英國籍劇作家，曾獲得奧斯卡金像獎及四次東尼獎。廣播、戲劇、電影劇本產量皆豐，電影編劇作品有合著的《莎翁情史》、《巴西》、《安娜卡列尼娜》等等。

彎頭四望，檢查聽覺範圍內有什麼人。

有一週，劇團的大家實在累壞了，決定演出完全即興創作的劇。結果就出現了《1940的廣播時間》（The 1940's Radio Hour），一個戰爭時期的滑稽模仿作。戴著黑色寬沿紳士帽、毛草大衣（讓他們幾乎中暑），演員們邊演邊編，對著復古的 RCA 麥克風講話、把發泡膠灑在空中當作下雪。梅莉在獨白時唱了 1938 年的經典〈你進入我的腦袋〉（You Go To My Head）。華特‧瓊斯說：「你聽到的時候會完全融化。」最後他甚至把這齣戲帶到了百老匯，只是沒有梅莉。演出第二晚，等著入場的觀眾隊伍排到街角，沒人知道口耳相傳可以傳得如此迅速。

在一切忙亂之中，梅莉仍在思考自己的未來。鮑比‧路易斯並沒有教她多少有關戲劇的事，但幫她在新成立的經紀公司 ICM[22] 裡找到一位經紀人：雪拉‧羅賓森（Sheila Robinson），她是該經紀公司中唯一的非裔美國人代表。同時，透過耶魯劇場老手艾文‧艾普斯坦（Alvin Epstein）的介紹，她獲得第一次職業配音演出。一對動畫伴侶約翰及佩佛‧赫伯利（John and Faith Hubley）將艾瑞克‧艾瑞克森（Erik Erikson）著名的社會心理發展八階段[23] 做成一系列的卡通《所有人都騎著旋轉木馬》（Everybody Rides the Carousel）。梅莉和查克‧勒凡被雇用幫〈第六階段：成人早期〉配音。

當他們倆走進紐約的錄音室時，只看到一個分鏡圖，然後就被要求即興演出，將「親密與孤獨」之間的衝突戲劇化呈現。他們演出了一幕七分鐘短劇，飾演一對在划艇上的年輕情侶。當男子手被木屑刺到，女子溫柔地用安全別針把木屑取出來。他們靠岸之後，兩人臉上各自覆蓋一個雙面面具，互相懷疑：兩年之後，我們還會在一起嗎？這問句一定也曾經迴盪在梅莉心頭，特別是當她把自己的野心拿來和艾倫及菲爾這樣的男人做權衡取捨時。

在去紐約的另一趟旅程中，她在冬日花園劇場（Winter Garden）看到麗莎‧明尼

利（Liza Minnelli）[24] 的演出。這位表演者「直接、不矯揉造作的表演」，和她在課堂上做的場景分析訓練完全不同，也讓她重新思考自己對表演設下的預設立場。

梅莉後來提到：「當時我覺得自己如果沒有被一齣劇保護著就上台，我一定會死。但看著麗莎・明尼利，我學到一件事。和觀眾相遇、建立事實信任是演戲的開始，但讓觀眾瞭解到舞台上的精彩、火花和刺激有多重要，那是下一個階段。『表演』是最後的那層亮釉，是吸引觀眾來認識你的角色的方法。」

◆

在戲劇學院的第三年，梅莉正式成為耶魯劇場的一份子，因此得到演員權益卡（Actors Equity Card）[25]。布魯斯坦已察覺到她的才華，讓她出演當季的第一場表演。劇本改編自杜斯妥也夫斯基《群魔》（The Possessed），導演則請到知名波蘭電影導演安德烈・華依達（Andrzej Wajda）[26]。為了找到心目中的主角史塔維金（Stavrogin），華依達雇用了肌肉健美的年輕演員克里斯多夫・洛伊德（Christopher Lloyd）。

華依達必須透過翻譯和演員溝通 —— 沒人確定他到底會多少英文。但他覺得梅

22、指ICM Partners（International Creative Management），1975年成立於洛杉磯的經紀公司，客戶範圍涵蓋出版、劇場表演、電視、音樂、電影相關的專業人士。梅莉·史翠普是雪拉的第一個客戶。

23、艾瑞克・瑞克森（Erik Erikson）：1902-1994，近代最知名的發展心理學專家，曾在安娜・佛洛伊德底下幫忙，後於耶魯、哈佛等校擔任教授。艾瑞克森的人格發展理論將人類的社會心理狀態分為八個階段，每個階段分別有需克服的課題。

24、麗莎・明尼利（Liza Minnelli）：1946 －。美國著名歌手及劇場表演者，曾獲奧斯卡獎、艾美獎、葛萊美獎、東尼獎。父為導演文生・明尼利（Vincente Minnelli），母為知名演員茱蒂・嘉蘭（Judy Garland）。

莉和克里斯多夫很有魅力，甚至為他們多加了一些對話。華依達和劇場實際上的管理者凡高說：「我在克拉科夫（Kraków）演出時還砍了幾幕，但現在我把他們都放回來，因為你的演員們好太多了。」

隨著華依達出現的是波蘭電影明星艾爾傑別塔‧切潔夫斯卡（Elzbieta Czyzewska）。她因身為記者的美籍丈夫大衛‧哈爾伯斯坦（David Halberstam）批評波蘭共產政權被放逐出境，一起到了美國。切潔夫斯卡有種非主流的表演方式，讓梅莉非常驚艷。她會在第一幕結束時滑過舞台，用彷彿會讓整個劇場震動的能量對洛伊德尖叫：「假冒基督的傢伙！假冒基督！」但梅莉和切潔夫斯卡相遇的重要性，要到多年後才顯現出來。當布魯斯坦的朋友威廉‧史狄龍撰寫小說《蘇菲的抉擇》（Sophie's Choice）[27] 時，他參考了切潔夫斯卡的波蘭口音及語言模式來模擬主角蘇菲說話的方式。幾年之後，梅莉在電影版裡演出蘇菲，他的耶魯同學驚訝地發現：那是切潔夫斯卡，或者至少說，是史狄龍和梅莉分別摘取到的切潔夫斯卡。

在杜斯妥也夫斯基之後，耶魯劇場轉向杜斯妥也夫斯基的嘲諷劇：《白痴卡拉馬佐夫》。梅莉重拾康士坦絲‧卡內特的角色；不過，這次沒有哈斯的指導了。在許多學生的推波助瀾之下，布魯斯坦已經讓他下台。即使如此，排練還是充滿張力 —— 杜蘭和伊紐拉圖，這對耶魯的淘氣二人組已經拆夥，原因是溫蒂‧瓦瑟斯坦。

溫蒂對克里斯的狂熱跟隨讓亞伯特感到噁心，也覺得自己被取代了。他看到溫蒂下課後像個癡情的校園少女等著克里斯，覺得她完全搞錯對象。在亞伯特心中，溫蒂「毒害」了他的朋友，濫用了他的不安。「當你討厭自己，然後有個人出現、說他愛所有你討厭自己的部分，你很難不有所回應。」這是亞伯特的想法。

布魯斯坦依舊鐵腕操演著排練，快把團員們逼瘋了。即使在飾演主角艾悠沙

（Alyosha Karamazov）的克里斯面前，布魯斯坦還是不停修改劇本 —— 克里斯壓力大到胸前長滿疹子。當飾演卡拉馬佐夫太太的琳達・阿金森因為布魯斯坦刪除她的台詞而抗議時，他大吼：「你給我滾出我的學校！」琳達從台上回吼：「很好！」（那句引起爭議的台詞是：「好。」）

甚至連負責服裝的好人威廉・艾韋・隆都快到了臨界點。他為妓女的角色谷伸卡（Grushenka）設計了一套看起來有點磨損的紅底黑蕾絲戲服，但布魯斯坦說：

「她應該要像個妓女，不是公爵夫人。」
「但，布魯斯坦院長……」
「換就對了！」

布魯斯坦扭頭就走，威廉無法克制的大吼：「去你的，鮑伯！」布魯斯坦回頭，獰笑起來就像《愛麗絲夢遊仙境》裡的貓。

梅莉的挑戰，則是要在一個大得多的場景，重現前一年魔術般的喜劇效果。舞台傾斜嚴重，她時時刻刻都在注意不要讓輪椅溜走。有一晚，杜蘭還得伸手拉住梅莉，不然她就會失控掉到第一排觀眾席。即使如此，她還是很愛坐在輪椅裡演戲：「你被限制，而這個限制讓你自由。」

耶魯劇場吸引的遠遠不只戲劇學院的師生，車程內的所有報紙評論都前來觀賞。梅莉滑稽的康士坦絲・卡內特主導了這齣劇，也讓這個角色成為她的出道代

25、由美國的演員權益組織（Actors' Equity Association）核發，相當於美國的劇場演員工會。

26、安德烈・華依達（Andrzej Wajda）：1926 － 2016，波蘭電影及劇場導演，波蘭電影學院成員。曾獲坎城金棕櫚獎及奧斯卡榮譽獎。

27、《蘇菲的抉擇》（Sophie's Choice）：1979 年小說，後改編為同名電影。故事發生在布魯克林一間分租公寓，主角是新星作家、猶太科學家及他的愛人蘇菲。蘇菲是波蘭裔天主教徒，納粹集中營的倖存者。

表作。康乃迪克州內的《史特拉福新聞》（Stratford News）和《哈特佛快訊》（Hartford Courant）都對她的表演高度讚賞，甚至連《紐約時報》的梅‧古梭都注意到：「這齣戲的明星角色非譯者──康士坦絲‧卡內特莫屬。梅莉‧史翠普飾演的康士坦絲是個坐在輪椅上的瘋癲老女巫（這齣戲本身也挺瘋癲的），由一名叫作恩尼斯特的侍從照顧著，但他最後自殺了。」

有件事或許布魯斯坦之前沒看得那麼清楚，但現在他勢必是看懂了：梅莉是他的秘密武器。這季表演接下來都會由梅莉主演，無論她是否喜歡。

◆

做個局外人很困難，但成為團體的有效資產也一樣有難處。溫蒂和雪歌妮已經習慣在背光處工作了，至少布魯斯坦是這樣認為。但梅莉穩穩地站在她們的另外一端──她是職業劇團的女主演。1974 到 1975 年的耶魯劇場演出季裡共有七齣劇目，梅莉演出了其中的六部，過著忙碌悲慘的生活。

在鮑比‧路易斯的帶領下，戲劇學院分崩離析。他開除了三位教師後，二年級的學生們起身反抗，一位學生甚至說不如「讓這位教授試鏡一下」。大家心意決絕地蹺課，逼路易斯貼出一張告示，警告學生們要強制出席。不過，告示沒多久就被撕下來了。梅莉排演的行程表很滿，也因此不斷缺席；但對於是否該懲處她，路易斯也很猶豫。最後，布魯斯坦背負了這項「讓人喪氣的工作」，將梅莉叫進他的辦公室，說她如果想要得到學位，就必須要定期出席課程。

在不同角色間遊走，是件艱難的任務。那時在劇場，她參與演出一齣諷刺的肥皂劇《愛的箭柄》（The Shaft of Love）。一天晚上，飾演梅莉心理醫生的諾瑪‧布魯斯坦（Norma Brustein）──也就是校長的妻子──竟然遲到了。為了拖

延時間，梅莉在舞台上的診所裡四處走動，一個個把道具拿起來端詳。最後，她看著牆上的羅夏克墨漬測驗（inkblot test），假裝自己的角色在印痕中看見深沉、可怕的事實，痛哭了起來。

在布萊希特和音樂家寇特‧威爾（Kurt Weill）合作的音樂劇《皆大歡喜》（Happy End）中，梅莉只有參與團體演出。她唯一一句個人台詞尖聲刺穿其他人細碎的念白：「莉莉安在哪？」同劇組的凡高形容：「那一刻的銳利，總是刺進觀眾坐牢的屁股，讓他們坐立難安。」不過那季的戲還沒演完時，飾演莉莉安、音樂學校出身的女高音就突然沒了聲音。在只有一個下午可以排練的狀況下，梅莉登台代打，從可以放鬆的小角色變成主角。她第一次演出時，布魯斯坦繫著一條亮紅色的領帶坐在第一排。中場休息時，梅莉傳了一條緊急的訊息過去：紅色領帶讓她緊張，如果他也希望表演可以順利結束，就得把領帶拿掉。

更讓人感到壓力的，是史特林堡的《父親》（The Father）[28]。這次製作，劇場請到演員雷普‧托恩（Rip Torn）來主演，梅莉則演出他的女兒貝莎（Bertha）。托恩不穩的情緒惡名昭彰，他沉溺在角色情緒之中，也讓劇組生活在恆常的恐懼裡。他會在一個不太重要的服裝或道具細節上反覆琢磨到固執的地步，讓排演整個停擺。在一次技術彩排時，他說他想要拆掉場景裡的門。他從連接處猛地一拉，宣布：「弄堅固一點吧，這太好拆了。」

艾爾傑別塔‧切潔夫斯卡飾演托恩的太太。在布魯斯坦回憶裡，托恩「在舞台下懷著和劇中同等的殘酷恨意對待她」。托恩對著切潔夫斯卡說：「妳只想要讓《紐約時報》親你屁股。」而她反擊：「如果你真的那麼在意這齣劇，為什麼總是連天殺的台詞都記不起來？」梅莉被夾在中間，像個羽毛球一樣被雙方的怒意扔擲。

28、史特林堡在 1887 年的劇本。內容描述身為騎兵隊長的父親阿爾道夫（Adolph）及妻子蘿拉（Laura）因為對於女兒貝莎（Bertha）的教育理念歧異而爭執，進一步對彼此攻訐猜忌，導致家庭悲劇。

個編劇學生以排練日誌捕捉了這場騷動。2月1日：「托恩把大家嚇死了，他幾乎是把艾爾傑別塔整個人丟出窗外。」2月12日：「托恩排演第二幕裡和艾爾傑別塔的戲份，一開始就把她往地上甩。」2月19日：「托恩擔心槍的問題，覺得這個角色雖然是隊長但不應該收藏古董槍枝。」有關梅莉，他寫道：「她在處理貝莎這個角色時遇到了點問題。她覺得，貝莎是個青少年，但那些台詞都像是寫給年紀更小的兒童。」

同時，梅莉在劇場裡的成就逐漸消磨她與同學們的情感。班上其他人也奮鬥了好幾年，只希望能爭取到一個在耶魯劇場舞台上的機會，但現在，梅莉拿走所有的角色。他們無法因為她的才華而怨恨她，但都變得信心低迷。一個女演員甚至去和耶魯的校長金曼·布魯斯特說：「你知道嗎？有很多人付錢來這所學校，但從來不曾得到過**表演的機會**。」

秋季學期結束時，歌舞秀場又舉辦了聖誕表演。這次，梅莉對自己的無所不在開了個玩笑，擠眉弄眼地表演藍迪·紐曼（Randy Newman）的〈頂點的孤獨〉（Lonely at the Top）。華特·瓊斯回想那場表演：「彷彿一陣冷風吹過房間，空氣凍結了。」梅莉就像回到那個返校節花車之上，因自己的成功而被隔絕人世。

梅莉自己回顧：「表演組的競爭讓人十分勞累。我永遠在和朋友們比，爭奪戲裡的角色。甄選的世界裡不存在平等；既然每個導演和編劇學生都在為了自己的畢業計劃選角，他們得選出那些他們真心想要的人。因此，有人不斷被選上，也有人完全沒被挑中。這是不公平的，但這也是真實世界的縮影。」

站在陽光普照的那一側，並沒有讓這個壓力鍋般的環境變得比較好過。梅莉說：「有件事讓我覺得自己快瘋了。不是因為我沒有角色可演，我有，我一次次被選上。但我心中充滿罪惡感。我覺得我從認識的人、從我的朋友們手上拿走很多東西。那時候我還有獎學金，但有些人付了好大一筆錢才進去那所學校。」

梅莉幾乎被消耗殆盡。和她演對手戲的演員善變易怒，她的表演指導老師總是在監督她；壓力在她的胃裡翻滾。她的同學們因為她能夠演出感到忿恨不平，即使她對此根本無從置喙。

最後，她跑到布魯斯坦的辦公室說：「我壓力太大了，我希望可以減輕一些負擔。」布魯斯坦的回答卻是：「妳可以選擇進入課業查看名單。」對於梅莉，與其說這是妥協，不如說是威脅。她才不想被踢出學校。

梅莉在那一季最後一齣作品《仲夏夜之夢》（A Midsummer Night's Dream）裡，甄選上海蓮娜（Helena）一角。或許她可以別接這齣戲？布魯斯坦光想到這主意就臉色發白：他知道梅莉是這個角色的不二人選。又或者，她可以接演海蓮娜，然後讓她的替補演員演出《父親》？

「不可能！」梅莉說：「托恩絕對沒辦法，他真的覺得我是他女兒。如果有人取代我，即使你事先告知他這件事，他也會在開演後立刻中斷表演，問說『貝莎呢？』」

他們進退維谷。當梅莉離開辦公室，她這季的行程表依然滿檔。極度焦慮的狀況下，她去見了學校的心理醫生，醫生這樣說：「妳知道嗎？再過十一週你就要畢業了。在那之後，妳的競爭對手不再是五個女人，而是五千個。這有可能是好事或壞事，但總而言之，妳以後再也不會陷入現在這種狀況裡了。」

雖是這樣說，但也還有十一個漫長的星期要過。同時，學校裡的課程變本加厲地凌虐著所有人。聖誕節後，鮑比·路易斯在經營戲劇學院的壓力下心臟病發作。他指派曾經擔任過他課堂助教的諾瑪·布魯斯坦接任他的位置，但這讓二年級生憤怒不已。他們質疑，為何院長妻子可以成為他們的指導教授，院方對此事先卻不做任何溝通？學生們傳了一封電報給病床上的路易斯，表達了他們的「驚訝」

和「失望」。《耶魯日報》將這件事放上頭條:「意見不合攪亂了戲劇學院」。

布魯斯坦真的受夠了這一切。他寫道:「嫉妒和惡意在校園裡氾濫。我覺得倒不如來場革命。」他把所有的二年級學生召集到實驗劇場,發給每個人一張空白的離校單。他說,如果有人有什麼不滿,他們填好表格就可以自由離去。

沒人真的這樣做。誰在乎布魯斯坦是不是像他說的,一個「統治著史達林暴政的成吉思汗」。布魯斯坦幻想著可以辭職,或至少拋棄這個學院,但諾瑪把他的辭職信撕了。那年的逾越節,他請梅莉和查克·勒凡參加逾越節晚餐,和他們討論班上的動盪,儼然將兩人視為可信任的學生。

梅莉還有《仲夏夜之夢》要演,這個製作由克里斯多夫·洛伊德演出仙子之王奧拜倫(Oberon)。儘管她疲憊不堪,但海蓮娜確實是個讓人無法抗拒的角色:美麗又瘋狂、詼諧又憂鬱。導演艾文·艾普斯坦的視角很是浪漫;他將莎士比亞的文本和亨利·普賽爾(Henry Purcell)《仙后》[29] 的曲子融合。場景是用爆米花做成的巨大閃亮月球,爭吵的情侶們 —— 海蓮娜、赫米亞、狄米崔斯和琳姍德 —— 會在戲進行時一邊褪去戲服,彷彿融合進這片林間秘境。

艾普斯坦永遠在和指揮歐圖·韋納·穆勒(Otto-Werner Mueller)爭執,沒留多少時間給森林裡的情侶們。這讓四位主要演員有些緊張,畢竟他們面對的可是莎劇中最細膩的幾幕喜劇。扮演狄米崔斯的史提夫·羅爾說:「艾文從來不會直接導戲,他會說,『去找個房間,努力一下』,我們就照他的話做了。可是當我們排演好回來給他看,他會說,『感覺快要對了,但我覺得你們看起來像餿水裡的豬。再去多努力幾下!』」

羅伯特·馬克思負責這齣劇的排演日誌,他在其中紀錄了現場節節攀升的焦慮。1975 年 4 月 21 日:「情侶們想要更多排練時間 —— 緊湊的時間表讓角色塑造

變得不連貫……他們和艾文之間的討論氣氛緊張……大家普遍覺得預演前的『談話』部分很無用……演員們說，太多場景都還『未被解決』。」

4月29日：「傍晚：表訂流程被取消了……歐圖爆炸了，說他沒有足夠的時間準備，來不及把音樂和文本結合……艾文想要用那段時間上台彩排合唱團的部分……交響樂團提早解散了……歐圖威脅說要辭職，但並沒有真的這樣做……舞台的彩排時間被用在合唱團。」

5月6日：「第一次和現場音樂完整地順過一次……合唱團的動作僵硬得像被附身了，他們無法自由擺姿勢（加上服裝穿起來很慘）、口條很糟、獨唱的部分都走音了……還是有些人搞不清楚要怎麼把音樂和台詞結合在一起……仙子們的服裝尷尬但不至於誇張 —— 看起來像是維多莉亞時代的漁網掛在長長的仙子隊伍上……梅莉‧史翠普（海蓮娜）的獨白時間掌握十分精準，但以這個角色來說她看起來太漂亮了，她應該演赫米亞才對。」

到了5月9日，也就是首演那天晚上，不知為何一切被整合了起來：「觀眾十分熱情……所有東西都合理地串起來：鄉村風情、情侶、戰鬥、仙子……幕與幕之間銜接得天衣無縫，雖然整場演出還是超過三小時……合唱團的動作改善了，樂團相對來說音準變好……有些觀眾私底下從知識面出發，討論著劇本的處理是否妥當，也有些討論是針對音樂的使用……整體來說觀眾的共識是 —— 成功。」

幾乎大家都如此同意。布魯斯坦說這次是「集大成之作」；飾演帕克（Puck）的琳達‧阿金森說演出「像魔毯般，就這樣起飛了」；《紐約時報》的梅‧古梭則形容這場表演「令人難以忘懷」及「光輝璀璨」，不過他後面加上：「這次在處

29、亨利‧普賽爾（Henry Purcell）：1659 – 1695，英國知名作曲家，巴洛克音樂風格。1692年將莎士比亞的《仲夏夜之夢》改編為半歌劇《仙后》。

理命運多舛的戀人們時有些危險。除了飾演海蓮娜的梅莉‧史翠普（她明顯是耶魯劇團最多才多藝的演員之一），其他人都還放得不夠開。」

觀眾口耳相傳，說這齣劇是紐哈芬最有趣的事，尤其是由梅莉好友，綽號「古利佛」（Grifo）的喬‧古利發西（Joe Grifasi）飾演的弗路特（Flute）一角主導的「皮拉摩斯和希斯貝」（Pyramus and Thisbe）一幕，觀眾甚至會擠進來只看這幾分鐘。凡高回憶那盛況：「守衛通常得把人趕走。他是個退休的消防員，對他來說擠在一起的人群就是潛在的火災危險。」身為海蓮娜，梅莉讓自己看起來處於尷尬、搖搖欲墜的混亂狀態，一個沒有察覺自身之美的人。

在夢一樣的日子裡，眾人在 4 月 30 日迎來西貢的落敗以及越戰的終點。這個國家惡夢般的一章終於結束。校園裡，讓人上癮的《仲夏夜之夢》更帶來許久不見的鬆弛氣氛。

快畢業時，梅莉盤點了她在耶魯的經驗值。她到底在這裡學到了什麼？這裡沒有完整、有條有理的訓練，而是大雜燴般的各種技巧。她日後提到：「那種東拼西湊、抓到什麼學什麼的學習過程是無價的，但只有在困境裡才能體會。有一半的時間我都在想；要是我是某某某，我絕對不會這樣做、那個誰真是滿嘴廢話。不過，那也是架構起你真心相信的事情的方式。那幾年讓我感到疲憊、瘋狂、緊張。我一直在嘔吐。」

現在，她在紐約有個經紀人，還精通許多戲劇風格，正是布魯斯坦心中理想的定目劇團演員。但這幾年她也在劇場的黑暗中學到了幾課。她知道不被注意、不被認可的痛苦；了解到競爭，即使是贏，也總有苦處。她也學到如果向有權有勢者屈服，讓他們予取予求的下場。

最重要的是，她知道她很棒。而且是頂尖的那種。

布魯斯坦求她在畢業之後留在劇團。他知道他有什麼資源，也不希望梅莉犧牲自己的才華，只求平庸的星光。梅莉滿二十六歲後三天，寫了封信給布魯斯坦，為遲來的決定道歉：「耶魯劇場是我的家。我不是忘恩負義，我知道我對自己的信心和對劇場的奉獻承諾，都源自你給我的機會和鼓勵。」不過，信並沒有在這裡結束。她繼續寫道：「現在，我的每一個細胞都想要在遠離紐哈芬之地、嘗試我在紐哈芬學到的東西。我得去看看那是什麼樣子。」

5 月 19 日，1975 級的大家穿著畢業長袍和帽子走入舊校園。在一片黑海之中，一個女子彷彿強光般刺眼。那是梅莉‧史翠普，身著亮白色野餐洋裝。從康乃迪克的天空向下望，她想必看來就像煤礦中閃耀的鑽石。再一次地、梅莉把眾人都比了下去。

「班上其他女生都在罵：『**這個賤人！**』」威廉說，「然後自問：『**為什麼我沒想到可以這樣做**？』」

Constance

康士坦絲：耶魯戲劇學院的天才學生

Isabella
伊莎貝拉

她想成為任何人、任何事物。要是她能繼續擁有隨意轉換身份的能力，她
就能成為自己心目中理想的女演員。但如果她在畢業後直接演電影或百老
匯音樂劇，勢必會被定型為一個金髮美女。因此，她做了一個年輕又苗條
的女演員不會做的事：演一個體重破百的密西西比蕩婦。

得到百老匯的第一個角色

對新演員們來說，1975 年的夏天是個殘忍的出道時間點。在耶魯戲劇學院的畢業生們的腦中，這個事實反覆深刻地敲擊著。美國正深陷經濟衰退的泥濘，連帶著把整個紐約市和娛樂產業都拖下水。時代廣場已褪色成巨大的垃圾場和夜店；百老匯劇場則鬧空城，或被改建成旅館。日間工作機會變得越來越稀少。如同琳達·阿金森在畢業不久後在《紐哈芬新聞》上的嘆息：「不幸地，連在梅西百貨裡賣手套的工作都和演員職缺一樣難找。」

就數字看來，現實是嚴峻的：光在美國的戲劇領域，就比前一年多了六千個畢業生。《仲夏夜之夢》的演員們個個拿著一疊劇照在試鏡時裝備自己，但即使如此，也很快地消失在一波波潮起潮落的帕克和赫米亞之中。許多人會去紐約試試運氣，其他人四散在各地區的劇場裡。一個耶魯畢業的演員早早去麻州開了間風箏店。

那，1975 級毫無爭議的明星梅莉·史翠普身在何方？梅莉·史翠普，有兩個學位，學生貸款有四千元要償還，還有幾乎等於零的職業經驗，正卡在州際公路上。距離她和紐約地位最崇高的劇場製作人 —— 喬瑟夫·帕普（Joseph Papp）約好的會面時間，已經晚了一小時。**「我今年二十六歲」**，她在心中默念，**「我的事業正要起步。我最好明年就成功。」**

這次會面很重要，因為她之前已經先搞砸過一次試鏡。在畢業前，主修表演的學生們一起前往紐約，參加劇場聯絡團（Theatre Communications Group，TCG）的徵選。依照徵選的結果，TCG 會把演員們派到美國各地的劇場。TCG 十分重要，耶魯甚至為此開了個專班；學生們和茱莉亞學院、紐約大學戲劇學系及任何擠得進窄門的演員競爭，勝者可以前往芝加哥參加決賽。讓評審驚艷，或許可以前往路易維爾（Louisville）[1] 或明尼蘇達州的劇團工作。雖然不是紐約、不是好萊塢，但那總是份工作。

甄選前一晚，梅莉在紐約過夜。當她隔天早上醒來時，看了看時鐘，回去繼續睡。她就是不想去。光想到要和同樣七八個人競爭，就讓她無法忍受。但或許，她心底知道自己並不屬於路易維爾。當她飄移回夢裡時，彷彿聽到同學們的聲音在腦中迴盪：「天啊！梅莉在哪？我的老天，她真的搞砸了！」

這是她的終點嗎？也不算是。因為不久之後，ICM 劇場部門的總管米爾頓‧古德曼（Milton Goldman）就致電給蘿絲瑪麗‧替胥勒（Rosemarie Tichler），公共劇場（Public Theatre）² 的選角負責人。

古德曼說：「我覺得妳該見見這個人。耶魯的表演教授羅伯特‧路易斯，說她是他教過最傑出的人之一。」

「如果羅伯特‧路易斯這樣說，那我很高興能和她見個面。」替胥勒從她在東村（East Village）的辦公室裡回信。當然，這有可能只是米爾頓誇張了，她心想。

幾天後，梅莉身處曾經是阿斯特圖書館（Astor Library）的紅色建築，穿越迷宮般的路徑，站在公共劇場的三樓舞台上。這裡是劃時代的音樂劇《髮》（Hair）³ 的起源地，《歌舞線上》（A Chorus Line）⁴ 那年四月也以此為出發點，點燃了觀眾的狂熱。

和大多數的選角一樣，替胥勒請梅莉演出古典及現代獨白各一。梅莉以《亨利六

1、 Louisville，為肯德基州最大的城市，位於美國中部偏西。

2、 The Public Theatre，由喬瑟夫‧帕普在 1967 年創立的劇場。每年夏天會在紐約中央公園舉辦「公園裡的莎士比亞」（Shakespeare in the Park），是紐約夏天最富盛名的活動之一。

3、 《髮》（Hair: The American Tribal Love-Rock Musical）：首演於 1967 年的搖滾音樂劇，被視為美國嬉皮、非主流文化及性改革之下的成果，其中多首歌曲成為反越戰運動的代表曲。

4、 《歌舞線上》（A Chorus Line）：首演於 1975 年，劇情描述 17 位百老匯舞者為歌舞劇的舞群甄選過程。在《貓》之前，這曾是百老匯巡演最久的作品，並獲九項東尼獎、普立茲戲劇獎。

世》第二部裡善戰的瑪格麗特皇后開始，挑釁被俘虜的約克公爵：

拿掉皇冠，也拿掉他的頭。
當我們暢快呼吸，讓他慢慢命休。

替胥勒露出微笑。梅莉不僅表現出瑪格麗特的惡意，也捕捉到她在折磨對手的歡欣愉悅。替胥勒回憶起這次的選角，說：「她是隻美好的怪物。」

接著，梅莉動了動身體，變得性感、女孩子氣，又帶點拘謹，聲音融化成慵懶又迷人的德州腔。她現在是泰瑞斯‧馬克拿利（Terrence McNally）的《威士忌》（Whisky）[5] 中，火辣又帶點果香的「南方安逸」（Southern Comfort），一位愛挑逗、狂野的二十歲少女。

「我在休士頓這長大，」她低聲軟語：「我很漂亮，我是全國第一名的樂隊指揮而且我只和美式足球員約會。聽起來耳熟嗎？」

對台上的這位女演員來說，的確是耳熟的 —— 這正是她高中的人格。她曾在伯納德鎮完美詮釋這個角色，現在她以南方蕩婦的身份，重新搬演。

梅莉繼續以「南方安逸」的身份，描述著所有她上過床的運動員：鮑比‧巴頓，坐在他爸爸的福特車後座、泰尼‧沃克，他有台血紅色的 Plymouth Fury，雙化油器。所有男孩都在和她上床後不久，在美式足球場上被殺。但她快樂地描述和他們之間的關係 —— 特別是他們的車子。

替胥勒驚恐不已，「當她說到和他們上床的部分，總是圍繞著車子。」梅莉表現出她宛如變色龍的天份，但替胥勒那時候還不知道她可以發揮到什麼程度：「我知道她有非凡美貌，還有舉重若輕，信手拈來的優雅。」

幾週後，替胥勒在為亞瑟·溫·皮內羅（Arthur Wing Pinero）的維多利亞時期喜劇《「井」裡的特羅尼》（Trelawny of the "Wells"）選角，這是個劇場清純少女為了婚姻放棄舞台的故事，會在林肯中心的薇薇安·博蒙劇場（Vivian Beaumont）亮相。這裡近來成為「紐約莎士比亞藝術季」的據點之一，像是從原本的公共劇場及公園裡的莎士比亞延伸出來的一部分。替胥勒在尋找她心中的伊摩珍·派羅特小姐（Miss Imogen Parrott），演員必須同時扮演劇場經理和女演員，因此必須要有魅力，但又有權威，善於管理金錢和指揮眾人。替胥勒想到那個把瑪格麗特皇后演得精彩的耶魯女演員，便把她介紹給導演：A·J·安頓（A.J. Antoon）[6]。

安頓並不買單。他喜歡梅莉，但其他演員也不錯。梅莉第二次在公共劇場的試鏡，並沒有讓安頓看到替胥勒曾目睹那百萬中選一的才華。替胥勒不停慫恿，但其實安頓的意見並不是最重要的。重要的，是喬·帕普的意見 —— 他是紐約莎士比亞藝術季的創辦人、公共劇場的經營者；那個雇用了紐約半數演員、編劇和導演的人。

梅莉那時候還在康乃迪克州，無法配合正常時間的甄選，於是替胥勒和安頓叫她在下班時間為了帕普來一趟。當時間從晚上七點來到八點，梅莉·史翠普還是不見蹤影。帕普變得煩躁不安 —— 耐心從來不是他的強項，何況天都要黑了。在他踱步來回時，替胥勒緊張地維繫著對話。她要讓帕普見到這個女孩。但老天，她到底在哪？

5、泰瑞斯·馬克拿利（Terrence McNally）：1939 —。美國知名劇作家，多次獲東尼獎及奧比獎，活躍時間超過六十年且類型廣泛。《威士忌》是他在 1973 年發表的單幕劇，但上演時間並不長久。南方安逸（Southern Comfort）是一款暢銷的桃子口酒，也是其中一個角色的名字。

6、A.J. 安頓（A.J. Antoon）：1944 — 1992。美國劇場導演，自耶魯畢業後就被帕普錄取，為莎士比亞藝術季導戲二十年，曾獲東尼、奧比獎。

◆

從某些層面來看，喬・帕普就像是另一個羅伯特・布魯斯坦。兩人都強大、好鬥，開創劇場，卻也在挑起爭端。他們的王權凌駕在藝術家組成的軍隊之上，不停榨取著他們不死的忠誠。兩人都是紐約出生的猶太人，在公立學校受教育；都相信劇場可以改變世界。在紐約和紐哈芬之間，兩人在作品、演員上競爭，維持著（大多數）友善的對手關係。

不過除此之外，就沒什麼相似之處了。布魯斯坦在學院的象牙塔運轉，但帕普從來沒上過大學。布魯斯坦會在知名勝地瑪莎葡萄園島過暑假，但帕普就在澤西岸邊租個小木屋。帕普在貧困的東歐移民家庭出生時，還叫做喬瑟夫・帕皮洛夫斯基（Joseph Papirofsky），青少年時在布魯克林外的康尼島（Coney Island）上叫賣，推著購物車賣番茄和蝴蝶餅。在二戰服役之後，他加入洛杉磯的「演員實驗室」（Actor's Lab）[7]，在此決意奉行人民主義思想：劇場是屬於所有人，而非菁英的。但即使他後來抵達紐約劇場界的頂點，他仍然覺得沒有歸屬，只是個白領世界裡的猶太小工人。

一如莎劇中最好的角色，帕普本身就是個會走動、會吼叫的矛盾存在。劇評們永遠無法下定決心，不知該把他看作文化界的典範、還是個自學有成又很會兜售的小販。當他說起在布魯克林的童年，總是帶有狄更斯式的苦兒精神，但他四任妻子中連續兩任都以為他來自波蘭天主教家庭。帕普在十五歲時加入青年共產組織（Young Communist League），到他三十出頭時都保持聯繫，但他很少提起這件事，擔心會影響到他的劇場資金來源。當他快步穿越公共劇場走廊時，一串助理會疾速尾隨其後，試圖從他的口音中辨別出合理的指令。他的雙關語很幽默，說起話來總在影射著什麼。有次，一個人衝進辦公室和他說有個演員在排練《哈姆雷》時受傷了，他回吼：「演哈姆雷，怎麼能不斷條腿[8]！」

懷抱著超越放肆的鬥志（這點他不虞匱乏），帕普打造了一個戲劇帝國。1954年，他在 D 大道上的教堂搬演《羅密歐與茱麗葉》，也是他之後所謂的「紐約莎士比亞藝術季」的開端。他的夢想，是為免費演出的「公園裡的莎士比亞」打造一個家。為此，他踏上和紐約市裡呼風喚雨的公園管理者羅伯特·摩西斯（Robert Moses）[9]的漫長對峙。彼時，摩西斯已經七十幾歲，並不想為了一個「不負責任的共產鬼子」屈服。但在那之後的戰鬥，讓帕普成為名人，宛如鬥志旺盛的羅賓漢，為了將藝術帶給人民而和邪惡、龐大的官員對抗。

最後，摩西斯還是讓中央公園裡的半圓型劇場計劃通過了，德拉科特劇場（Delacorte Theatre）於 1962 年開幕。那年，梅莉十三歲。第一個「公園裡的莎士比亞」作品是《威尼斯商人》（The Merchant of Venice），由詹姆士·厄爾·瓊斯（James Earl Jones）和喬治·C·史考特（George C. Scott）主演。四年後，帕普正式為東村裡的公共劇場揭幕；接下來，他會在這裡製作出許多大膽、嶄新的作品，並啟用新編劇，例如他視如己出的大衛·瑞伯（David Rabe）。

打從一開始，帕普的目的就是要打造美式莎劇：要生猛有力，迥異於英國勞倫斯·奧利佛那種貴族般文謅謅的闡釋。「我們在尋找熱血、有骨氣的演員……那種對自己的所作所為都誠實以待的演員。這種真實能讓語言活過來，變得人性化，讓人更能理解，進而取代朗誦、讀詩那種老派古典的表演。」帕普的演員們，看起來、聽起來就像是紐約市本身：多元、真實、堅韌。

雖然帕普看起來總是勇往直前，但他其實飽受焦慮之苦 —— 通常是為了藝術季

7、Actor's Lab，1941 年在好萊塢成立的劇場，活躍於政治運動圈。中心思想取自紐約由李·史特拉斯堡成立的團體劇場（Group Theatre）。後因被認為是共產組織而被迫解散。

8、break a leg，字面為斷腿，也意指「演出成功」。

9、羅伯特·摩西斯（Robert Moses）：1888 － 1981，紐約在大蕭條後最重要的都市規劃師，他的計畫大幅改變了紐約都會區的樣貌。曾競選市長但失利。

·直存在的開銷問題。對於這件事，他的態度是：先做大事，晚點再付出代價。「他一直都感到腹背受敵、四面楚歌。」蓋兒·瑪瑞菲得·帕普（Gail Merrifield Papp）說。她原先負責戲劇發展部門，在 1976 年成為第四位、也是最後一位帕普太太。藝術季每年都負債，加上七〇年代的經濟疲軟狀態，讓債務危機持續存在。不過，突然有個天外救星（deus ex machina）出現——《歌舞線上》。這齣描述百老匯舞者生存掙扎的故事，堪稱革命性的音樂劇。1975 年四月在下城區演出，七月轉往百老匯，受歡迎的程度提供了後來好幾年的藝術季資金，讓德拉科特劇場能維持免費對大眾開放的形式，也讓帕普能夠繼續發想出瘋狂的計畫。

其中，有個計劃讓他特別擔心。1972 年，林肯中心——這個曾經喚醒曼哈頓西區六十街的龐大文化綜合體——請他當顧問，協助尋找戲劇部門的新導演。帕普當顧問越久，就越理解到底誰是理想的候選人：就是他自己。想到要迎合上城區那些富有的早場觀眾，他就憎恨這個想法，但藝術季那時還欠了一百多萬元的債。如果得到林肯中心那個大洞穴般、擁有一千一百席的薇薇安·博蒙劇場，就等於擁有公共劇場無法達到的金流。而且，他還可以給嫡系子弟兵，那些大膽年輕的劇作家們一個國家級的舞台。

林肯中心這顆衛星的加入，讓帕普的運行範圍前所未見的廣。從上城區、下城區到中央公園和百老匯，都有他的據點。他長期合作的製作人伯納德·格斯坦（Bernard Gersten）說這段期間是帕普的「擴張主義時期」。一幅 1972 年的《紐約客》卡通，就把整個紐約市都想像成喬瑟夫·帕普的作品。不過，林肯中心代表的正是帕普此生對抗的世界之集大成，他在那裡感到不自在。薇薇安·博蒙劇場讓他聯想到陵墓，他甚至沒在那裡設立辦公室。

林肯中心的支持者將他的憎恨如實奉還。當帕普宣布就職季的劇目——一齣搖滾音樂劇、一齣「黑人」劇、一齣大衛·瑞伯的勞工階級劇碼，這些會員飛也似的逃離。一個女士自稱是「百合般潔白的會員，你們總而言之要拋棄的那種」告

訴帕普：「我對黑人劇作家沒興趣，只對好的劇作家有興趣。」蓋兒回憶：「我們收到一捆捆的信，抗議主舞台怎麼可以有黑人作品。是那種真的很討厭的信。」在一年之內，會員數從 27,000 人遽減到 22,000 人。林肯中心不再是金礦，變成財務上的流沙。

最後，帕普屈服了。薇薇安・博蒙劇場自此只搬演經典劇目。他特地飛到奧斯陸去說服挪威的電影女星麗芙・鄔曼（Liv Ullmann）主演《玩偶之家》（A Doll's House）裡的諾拉（Nora），觀眾果然一擁而上。他接著訂下露芙・高登（Ruth Gordon）和琳恩・瑞德葛瑞芙（Lynn Redgrave），主演蕭伯納的《華倫太太的職業》（Mrs. Warren's Profession）。他隨時咬著牙；這些全都不是他當初做劇場的初衷。現在，帕普的領地裡，下城區有石破天驚的首映，像是恩冬撒克・尚給（Ntozake Shange）的《給考慮過自殺的有色女孩們／當我們看夠了彩虹》（for colored girls who have considered suicide / when the rainbow is enuf）[10]；上城區則有票房完售的暢銷作。

帕普速速將薇薇安・博蒙劇場的 75 — 76 年這季安排好。除了《華倫太太的職業》，他還會將德拉科特劇場大受歡迎的《哈姆雷》版本改編，由山姆・華特斯頓主演；接著是易卜生的《培爾・金特》（Peery Gynt）。這一季，將會以皮內羅取悅群眾的儀態喜劇[11]「井」裡的特羅尼開場。在 7 月 13 日，《歌舞線上》在百老匯登台演出前兩週，《紐約時報》頭條寫著：「莎士比亞、易卜生、蕭和皮內羅能拯救帕普嗎？」帕普本應該凌雲高飛，但這龐大的工作量讓他水深火熱。

《特羅尼》不只瘋狂，它是瘋狂中的瘋狂。劇本完成於 1890 年代末，皮內羅的

10、這是尚給第一齣、也是最知名的作品，由詩化的獨白和舞蹈動作、音樂組合而成。內容敘述七位在社會上因種族和性別遭受壓迫的女性故事。

11、comedy of manners，一種喜劇類型，以誇張的表現諷刺社會中某階級的儀態及其風俗習慣。

設定要比這再早三十年。根據劇作家所說，這齣戲「即使在最小的細節上，也應該要跟隨六〇年代早期的風格 —— 那個年代的服裝，襯裙，縮口寬褲……別試圖調整這種風格，只為了讓他們對當代人來說比較不奇怪、不詭異。相反地，盡量試著去重現，或者去強調任何現在看來離奇、怪異的特點。」大概沒有什麼比這些和帕普的想法更對立了。

現在，帕普因為工作晚下班，被卡在公共劇場，只為了等待一個耶魯的無名小卒 —— 某個布魯斯坦的人馬 —— 來試讀嬌小美艷、意志堅決的伊摩珍·派羅特。而這個人居然已經遲到一個小時。

◆

《紐約時報》用頭條諷刺帕普當天，梅莉抵達康乃迪克州華特福特（Waterford）的尤金·歐尼爾劇場中心（Eugene O'Neill Theater Center）。1964 年，歐尼爾劇場在漢默德農場（Hammond）創立，這個九十五公頃的廣袤林蔭離尤金·歐尼爾避暑之地不遠。接下來那年，國家編劇論壇（National Playwrights Conference）也在此成立，提供編劇們一個遠離紐約都會塵囂的視角，得以潛心工作。1977年，溫蒂·瓦瑟斯坦就是在這發展出《不平凡的女性及其他》。《紐約時報》稱這裡是「美國的新手村」。

對於梅莉·史翠普、喬·古利發西和克里斯多夫·洛伊德來說，這就像是劇場的夏令營。他們在劇和劇之間穿梭，在山毛櫸樹下排練，在海灘上晃蕩好幾小時。洛伊德是唯一一個有車的演員，他有一台紅色的凱旋敞篷車。他們在康乃迪克大學附近找到床位，名字很親切，叫「牢房」；照古利發西後來的形容，這宿舍「極有品味地用包著光亮漆包線的空心磚裝飾，家具是藍綠色的人造皮，上面有被香

菸燒焦的痕跡和補丁。每個房間有奇妙花紋的床單、以及基督教徒的樸素枕頭，上面的絨毛像猶太逾越節吃的薄餅。」

梅莉愛極了歐尼爾開闊、自由的氛圍，還有一群「毫不相干又特立獨行的人們」。有總是把全身塗滿昂貴法國助曬油的學者阿瑟・巴雷（Arthur Ballet），還有《紐約客》劇評、劇本的產婆伊蒂斯・奧立佛（Edith Oliver），一個「笑得和海灘一樣開的小老太太」。另外，還有歐尼爾劇場的創辦人喬治・懷特（George C. White），他總是身著白色純麻西裝。當眾人在斜坡草地上熱絡晚餐時，梅莉可以看見「港的另外一側，遊樂園的燈在水上閃閃發光。那是一個我們無暇去拜訪的地方，因為我們在這一側天空點亮自己的燈火。」

梅莉四週內要演出五齣劇 —— 那是她在耶魯歌舞秀場裡討厭的火速節奏和即興表演方法。沒有時間細想角色性格，從自己裡面撿到什麼就拿出什麼。在一齣兒童喜劇《馬可波羅》（Marco Polo）裡，她和喬扮演一對雙生小丑，像業餘體操選手般四處打鬧。古利發西說：「當大家看到那齣戲時，才發現她不只是又一個長得漂亮、姓氏怪異的女生。沒人想到一個漂亮女孩居然可以這麼好笑、瘋狂。事實上，她在其他人眼中總是比她自己想的更美。」

那年最引起遐想的劇名是《伊莎朵拉・鄧肯和俄羅斯海軍睡了》（Isadora Duncan Sleeps with the Russian Navy）。梅莉飾演伊莎朵拉，這位舞者飄逸的長圍巾被捲進車輪中，使她以離奇又知名的方式辭世。梅莉唯一的道具就是那條圍巾，在絞死自己之前，也用來誘捕她許多情人。他們有五天可以排練這齣劇，但梅莉無法手拿著劇本、還要掌握好那條圍巾，於是她就把整齣戲背了下來，讓所有演員都大吃一驚。（如果你問她，她大概會說這是個「無聊」的成就。）

在一個罕見的休假日，梅莉和喬一起去看不可錯過的年度鉅片《大白鯊》（Jaws）。在無憂無慮的暑假裡，那是個轉移注意力的完美行程，也是在娛樂產

業將他們生吞活剝、像鯊魚般大口咬下之前，最後一次放鬆機會。隔天，梅莉跳下長島海灘，戲劇性地濺起水花，彷彿刻意要惹大白鯊來攻擊。落日之下，她和喬遊向略遠的一個浮標。她轉向喬，突然說出很內心的願望：「三十五歲之前，我要結婚，還要有一堆小孩。」

然後他們轉身游回岸上。

三週後，梅莉接到一通電話，在那平和的夏日激盪起漣漪。她得到林肯中心《「井」裡的特羅尼》的回電，問她什麼時候會在紐約、方便進行第二次試鏡？雖然在歐尼爾的行程已經滿了，但她還是想方設法說服公共劇場給她一個特別試鏡機會。她必須要像閃電一般進出城市。

梅莉和古利佛借來一輛車，直駛高速公路。當梅莉開車、點菸時，古利佛拿著劇本順她的台詞。彷彿連車輪都緊張起來般，她以八十五哩時速奔馳，但冷靜地依照古利佛的提示背誦著台詞，車內萬寶龍煙霧瀰漫。當他們經過紐哈芬時，古利佛心中閃過《綜藝報》的頭條：「演員辭世！星夢葬送在高速謝幕」。

當他們抵達拉法葉街（活生生地），梅莉十分沮喪。他們遲到得誇張。**「他們不會雇用我的」**，她想。**「我還是會去，但這已經註定完了。」**她走出車子，古利佛沒把引擎熄了，像搶劫銀行的接應車一樣。空氣濕黏，她不想要流汗，就用走的而不跑了。反正也沒差，她已經完了。

但這不是蘿絲瑪麗‧替胥勒看到的情況。時間分分秒秒在流逝，她絕望地試著讓帕普維持在有事可做的狀態。最後，她到街上打算看最後一眼，正準備要放棄，迎面而來的是梅莉‧史翠普，遲到一個半小時，**還用走的**。

她把梅莉掃進門，把她介紹給喬。快速致歉後，梅莉直接開始進入角色 —— 沒

時間拖拖拉拉的了。

替胥勒充滿驚奇看著她。站在台上的梅莉‧史翠普，剛從戲劇學院畢業、第一次見到下城區劇院的金霸王，就在林肯中心的第二輪試鏡裡遲到。「百分之九十五的女演員在這種狀況下都會變得歇斯底里，但她……她把持住了。」替胥勒說。

當梅莉踏出房門，替胥勒不開口，讓那股安靜再滯留一下。然後，她才轉向帕普問：「就是她了，對吧？」街道邊，梅莉跳回車上，終於可以呼吸。他們得趕回康乃迪克州。

「我見到喬‧帕普了。」她和吉利佛說。
「然後呢？」
「他喜歡我。」

她是對的。梅莉‧史翠普得到她在百老匯的第一個正式角色，而她甚至還沒搬到紐約。

◆

在伍迪‧艾倫以《曼哈頓》（Manhattan）把這座城市浪漫化的四年前，紐約市彷彿一灘死水，停滯不前。預算的缺口和都會的衰敗，留下霓虹燈、傷風敗德、犯罪交雜瀰漫的瘴氣。兇殺和搶劫案的數量自從 1967 年來，已經翻高了一倍。在市長阿伯拉罕‧畢姆（Abraham Beame）的帶領下，這座城正失速奔向破產。1975 年七月，城市清潔隊員們來了個瘋狂的大罷工，把垃圾堆在街道上、在炎熱高溫裡發出惡臭 —— 人們開始擔心蒼蠅帶來的衛生危機。

那時的電影人們像是悉德尼·盧梅（Sidney Lumet）以及馬丁·史柯西斯（Martin Scorscse），在《殘酷大街》（Mean Streets，1973）、《衝突》（Serpico，1973）、《熱天午後》（Dog Day Afternoon，1975）等作品中捕捉了紐約的灰頭土臉及腐敗。《熱天午後》在 9 月 21 日首映，正是夏季「熱天」轉變成微暖秋季時。不久之後，紐約向聯邦請求的紓困方案被拒絕了，《每日新聞》寫下那永遠留在人們記憶中的頭條：「福特給紐約：去死吧。」[12] 紐約像個臉上滿是污漬的孤兒，只得靠自己。

但對剛搬到曼哈頓的梅莉·史翠普來說，紐約是她該來的地方。她在百老匯有工作、在西端大道上租了個房間，公寓室友是她在達特茅斯認識的攝影師席奧·韋斯滕伯格（Theo Westenberger）。韋斯滕伯格日後會成為第一位為《新聞週刊》（Newsweek）和《運動畫刊》（Sports Illustrated）拍攝封面的女攝影師，但在當時，她發現室友就是個理想的攝影對象，並拍下她穿和服靠在電視、以及穿著豹紋連身褲跨坐在板凳上的照片。

不久之後，梅莉在幾個街區外的西六十九街找到她自己的住所，就在中央公園西側。這是個嚴峻的街區 —— 阿姆斯特丹大道上隨時都有人在交易毒品 —— 但這是她第一次自己一個人生活，沒有室友、也沒有弟弟們。即使有些危險，她覺得這個城市裡寂寞得亮麗。

「每個月我會得到三張帳單 —— 房租、電費、電話費。我有我兩個弟弟，四五個親密好友可以說說話，幾個熟人，大家都單身。我寫日記。每天讀三份報紙，還有《紐約書評》（New York Review of Books）。我會看書，在表演前習慣午睡一下，下戲後在外面待到凌晨兩三點，在演員酒吧裡和其他演員聊演戲。」

而且，和大部分的紐約市民不同，她有工作。

在第一次《特羅尼》的讀劇會後，她被嚇得不能動彈。劇團好大，還有那麼多的資深老演員：華特‧艾波（Walter Abel）出生於 1898 年，竟然是這齣劇首演那年。也有一些比較年輕的人們。像是，一個包得緊緊的 22 歲茱莉亞輟學生曼蒂‧帕丁金（Mandy Patinkin）[13]、眼睛突出的角色演員傑佛瑞‧瓊斯（Jeffrey Jones）[14]，都即將在百老匯初次登場。29 歲的哈佛畢業生強‧李斯高（John Lithgow）[15]有張寬臉，正準備演出他百老匯第三齣作品。還有，聲音微弱、髮色紅棕，領銜主演蘿絲‧特羅尼小姐的瑪莉‧貝絲‧赫特（Mary Beth Hurt）[16]，則在準備她百老匯第四齣作品。

瑪莉‧貝絲當年也 29 歲，1972 年從紐約大學的戲劇學院畢業。在尋找職場立足點之際，她和茱莉亞學院的戲劇畢業生威廉‧赫特（William Hurt）的婚姻讓她整個人爆炸了。1973 年，帕普將瑪莉選為中央公園演出的莎劇《皆大歡喜》（As You Like It）中西莉亞（Celia）一角。在排練時，瑪莉因為太過焦慮，必須在羅斯福醫院的心理病房住院。她說：「我覺得自己真的很失敗，沒辦法變成那個我應該成為的完美妻子。」帕普每天打電話到醫院，說：「我會盡我們所能，把這個位子保留給妳。請妳快點回來。」

「一旦喬愛上你 —— 那真的感覺像是愛，不是要利用你 —— 他就會永遠愛著

12、Ford to City: Drop Dead. 福特為當時總統傑拉德‧福特（Gerald Ford），尼克森因水門案下台後便從副總統直接代任總統，執政期間美國從越南撤軍、美國國內通貨膨脹，經濟蕭條。

13、曼蒂‧帕丁金（Mandy Patinkin）：1952 －。美國演員，知名舞台作品有《艾薇塔》（Evita）首演的切（Che），《Sunday in the Park with George》裡的秀拉。善於演繹史蒂芬‧桑坦的音樂劇。另主演《公主新娘》（The Princess Bride）、影集《犯罪心理》（Criminal Mind）。

14、傑佛瑞‧瓊斯（Jeffrey Jones）：1946 －。美國演員，知名電影作品有《阿瑪迪斯》、提姆‧波頓的《陰間大法師》。

15、強‧李斯高（John Lithgow）：1945 －。美國演員，因電影作品《加普的世界觀》（The World According to Garp）、《親密關係》（Terms of Endearment）兩次入圍奧斯卡最佳男配角獎，另有《星際效應》、《猩球崛起》等作。舞台劇作品也多，曾兩度獲東尼獎。

16、瑪莉‧貝絲‧赫特（Mary Beth Hurt）：1946 －。美國演員，三度東尼獎提名最佳女演員。知名電影作品包含伍迪‧艾倫《我心深處》（Interiors）、《加普的世界觀》、史柯西斯的《純真年代》（The Age of Innocence）及《六度分離》（Six Degrees of Separation）。

你。」瑪莉‧貝絲這樣說。三天後，她自己決定要離開病房，繼續扮演西莉亞。

在《特羅尼》的讀劇會上，梅莉顫抖著。Ａ‧Ｊ‧安頓重新設定背景，把這齣英國劇本搬到世紀交接的紐約。在某個時間點，梅莉才發覺自己的上唇完全不受控制地顫抖，脫離下唇獨立運動。這時，一個聲音插進台詞：「換成南方口音。」

是喬‧帕普。

「好的，先生。」梅莉直覺性地轉換成蒂娜‧秀爾（Dinah Shore）[17] 般的尾音（耳邊傳來她的招牌台詞：「從你的雪佛蘭裡看美國⋯⋯」）。突然間，這個角色的一切都合理了起來 —— 那是一個單純少女在歷練之後，從「南方淑女」逐漸轉變為性感劇場經理，還能夠指使眾人的樣子。喬的指令是對的。

梅莉表示：「南方語調中那種婀娜的曲線以及極細微的調情成分，改變我掌握自己的方式，也改變我在房間裡移動、坐下的方式，以及最重要的自我觀感。南方口音，讓這個自覺轉變為可以自我表達的型式⋯⋯你可以用這種方式重新雕塑句子。簡單來說，這是個非常重要的決定，但不是我自己想到的。這是他的意思，但我到現在還是不知道他怎麼會想到要這麼做。這就是他身為導演的本質：他很直接地說出自己內心的想法。就這樣做，他會說。」

幾個月前，強‧李斯高在哈佛友人舉辦的一場讀劇會見過梅莉，劇本是有關阿帕拉契山脈裡的人質。他注意到一個「蒼白，有著玉米絲般長直髮的女孩」，以及她奇怪的名字。強這樣回憶：「她看起來剛進入青春期末，非常害羞內向，自謙到我不太能決定她到底是漂亮還是平凡無奇。我唯一聽到她聲音的一次，是當她念自己的台詞時；她的聲音高、細，有阿帕拉契鄉下人的口音。她實在太沒有劇場人的氣，我都懷疑她到底是不是個女演員了。」強甚至在想，這齣劇該不會是她的真實故事改編吧？

當他在《「井」裡的特羅尼》第一次排練見到梅莉時，她像變了一個人似的，有活力、生動，而且美得很有自信。一如往常，她不會讓緊張情緒洩露出來。強說：「我這一輩子都在看演員表演，已經變得不容易入戲了。但我的確在幾個月之前，誤把她當作是個鄉巴佬；要不是我是個近視的傻子，就是這個年輕女子是個傑出的女演員。」

◆

1975 年 10 月 15 日，是《「井」裡的特羅尼》的開幕夜。梅莉在薇薇安·博蒙劇場的後台，準備要登台演出。她的上唇再次顫抖著。她希望能止住顫抖，但沒有用。她試著別去想那些在暗處伺機而動的劇評，一邊告訴自己：「我的學生貸款就快付清了！」

31 歲的麥可·塔克（Michael Tucker）這次飾演湯姆·軟區（Tom Wrench），已經站在台上。他也很緊張。梅莉想了想即將要成為的那個自信、悠然女人，也站上台。

「喲，軟區，你好呀。」這是梅莉在百老匯的第一句台詞。

他們在那一幕表現得還有點僵硬。塔克的袖子不小心碰到一個道具，它掉到桌上。梅莉在道具破掉前接住了，把它放回去。

17、Dinah Shore，1916 – 1994。美國知名歌手、演員、電視主持人，也是 1940 年代最知名的女性配音員，曾為雪佛蘭做過一系列的廣告配音。

她回想那一幕：「從那一刻開始，一切都沒問題了。因為有件真實的事情發生了，它把我們拉到那張桌子、那個世界裡。我們在排練時做的功課，曾經歷過的人生和我們存在的本質，都在那個觸覺引發的世界裡浮現。我們把自己定位在那，那一幕就這樣發生了。」

劇評們對此有不同看法。

隔天早上，劇評克利夫·巴恩斯（Clive Barnes）在《紐約時報》裡開砲了：「安頓先生把這齣劇的背景移到世紀之交的紐約。為什麼？這個改變帶來了什麼迴響和效果？他是試圖要讓這齣劇更貼近美國觀眾、或讓美國演員更好進入嗎？這有讓這齣劇變得更有意義嗎？或者，這只是另一個莎士比亞藝術季表達決心的範例——『只要和別人不同，就值得我們去做』？這是件愚蠢的事，而且是病入膏肓的愚蠢。」

華特·柯爾（Walter Kerr）等到星期六才出聲，標題是「《歌舞線上》向上翱翔，《特羅尼》跌落摔扁」。他寫道：「當燈光一打在舞台，就有個仙子拿著開始的告示，咯咯笑得像個呆頭鵝，好像急著要讓觀眾知道現在、或即將有件滑稽好笑的事正要發生。」但是，他在後面補上：「在壓力過大的匆忙之下，只有兩個角色比較明顯地跳出來：光鮮亮麗的前同事梅莉·史翠普，成功地在另一個劇場成為『明星』，風騷、有領導風範，穿著粉鮭色晚禮服以及白色羽毛美豔絕倫；以及飾演主角蘿絲·特羅尼的瑪莉·貝絲·赫特，她至少看上去讓人覺得十分滿足。」

毫無疑問的，這場表演是失敗的，至少在評論界是如此。劇組很驚訝——觀眾看起來還蠻開心的。

梅莉並沒有因此感到憂愁。即使柯爾的批評還讓大家略感刺痛，這場表演還是帶出一些效益。感恩節前不久，銀幕傳奇金·凱利（Gene Kelly）到來，和後台被

星光照得目眩神迷的工作人員打招呼。和他一起出現的，還有因為電視劇《天生冤家》（The Odd Couple）大紅的東尼·藍達爾（Tony Randall）[18]。藍達爾和演員們說了個計劃：他想要成立一個國家級的表演劇團，而且他想邀請《特羅尼》團隊加入。這聽起來簡直像是天堂一般的消息（雖然這個計劃到1991年才成真）；不過，大家並沒有把他的話看得太認真。畢竟，為什麼要等待東尼·藍達爾來做這件事？他們已經覺得自己是個定目劇劇團了，他們擁有彼此。

梅莉的新夥伴包括瑪莉·貝絲·赫特，她們共享四號更衣間。赫特回想起那個地方：「那裡充滿了菸味。和梅莉在一起很好玩，我們常常大笑。曼迪有時候會進來聊聊天，麥可·塔克也是；所有人都會互相拜訪，門永遠是打開的，除了換衣服沒人會關門。」

梅莉還多了個合作夥伴：J·羅伊·賀蘭（J. Roy Helland），《特羅尼》的髮型設計師。身為髮型師之子，羅伊在加州經營一間髮廊，在進劇場前兼職當扮裝女郎。前一個春季，他被請來林肯中心的《玩偶之家》劇組為麗芙·鄔曼打點妝髮，《特羅尼》是他在百老匯第二齣戲。他使用起假髮和髮捲手法細緻，而且他知道如何用陰影軟化臉部的瑕疵（例如，彎曲的鼻子）。有次羅伊看到劇場工作人員把裸女海報貼在後台牆壁上，十分驚恐。於是，他把《Playgirl》雜誌的性感男模摺頁掛在假髮間，結果梅莉和瑪莉·貝絲成為那裡的常客。羅伊和她們倆說，鄔曼之前嘗試要引誘他去挪威工作，當她在柏格曼電影裡的造型師。兩位年輕的女演員坐挺了說，「好呀，那我們以後拍片，也會帶上你！」

傑佛瑞·瓊斯說：「羅伊不只是個躲在暗處自顧自地弄假髮的人。他有自己的意

18、東尼·藍達爾（Tony Randall）：1920－2004，美國知名舞台劇演員、電視演員、主持人。最知名的角色是電視影集《天生冤家》（又譯為《單身公寓》）中的 Felix Unger。《天生冤家》是由尼爾·賽門（Neil Simon）撰寫的劇本，描述兩個生活習慣大不相同的單身男子住在一起的趣事；1965年在百老匯上演，後改編為電影和電視影集。藍達爾在1991年成立國家演員劇場（National Actors Theatre），但劇場隨著他的去世而解散。

見和好品味；遇見梅莉後，他馬上就知道這是他可以一起功成名就之人。」當羅伊在排練時見到梅莉，他注意到和鄔曼相似的一種專業氣場，看起來不像是第一次在百老匯演出。於是，他把梅莉看作有生命的風帆，可以從外到內、自內而外同時航行。當梅莉需要細微修補，就會跑到假髮間，用約德爾唱法唱：「喔，羅 —— 歐歐伊！」不久後，每個人都學她這樣做。

◆

梅莉‧史翠普到紐約時有個首要目標：不被定型。在耶魯時她可以扮演無數角色，從芭芭拉上校到八十歲的翻譯家都有可能。但出了耶魯、來到真實世界，這並不那麼容易。人們不停告訴她：「別想著當個角色演員，這裡是紐約。如果他們需要一個老太太，他們就會找個老太太 —— 你會被定型成某種演員，得習慣這件事。」不只一次，人們告訴梅莉她一定是個很好的歐菲莉雅（Ophelia）[19]。

但她一點都不想當歐菲莉雅，不想當那種純潔、天真的女子。她想成為任何人、任何事物。要是她能繼續擁有隨意轉換身份的能力 —— 也就是她在耶魯和歐尼爾劇場裡精通的 —— 她就能成為自己心目中理想的女演員。但如果她在畢業後直接演電影或百老匯音樂劇，勢必會被定型為一個金髮美女。因此，她做了一個年輕又苗條的女演員不會做的事：演一個體重破百的密西西比蕩婦[20]。

前身是個猶太劇場的鳳凰劇場（The Phoenix Theatre）1953 年在第二大道上開幕。開幕季以潔西卡‧坦蒂（Jessica Tandy）[21] 開場。劇場的經濟不寬裕，但光開幕季就製作了許多頗受歡迎的演出：讓卡蘿‧布涅特（Coral Burnett）扶搖直上的《從前從前在一張床墊上》（Once Upon a Mattress）還有請來蒙哥馬利‧克利夫特（Montgomery Clift）演出的《海鷗》（The Seagull）。鳳凰劇場有個非常紳

士的共同創辦人 T · 愛德華 · 漢保頓（T. Edward Hambleton），他的朋友們常叫他「T」，他並不像帕普一樣意識形態明顯。他的領導原則只有：製作好戲。

1976 年時，鳳凰劇場將根據地轉移到西四十八街的百老匯小劇場「遊戲屋劇場」（Playhouse Theatre）[22]。就像其他城裡的劇團，他們正為了即將到來的兩百年建國日來策劃美國季。第一檔，是展示本世紀中美國雙巨塔：田納西 · 威廉斯（Tennessee Williams）以及亞瑟 · 米勒（Arthur Miller）的雙劇目。兩位劇作家都六十餘歲，名聲牢固到甚至聽起來有點過時了。不過，他們倆之間的對比又足以增添舞台上摩擦出來的火花：威廉斯是情感豐沛、能刺激觀眾感官的南方人，米勒則有清楚、實在的北方性格。

當梅莉看到她讀劇時負責的角色，她簡直不敢相信。故事背景設在密西西比河三角洲的河岸前廊，威廉斯的《二十七車棉花》（27 Wagons Full of Cotton）對所有要扮演芙蘿拉（Flora）的演員來說都是個精采絕倫的挑戰。芙蘿拉是個暴露的南方性感尤物，胸部大、智商低，她噁心的丈夫以一個軋棉機維生，總是叫她「寶貝娃娃」。當他對手的軋棉機離奇燒毀時，警長來向她丈夫問訊，也讓芙蘿拉懷疑起他來（當然，她丈夫的確是那個罪犯）。警長把芙蘿拉困在一個充滿性陷阱的貓抓老鼠遊戲中，以脅迫、威脅及性手段試著吊出資訊。在艾力亞 · 卡贊（Elia Kazan）1956 年改編的電影版《娃娃新娘》（Baby Doll）裡，卡蘿 · 貝克（Carroll Baker）以蘿莉塔般的誘惑者模樣讓這個角色變得不朽，性吸引力彷彿都能從裙緣滴落 —— 一點都不像那個名為梅莉 · 史翠普的纖細生物。

19、莎士比亞知名作品《哈姆雷》（Hamlet）中重要的女角，原先是哈姆雷可能的婚配對象，但在哈姆雷決定復仇之後，她被拋棄，加上父親的死讓她精神錯亂，最終失足落水溺斃。

20、原為 230 磅，約 100 公斤。

21、潔西卡 · 坦蒂（Jessica Tandy）：1909 － 1994，英國知名女演員，後在美國發展。1948 年因百老匯原創的《慾望街車》（A Streetcar Named Desire）獲東尼獎最佳女主角。曾演出希區考克的《鳥》，並在 1989 年以《溫馨接送情》（Driving Miss Daisy）成為奧斯卡獲獎年紀最高的最佳女主角。

22、Playhouse 也有「劇場」之意。

在八小時的《特羅尼》排演之後，筋疲力盡的梅莉身著簡單的裙子、襯衫及便鞋抵達甄選會場。她帶著從廁所貯物間拿來的一堆衛生紙，和導演艾文·布朗（Arvin Brown）自我介紹。在導演身邊的是強·李斯高，負責導演另一齣鳳凰劇場的戲。李斯高回憶起接下來發生的事：

「當梅莉和艾文隨意聊起劇本和角色時，她一邊解開頭髮、換鞋子，把襯衫拉出來，然後任意把衛生紙塞到胸罩裡，讓自己胸部看起來有兩倍大。她在一個劇場經理助手的讀詞協助下，開始演出《二十七車棉花》的其中一幕。你幾乎無法察覺到她是在什麼時候離開自己、進入那個寶貝娃娃的性格，但那變化的過程很完整，很驚人。她變得有趣幽默、性感、無腦、脆弱、而且哀傷，那些顏色變化就像水星一般在你眼前浮現。」

艾文·布朗立刻決定要雇用她。但他當時一定沒注意到在他眼前發生的轉變；因為排練開始時，他定睛看了看自己選出來的女主角，突然感到恐慌。梅莉變身的魔法是如此天衣無縫，以至於艾文甚至沒發現那只是個幻象。「她是如此苗條、美麗還有一頭金髮，不知怎地竟然在試鏡時讓我相信她就是那個邋遢、遲緩的村姑。」布朗回想起來，當下真的懷疑，**「這樣有辦法行得通嗎？」**

梅莉也擔心了起來。她的假 D 罩杯不只是要向甄選的大家隱瞞真相，更要隱瞞她自己。沒有了胸罩裡的那一大堆紙，她也漸漸失去了對角色的掌握度。她和布朗說：「讓我想個辦法。」

她走出去，回來的時候帶著一件老舊骯髒的居家洋裝和假胸部。她找到了那個寶貝娃娃；布朗眼中再次看見那個「豐腴的白人廢柴」。芙蘿拉和一般的「致命女郎」（femme fatale）這種類型的角色相去甚遠，梅莉試圖表達她的純真與粗俗──兩者看似互相違背，但其實相輔相成。就像瓦薩學院的艾佛·史普瓊恩，布朗也嗅到一絲叛逆的氣息：「我覺得她是在挑戰一個眾人習以為常的設定。」

1976 年一月的遊戲屋劇場舞台上，梅莉的寶貝娃娃以黑暗中的尖聲宣告自己的存在：「傑 —— 克！人家的白色寶寶皮包不見了！」

接著，她笨重地走上舞台，穿著高跟鞋和鬆垮洋裝。她現在是個胸部豐滿、滿嘴胡言的粗俗女子，聲音聽起來像在雲端。在台詞之間，她發出咯咯聲、乾笑、手對著想像中的蒼蠅揮舞。坐在門廊上時，她雙腿張開，看了看自己的腋窩，然後用手擦了一下。不久後，她挖鼻屎，然後把鼻屎彈掉。這是梅莉自從《白痴卡拉馬佐夫》後做的最有趣、最噁心的事情。但，就像康士坦絲‧卡內特，梅莉版本的芙蘿拉，立基於詭異的人性之上。

《村聲》這樣說她：

> 高挑、善打扮、宛如魯本斯畫作裡的童顏女人；又像廣播節目上性感的「史諾克斯寶貝」（Baby Snooks）[23]，穿著灰漆漆的奶油高跟鞋四處走動、咯咯笑。她聊天的聲音像個小女孩，偶爾沙啞、偶爾尖銳，呢喃著每個字，彷彿懶到不想費力氣認真發音（但你還是可以理解每個字）。她舔著嘴唇，笑得鹹濕；一手玩弄著長長金髮，有時又雙手抱住豐滿胸部，懶洋洋地，好像剛洗好暖澡，對自己的身體感到陶醉。這些豐滿的細節自然、有機、充足地出現，不多不少，不旁枝分節，都是寶貝娃娃的一部分。真是一場精彩的演出！

在紐約，除了替脊勒、李斯高，還沒有什麼人知道梅莉宛如變色龍的才華和能力。她在寶貝娃娃一角的演出固然有喜劇的肢體炫技，但《二十七車棉花》真正的驚人之處還在後頭。和這齣戲並列的是亞瑟‧米勒的《兩個星期一的回憶》（A

23、The Baby Snooks Show 是 1944 年開播的美國廣播節目，主持人芳妮‧布里斯（Fanny Brice）飾演一個淘氣的女孩，角色設定比當時的她年輕四十歲。

Memory of Two Mondays），場景設在大蕭條時期紐約的汽車零件工廠。兩者的外觀、氣氛天差地遠：威廉斯帶來了滿溢的性愛，戲中酸甜檸檬汁的氣味飄散，但米勒精明、工業化，就像一杯干馬丁尼。劇組裡有李斯高和古利發西，梅莉則擔任一個小角色，秘書派翠西亞（Patricia）。

梅莉就在這裡打出了她的王牌。在田納西‧威廉斯作品的最後，燈光打在她飾演的芙蘿拉上；密西西比月光下，她對著自己的皮包唱著〈搖搖晚安寶貝〉（Rock-a-bye Baby）。中場休息後，她以派翠西亞之姿回到台上：黑色波浪捲髮，俐落裙裝，手支撐在臀部，展示她前一晚的戰利品胸針。像聽到指令一般，黑暗中紛紛傳來觀眾翻動紙頁的聲響：這有可能和剛剛是同一個演員嗎？

艾文‧布朗回憶：「這不僅僅是因為她扮演了兩種非常不同的角色，而是她創造了兩種完全不一樣的氣場。《二十七車棉花》因為她而散發著慵懶、遲緩的氣氛，但在第二齣戲她走進來的時候，有閃電般的能量。戴著深色假髮、都會、簡潔、迅速……那是個極大的反差。」

田納西‧威廉斯和亞瑟‧米勒向來王不見王。他們知道當兩人的劇作並列時，免不了看起來像個比賽，而他們並不想一直鼓勵大家追問「誰才是最偉大的美國劇作家」。因此，米勒參加了最終彩排，而威廉斯在開幕夜出席。當《二十七車棉花》落幕，梅莉跑到後台，從邋遢的鄉村婦人搖身一變為冷血女秘書。幫助她的，是從林肯中心跟著過來的賀蘭，他細心打點這兩種完全不同的造型。在大廳，威廉斯遇到布朗，並和他說梅莉的表演有多讓他驚訝。

「從來沒有人這樣演！」他不斷這樣說；布朗覺得應該指的是梅莉塑造的天真純潔感——那和卡蘿‧貝克在電影裡有目的性、皺著眉的性感炸彈形象完全不同。

布朗溜進更衣間，告訴梅莉這位劇作家有多興奮。布朗打算在表演結束後帶威廉

斯到後台，讓他親自稱讚梅莉。不過，威廉斯並沒有出現在他們講好的約定地點。在《兩個星期一的回憶》謝幕後，他就消失了。

沒人知道到底發生了什麼事。直到隔天，導演接到一通威廉斯經紀人打來的道歉電話。還原前夜真相：原來是因為梅莉的替補演員菲荳・維拉蔻拉（Fiddle Viracola）。菲荳有張圓臉和奇怪性格，讓她成為一個天生的寶貝娃娃。但她有個詭異的消遣：喜歡請名人幫她畫青蛙的插畫。在彩排的時候，她就向米勒要了青蛙畫作，想收入她的收藏。

在開幕夜，威廉斯走向大廳去和布朗碰面，但一個女子出現，糾纏著他說有關青蛙的事。劇作家大為驚慌，逃上計程車。因此，他從未和梅莉說他有多愛她演的寶貝娃娃。

◆

儘管看似有些前進，但梅莉依然不覺得自己是個電影明星，其他人也是。一天下午，她坐在知名電影製作人狄諾・德・勞倫第斯（Dino De Laurentiis）對面：這位義大利製作人經手過許多片，從費里尼（Fellini）的《大道》（La Strada）到《衝突》都是。德・勞倫第斯正在為新版《金剛》選角，梅莉試鏡的是那個曾因費・瑞（Fay Wray）而大紅的角色 —— 贏得猩猩的心的女孩。

德・勞倫第斯從厚厚的方型眼鏡後，上下打量梅莉。那是紐約最繁忙的哥倫布圓環上的高夫・威斯頓大樓頂端；從德・勞倫第斯的辦公室望出去，可以看見整個曼哈頓。五十幾歲的他頭髮黑白夾雜，往後梳起油頭。他的兒子費多里哥（Federico）曾經在一次劇場表演中看過梅莉，就帶她來見父親。但是，無論費

多里哥看到了什麼，他父親想必是沒有看見。

「Che brutta！」[24] 父親向兒子這樣說，然後持續用義大利文說：「**這真是太醜了！你為什麼把它帶來見我**？」

梅莉十分吃驚。德‧勞倫第斯想必不知道她曾經在瓦薩學過義大利文。

「Mi dispiace molto，」她的回應讓製作人嚇一跳：「我沒有那種理論上應該要有的美貌，這我很抱歉。不過，這就是現實。」

她比自己表現出來的更為惱火。這個製作人不僅說她醜 —— 他還假設她很蠢。哪個演員，尤其在美國、一頭金髮，可能會懂外語呢？

梅莉起身離開。這就是她在電影產業最害怕的事：對外表、還有對「性」的迷戀。她的確是在尋找一個突破點，但她答應自己絕不會因此接下垃圾工作。這就是垃圾。

當她得知潔西卡‧蘭（Jessica Lange）得到這個角色時，她並不覺得討厭。說真的，她沒那麼想要那個角色。她知道自己並沒辦法因此有什麼好的發揮；就讓其他人在帝國大廈上對著猴子尖叫吧。他們想要的是一個「電影明星」，而梅莉不是。

她太「brutta」了。

劇場，才是她心之所繫。在《二十七車棉花》的成功後，她繼續演出另一齣鳳凰劇場的作品《機密任務》（Secret Service），由威廉‧吉列（William Gillette）撰寫的內戰通俗劇。老朋友古利佛也在劇組裡，還有《特羅尼》劇組的李斯高和瑪莉‧貝絲。

這是一齣 1895 年的驚悚劇，劇情上沒什麼突破性的創舉，但角色們很有趣。伊迪絲・瓦尼（Edith Varney）是個瑞奇蒙出身的好女孩，在炮火隆隆時，愛上一個探員。穿著格子花呢洋裝、戴著復古帽子，梅莉和翹著鬍子的李斯高演出和《亂世佳人》（Gone with the Wind）相比都顯得誇張的愛情戲：「愛和再見 —— 到底是什麼？」

「喔不 —— 我只要前者！ —— 我每天都要 —— 每個小時 —— 每一分鐘 ——直到我們再見面的那一天！」

這風格逼近坎普式的滑稽，演員們無法拿捏到底要多諷刺，但鳳凰劇場的孩子們就想玩在一起，做什麼都可以。一個無論台上台下都緊密交織的群體誕生了：神采奕奕、吱吱喳喳的瑪莉・貝絲；調皮的喬・古利發西；愛摸下巴的男主角強・李斯高，以及梅莉，一個可以演出任何角色的金髮女子。他們會在表演結束後去喬・艾倫（Joe Allen）喝酒，然後騎腳踏車回到上西區的住處，像是紐約版的《夏日之戀》（Jules and Jim）。瑪莉・貝絲說，他們覺得自己像是「城市的王子們」。

梅莉仍然在《二十七車棉花》和《兩個星期一的回憶》的成功浪頭上。「在鳳凰劇場的這兩齣戲加上《特羅尼》，比我在百老匯待三年、演其他任何三齣戲當中三個金髮美女，還更能帶來關注。」她事後說。她贏得了第一個專業劇場獎項：劇場世界獎（Theatre World Award），並被紐約劇評人獎（Drama Desk Awards）提名。三月底，在她畢業未滿一年之際，就因鳳凰劇場的雙劇目獲得東尼獎提名。她的競爭對手，是因《特羅尼》被提名的瑪莉・貝絲。

4 月 18 日，《機密任務》在遊戲屋劇場開幕後幾天，兩位女演員都到了舒伯特劇場（Shubert Theatre）[24] 參加東尼獎頒獎典禮。後台裡站著娛樂產業巨頭們：珍・

23、義大利文的「真是個醜八怪」。後文梅莉的回答意指「我很抱歉」。

芳達、傑瑞·路易斯（Jerry Lewis），還有理查·波頓（Richard Burton）。台上，則是幾乎後來被所有音樂劇沿用的《歌舞線上》空景。團員們以已經成為代表曲的開場舞目〈希望選上我〉（I Hope I Get It）為典禮揭開序幕；對於坐在觀眾席裡的提名者而言，曲子十分合適。

那天是復活節，星期天。瑪莉·貝絲以大尺寸眼鏡及她招牌的紅髮鮑伯頭現身；梅莉的額頭前，則垂著一絡內戰時期流行的捲髮。坐在觀眾席上，她感到「深深的不舒服」。在中間廣告休息時，她感覺所有提名者都貪婪地舔著嘴唇。這一切都顯得很愚蠢。

理所當然地，《歌舞線上》把獎項掃了個乾淨，在十八個項目中贏得一半的獎項。當它在最佳音樂劇獎項擊敗《芝加哥》（Chicago）和《太平洋序曲》（Pacific Overtures）時，現場樂團彷彿在無限循環放送〈我為愛做的事〉（What I Did for Love）。現在，沒人可以否認：喬·帕普手握絕世之劍。

亞倫·阿金（Alan Arkin）是最佳劇情戲劇女主角項目的介紹與頒獎人。當他唸到梅莉的名字時，嘴唇縮了一下。但那次的贏家是《甘迺迪的孩子們》（Kennedy's Children）的雪莉·奈特（Shirley Knight）。梅莉和瑪莉·貝絲兩人都空手而歸；下個星期二開始上班時，她們又回到 1864 年的維吉尼亞州，瑞奇蒙。

在《「井」裡的特羅尼》的最後彩排上，喬·帕普曾偷偷和梅莉說：「我可能有個東西可以給你。」然後，在 1975 年的聖誕夜，她的手機響了。

這位製作人說：「妳會想要在中央公園裡演《量·度》（Measure for Measure）[25] 的伊莎貝拉（Isabella）嗎？」「還有，或許《亨利五世》裡的凱薩琳皇后（Katherine）？」

伊莎貝拉：得到百老匯的第一個角色

梅莉覺得……很困惑。帕普是不是喪失了他的批評鑑賞能力？她知道他有偏好的人選、進入他小圈圈的人就等於終生被雇用，就像日本企業一樣。但伊莎貝拉？那不是個非常重要的主角嗎？

「我覺得他很棒的一點，是他把我當作平等的夥伴。」梅莉說：「打從最一開始，從我只是個不知名、無知的戲劇系學生，也根本還沒有準備好的時候，他就讓我以平等的身份進入討論的場域。」兩人生日在同一天，6 月 22 日；或許也因此有了神秘的連結。

「他對我有著絕對的信念，但我腦後每每傳來自己的無聲尖叫：『天啊！天啊！看看這人！我的天啊！』」

當時序轉入春天，梅莉騎著腳踏車四處移動。她到下城區的公共劇場去排練《量・度》；到上城區的林肯中心和帕普排練《亨利五世》。五月某天，她把自己的腳踏車放在兩個街區外、西六十七街上的一間咖啡廳 Café des Artistes。距離約會的時間還早，她晃到用木版畫裝潢的用餐區，看著牆上的牧歌壁畫，精靈裸著身體在樹叢裡開心舞蹈著。樹林有點伯納德鎮的影子 —— 那個記憶中的伯納德鎮 —— 在那時，她還是個頤指氣使的小女孩。現在，梅莉彷彿有了往上的快速道路，整個風景也變得不同了。現在她父親已退休，父母兩人也離開伯納德鎮，搬到康乃迪克州的梅森島（Mason's Island）。

從其他演員眼中看來，梅莉在紐約的第一季簡直像被施了魔法：接連好幾齣百老匯戲劇，一個東尼獎提名，接下來還有兩個在中央公園表演的莎士比亞劇作。再

24、Shubert Theatre，位於曼哈頓中城區的百老匯劇場，最長壽的劇目即為《歌舞線上》（1975 － 1990），常被用作東尼獎頒獎典禮會場。

25、莎士比亞劇作，彭鏡禧譯作《量・度》，另有《量罪記》、《一報還一報》（朱生豪）、《惡有惡報》（梁實秋）、《知法犯法》（邱存真）、《請君入甕》（英若誠）、《自作自受》（方平）等譯名。

加上，幾天前的一通電話。

對方：「您願意飛到倫敦來嗎？」
梅莉：「當然。」（停頓）「有什麼事呢？」

結果是電影《茱莉亞》的試鏡。劇本發想自莉莉安‧赫曼 [26] 回憶錄《舊畫再現》（Pentimento）其中一則篇章，故事（真實性遭到許多質疑）描述作者一個童年友人茱莉亞，她在個性上總是比莉莉安勇敢，後來成為反納粹的運動份子，並招募莉莉安偷渡金錢到俄羅斯的抗戰指揮中心。不像《金剛》，梅莉在這種電影裡可以看見自己的影子：這和女性情誼、勇敢有關──也就是說，不是垃圾。珍‧芳達擔任莉莉安，導演佛瑞德‧辛曼（Fred Zinnemann）[27] 正想要找一個新面孔來演出茱莉亞。

現在，梅莉無法停止盯著那張到倫敦的機票：620 美金。

「當我在耶魯的時候，像我一樣兼職的人在舞台上的時薪是 2.5 美金。」她在 Café des Artistes 和午餐約會的對象──《村聲》記者泰瑞‧克提斯‧福克斯（Terry Curtis Fox）這樣說。這是她面臨的第一個職業級面試：「今年之前，我賺最多是當服務生。620 元。而這還只是為了**一場試鏡**。這實在太瘋狂了。」

還有一件事：她沒有護照。她之前從來不需要。

梅莉非常投入《亨利五世》的排練。帕普的看法很簡單：規模越大越好。在旁邊港口裡，復古船隻正為了即將到來的建國兩百年紀念會合，而中央公園舞台上，帕普想要讓劇中阿金庫特之戰 [28] 的磅礴排場，就像兩百年前在此展開的萊辛頓與康果之戰 [29]，血腥再現。《歌舞線上》的成功雖然讓他的金流困境獲得舒緩，但製作人還是對著林肯中心撞牆。他想必能理解被佔盡便宜的亨利五世的開場

白：

那內心無限的安逸

是王所不能得、而凡人所享受！

在梅莉眼裡，帕普無所畏懼。她和福克斯講起這件事，笑得開心：「他直搗黃龍，想任憑那些劇評拿我們和英國人比較、把我們攻擊得體無完膚。他想讓整個舞台大開，用著火的箭射向湖裡。」身為法國的凱瑟琳公主，在華麗的戰爭場景時她並不在台上，但她說：「我真希望自己那時候能上場！」

他們拿起帳單，離開咖啡館。梅莉從寄存處領出腳踏車，把背包甩上後背，騎到洛克斐勒中心去看她護照的進度。這名二十六歲的女演員，在福克斯眼中就像個電影裡的角色：新鮮臉孔、崛起新星。他寫下：「梅莉·史翠普身上，有股致命的力量。」

◆

從梅莉六十九街的公寓到中央公園，不到一個街區。騎上腳踏車，她迅速抵達德

26、莉莉安·赫曼（Lillian Hellman）：1905 － 1984，美國知名劇作家。因左派立場而被列入黑名單，但仍被指稱為共產黨黨員。回憶錄中的茱莉亞故事之真偽，因另一位女作家的披露，而成為輿論焦點。

27、佛瑞德·辛曼（Fred Zinnemann）：1907 － 1977，奧地利裔美國導演，曾獲四次奧斯卡金像獎。他是首先刻意錄用新演員加入明星陣容的導演，也因此提拔了許多好萊塢明星。馬龍·白蘭度、蒙哥馬利·克利夫特、梅莉·史翠普都在他的電影裡出道。

28、Battle of Agincourt，英法百年戰爭中著名的以少勝多的戰役，發生在 1415 年。亨利五世的率領下，英軍以由步兵弓箭手為主力的軍隊擊潰了法國由大批貴族組成的精銳部隊，為隨後在 1419 年收服了整個諾曼第奠定基礎。

29、Battles of Lexington and Concord，1775 年美國獨立戰爭中的第一場軍事行動。

拉科特劇場，帕普打造的露天綠洲。幾步之遙，當她站上台，可以看見遠方的貝爾維德城堡（Belvedere Castle），彷彿昂貴的風景佈景。仲夏藍天寬廣，炎熱地在她身後展開。在這裡，戰爭即將開打。

帕普召集了一個大劇組——六十位演員，大多剛從戲劇學院畢業、正尋求演藝生涯的突破發展。大部分的人在公共劇場參加甄選；《歌舞線上》在此發跡、後來才移至百老匯。標誌合唱團位置的白線，還留在舞台上。

一位參加甄選的演員東尼·西蒙（Tony Simotes）回憶那次甄選：「我們全被叫進去，站在那條白線上。帕普突然就開始講起那場表演，以及他在裡面看到什麼，給我們一些背景提點。然後他說，『喔對了，你們全被選上了。』然後繼續發表他對戲劇的想法，但我們滿臉疑問，『什麼？』然後開始尖叫、歡呼，擁抱彼此。」

隨時隨地都叼著一隻雪茄的帕普，施展權力時就像擁有國王的權杖。「蓋一座塔給我。」當他話語落下，一群木匠就會拿著鐵鎚和木頭衝到台上。有次，他突然開始在劇組前跳繩，以證明他並沒有喪失活力。

開始排練幾天後，他開除了念開場白的傢伙，（「喔，給即將降臨的火之繆思／最明亮的發明天堂！」）並以麥可·莫里亞提取而代之。彼時，莫里亞提已經是個拿過東尼獎的百老匯演員。在台下的梅莉享受看他氣勢十足的開場，並說：「這是我第一次明白，從莎劇中我們可以找到所有東西，真的是所有東西。麥可就找出所有下流的台詞來取悅我們，非常邪惡又聰明。」

兩人除了在五年前因為《賽維爾的花花公子》同台，還有一個共同點：他們是唯二不怕導演的人。

一個團員回憶：「麥可·莫里亞提根本不鳥喬瑟夫·帕普，這真的蠻酷的。他會

直接回：『喔，你想要我這樣演嗎？好啊，就這麼辦。』有很多人其實很懼怕他。但我最驚訝的，是當看到梅莉・史翠普走來、用手臂環繞他，像個老朋友一樣對他的時候。」

梅莉甚至在訪談裡聽起來也有點像他。當《紐約時報》拜訪德拉科特時，問她是否羨慕英國演員古典的莎士比亞訓練。她聳聳肩，說：「他們可以運用的經驗很豐富，這我是羨慕的。但在美國我們有不同的傳統，而這種傳統是同樣有力量的。我們有的是心和膽量。」心和膽量，正是帕普的專長。

她飾演的凱薩琳只有兩幕，但都在劇情重要轉折處。其中一幕是全法文，描述公主如何學身體部位的英文，把「手肘」記成「手皺」。下一幕，她頭戴誇張的頭紗入場，取悅英國國王。替胥勒說：「那就只是一個蜻蜓點水、甜美的客串性質演出，她像仙子一般飄飄然而過。你看著這個暈沉的可憐國王被牽著鼻子走，陷入愛河。但當他戀愛時，全部觀眾也都戀愛了。」

在中央公園演出有其獨特魔力。下午三點時，大群紐約客會為了免費票卷在德拉科特外面大排長龍。（帕普對於免費看戲這件事從沒有動搖過，即使整個城市都求他收費，收個一塊也好。）排隊隊伍逆時針蜿蜒，往大草原的壘球場去。隊伍本身也變得像某種莎劇場景，讓城市裡的古怪力場藉此展演。例如一個七月下午，我們可能會看到一位穿著保守的女士手拿法律書籍，站在穿著霍比牌衝浪 T 恤男子後面，然後有個穿著伊莉莎白時期服裝的吟遊詩人邊用中西部口音唱著牧歌邊討賞。不遠處，有個熱狗小販正和油炸鷹嘴豆餅餐車較量，然後出現一個穿著紫色上衣、紫色牛仔褲，騎著紫色腳踏車的人和身邊所有有在聽的人說：「你並沒有真的看到我，你眼前有幻象。你覺得自己看到紫色，那是因為紫色是魔法蘑菇的顏色。」

大約五點，工作人員會發放可以換票的卡片，前 1800 位幸運觀眾可以參加晚上

八點在圓型劇場的表演。當麥可‧莫里亞提登台召喚火之繆思時，太陽還在觀眾頭上閃耀。到了第五幕亨利親吻凱薩琳時，舞台剛好籠罩在月光之下。入夜之後，公園成為匪徒和色狼的巢穴，演員隊伍也懂得如何組織、成群結隊自衛離開。在那之後，梅莉抵達公寓大廳、走進電梯，回到只屬於自己的那棟公寓。

◆

《亨利五世》在德拉科特結束後四天，《量‧度》在此開演。第一場戲開始十分鐘前，觀眾裡有個男子突然心臟病發。救護車急忙將他送往羅斯福醫院，但他在抵達時已經死亡。八點整，大雨滂然落下，舞台經理決定延遲二十分鐘開場。當第一幕快結束時，雨勢再度變大，表演最終還是暫停、取消了，所有人都淋濕回家。

即使不下雨，這場戲也很有挑戰性。《量‧度》既不屬於喜劇，也不是悲劇，是莎士比亞模稜兩可的「問題劇目」之一。劇情主要奠基在一個道德窘境。那時，維也納成為妓院、淋病和犯罪的溫床，三十五歲的山姆‧華特斯（Sam Waterston）頓飾演公爵（The Duke），他命令嚴峻的副手安傑羅（Angelo）整頓混亂時局。為了震懾民眾、使他們畏懼法律的威力，安傑羅殺雞儆猴，將一個年輕男子克勞蒂歐（Claudio）因通姦罪判處死刑。克勞蒂歐的姊姊伊莎貝拉，聽到這個消息時正要進入修道院。她向安傑羅請求赦免寬恕，但他早已被慾望遮蔽了感知，不為所動，最終只以一個不合禮節的提議來回覆：和我上床，我就讓妳弟弟免於死刑。在弟弟的苦苦哀求下，伊莎貝拉依然拒絕，並這樣告訴自己：

伊莎貝，以貞潔之身活下去，然後兄弟啊，死吧：
比姊弟情誼更重要的正是我們的貞操。

伊莎貝拉：得到百老匯的第一個角色

這句台詞通常招來驚呼。

梅莉那時說：「這個角色是如此美麗，但也有很多問題。其中一個，就是1976年的觀眾並無法安然坐著，然後相信靈魂的純潔對伊莎貝拉來說是唯一重要的事。他們不買帳。」**是啦，安傑羅是個豬狗不如的東西**，大多數的人都這樣想；**但別鬧了，這是你弟的命欸！就和那傢伙上床吧！**

梅莉下定決心要找到伊莎貝拉內在真實的東西，好讓她的困境變得更具體，即使觀眾們打從根本地持反對立場 —— 這是她在《克拉瑪對克拉瑪》中也會遇到的困難。要如何讓觀眾同理一個對宗教展現狂熱的修女呢？「男人從以前就一直拒絕喜愛伊莎貝拉，有史以來就如此。」她在排練時這樣說，語氣中帶有些期待的快樂。還有，她在康乃迪克州退休的父親挖掘出所有和這齣劇相關的閱讀材料；「他真的很有學者樣子。」梅莉開心吹噓著。

有一個可以讓梅莉演出的好角色，是帕普決定要搬演《量·度》的原因之一；另一個可能的原因，就是這個劇本如何和當代有所呼應。

莎士比亞筆下的維也納充滿腐敗、變態及勇氣，這是剛走過瀕臨破產危機的紐約客們可以理解的。同時，整個國家才剛從公權力的赦免中學到一課，就像伊莎貝拉為克勞蒂歐所做的；兩年前，福特總統才赦免尼克森的水門案罪行，現在就為此在與吉米·卡特（James Earl Carter Jr.）的競選對決上付出昂貴的代價。無論在何方，總有權力中心的某人正在暗處進行不為人知的交易，總有某個城市因為自身污穢之沉重而崩塌。

導演約翰·帕斯金（John Pasquin）想要一個能讓紐約客聯想到紐約的維也納。山托·洛夸斯托（Santo Loquasto）的佈景看來就像是地下鐵車站，或像是人們走出戲院後見到的房子：病態蒼白的磁磚彷彿要流出尿液，天際線則充滿彩繪惡

魔。當安傑羅和他的官員們從架高走道上睥睨眾人，維也納老鴇及妓女們也從暗門裡走出，彷彿從地底世界冒出頭來。那就像是公園大道上的新富權貴遇到時代廣場的流浪者；帕普試圖在他的劇場中讓分散的支流重新匯集成一個城市。

梅莉一次次讀著那個又長又波瀾萬丈的劇本。但被白袍罩住身體的她，只有臉部表情和聲音可以運用，而且在開放的公園，她細緻的角色塑造隨時都可能受到干擾。一天晚上，在她重要的獨白高潮時 ——「我會和他說安傑羅的要求／然後讓他心死，讓他安息」—— 一架聽起來像是協和客機的東西飛過頭頂，讓她不得不大叫「讓他安息！」她事後不久說：「說起來很好笑，但真的耗費我全身上下的力氣。我那麼小心翼翼地建立起一個人物和她的行為動機，但一個甚至不在書裡的東西橫空出世，就能毀掉她。」

但有另外一件事發生在梅莉·史翠普身上，而這比在曼哈頓天空上狂吼的飛機還難控制。在她和那位四十一歲的安傑羅演員對戲的那幾幕裡，這件事亮晃晃的，昭然若揭：在那些意志的進退之間，聖人和罪人一起被困在這愛慾與死亡之爭。這散發著熱氣。她看進男主角煤炭一般黑的眼睛，那張蠟黃的臉總是不小心流露出嗚咽的悲傷。他給出焰火，但她冰冷以待：

安傑羅：我最單純的心聲，就是我愛你。
伊莎貝拉：我弟弟也真心愛著茱麗葉，但你和我說他得為此而死。
安傑羅：他不會死，伊莎貝，只要你給我愛。

梅莉的替身茱蒂絲·萊特（Judith Light）每晚都看著伊莎貝拉和安傑羅、記憶梅莉的演出細節，以免有什麼萬一（但這並沒有發生）。萊特回想：「是他們之間的動能讓整齣劇持續下去，看著他們兩人一起發展出某個東西，簡直讓人覺得不可思議地有觸電感。你可以看到有什麼正在出現，然後她讓自己被他輕輕抬起。」

梅莉在耶魯的老朋友麥可‧凡高也看到了：「兩人之間身體的吸引力非常真實。讓這段伊莎貝拉－安傑羅的關係從這份禮讚開始──不僅僅是透過台詞，而是他們的生命讓所有事情都多了一份重量，就算她被裹在修女袍內，也依然清晰。」

甚至連《紐約時報》的評論家梅‧古棱也特地著墨於此：「經常被選為擔任更精實、成熟女性角色的史翠普小姐，並不以甜美、純真來闡釋伊莎貝拉。在天真的外表之下，她其實比我們想像中還更了解一切。我們感受到她和安傑羅之間在『性』上的收受，而她也讓我們察覺到這個角色在自尊、主控權上的覺醒。」希望他知道真相，一半也好。

如果《量‧度》是講一個修女將她的原則置於弟弟的生命之前，那會是一個問題劇目；但這次的《量‧度》，講的是一個男人和女人如何面對自己悶燒的慾望，讓他們長篇大論抒發自以為的意見後，又去質疑他們，表現出想法和無法壓抑的慾望之間的落差。正是伊莎貝拉的純潔，點燃安傑羅的慾火；這是維也納的妓女們所不能為。這兩位演員幾乎就像他們的角色一樣成為一對荒謬的伴侶：冰雪公主和怪胎。但所有人，無論台上台下，都能感受到他們之間的火花。

在開幕夜，梅莉和她的安傑羅從劇組派對中偷溜出來，到雀兒喜的帝國餐館（Empire Diner）。那是一間以黑色和銀色作裝飾藝術風（Art Deco）裝潢的廉價餐館，還放了個縮小的帝國大廈模型在屋頂上。他們邊吃邊聊，當她回家時已經是早上五點。她睡不著。

隔天醒來，她讓一個記者到公寓採訪。當他們配著柳橙汁和可頌聊天時，她的眼睛還泛著血絲，臉也沒上妝。即使在說離開戲劇學院第一年有多不同凡響，她的心思還是時時飄回約翰‧卡佐爾（John Cazale）。這傢伙身上有個神秘的東西，絕對有。

Isabella

她聽到自己說：「從我到這座城市來，就彷彿被幸運之箭射穿……」

伊莎貝拉：得到百老匯的第一個角色

Fredo
佛雷多

梅莉被這個奇異又溫柔，彷彿鷹隼一般的生物吸引得動彈不得。他對她有
著一股無法解釋的控制力。

演戲是他們的共同語言。「我們的討論沒有終點，他對作品非常偏執。」
梅莉回憶。約翰會反覆思考他的角色，將他們解剖開來、彷彿用最精準的
儀器去研究他們，永遠不做顯而易見、簡單的選擇。

與《教父》男演員約翰・卡佐爾的熱戀

時間的流動對約翰‧卡佐爾來說是不同的，所有事情到他身上都變得比較緩慢。他並不遲緩，絕對不是。但他很在意細節，有時甚至到了有點瘋狂的地步。即使是件簡單的事，也可能會耗費好幾小時。他的朋友們都知道他有多慢，而這簡直讓他們快抓狂。

他的朋友馬文‧史塔克曼（Marvin Starkman）說：「我們在鄉下有間房子，約翰蠻常過來的。如果他的車子開在我前面，當我們到收費站時，他靠邊停後會看看收費員的名字，或看是否有編號顯示在外面。他看著那個收費員，確定自己是在和誰說話，然後才慢慢掏出二十五分錢或其他小錢，說：『來，給你。』我得說，排在他後面簡直想死。」

羅賓‧古德曼（Robyn Goodman）和約翰的朋友華特‧麥可金（Walter McGinn）結婚，她說：「我們有台彩色電視，是全新的，剛開始要用的時候大家都滿心期待。華特打給約翰說，『快來我家幫我，我們來組裝這東西。』約翰回答：『好啊，我們來把這彩色的傢伙弄好。』那通電話大概是晚上十點，過了午夜我就去睡了，但他們還在繼續弄。我想他們幾乎整晚都耗在那上面。」

劇作家伊瑟利‧哈洛維茲（Israel Horovitz）說：「我們得把劇場的鑰匙交給他，因為他卸妝實在卸得太慢了。戲結束後我們會去雅斯特廣場（Astor Place）附近的餐廳，等他過來會合。我們全都去吃飯，但每次吃完他都還沒到。他是我見過動作最慢的人。」

約翰的朋友艾爾‧帕西諾（Al Pacino）這樣說：「當你和他一起吃飯；我得說，你一定會在他吃到一半前做完所有事——包含洗好澡、結束所有行程、上床睡覺。這時候雪茄就出現了。他會點上火，看著它，品嚐一下，然後才**終於**抽一口。」

約翰彷彿擁有全世界的時間。

當他在做角色功課時也是如此。導演們叫他「問題二十」，因為他會在排練時不斷地質問導演們。在他做出什麼之前，一定得先理解每件事。他會嘗試一百萬種不同的方法——總是有那麼多可能性。史塔克曼以前常常開他玩笑：「我的老天啊，我敢打賭你前戲大概要做五個小時吧。」

約翰看起來不像電影裡會出現的人：削瘦的身型、大鼻子、額頭高起像顆大石，被凸起的血管切分。當約翰用深陷眼眶的雙眼看向某個東西時，他看起來就像隻受傷又絕望的將死小狗。

古德曼說：「他就像另一個星球來的人。他極有深度、真誠，無論作為一個人或一個演員，你在他體內找不到任何一根不對勁的骨頭。他用一種豐厚深沉的方式在體驗這個世界。」

約翰的慢，是因為所有事物都讓他驚艷。他愛他的達特桑汽車；他愛《單車失竊記》（The Bicycle Thief）；愛古巴雪茄，也抽得很瘋。史塔克曼說：「約翰對世界有孩童般的好奇心，而且這不是裝的。如果你和他不熟，你會想問『這什麼鬼東西？』但一切都是真的。」

有次他和華特‧麥可金（約翰都叫他「飆仔」）在路邊發現一個倒下的停車計費器，他們決定要把它帶回約翰家，拆解開來看看它的運作方式。一定是有人舉報了他們，因為過不久警察就出現並且逮捕了約翰，讓他在監獄度過了一晚。

「天啊，裡面到底長怎樣？」史塔克曼在他出來後問道。
「喔，我在裡面交了些朋友。我還發現如何用一支火柴點兩次火。」約翰說。

他所飾演的角色們似乎也沾染到他孩童般的天真，但天真之下永遠有憂鬱的脈搏在跳動著。他的弟弟史蒂芬（Stephen）說：「他身上有股憂傷的暗流。我不知道要如何解釋。」約翰和華特會聊演戲的事聊好幾個小時，古德曼會在一旁看著：「他們倆能深刻理解，在每個角色最內心深處都有一種疼痛。你可以看到他們身上都有些磨損傷害，而他們正將它轉化為藝術。」

約翰最生動的角色也由疼痛來定義 ——《教父》（The Godfather）及《教父第二集》（The Godfather: Part II）裡的佛雷多・柯里昂（Fredo Corleone）。疼痛無所不在；在他妹妹的婚禮上、他醉醺醺地搭訕弟弟的女朋友凱（Kay）時；在他穿著芥末黃西裝和太陽眼鏡的拉斯維加斯，和一群女人們划酒拳、喝醉時。還有，在那個塔霍湖（Lake Tahoe）的船屋裡，一切暗潮洶湧都湧上表層時。

麥可：一直以來我都很照顧你，佛雷多。

佛雷多：照顧我？你是我的小弟弟，而你要照顧*我*？你有想過這件事嗎？有沒有曾經想過一*秒鐘*？派佛雷多去做這個、派佛雷多去做那個；讓佛雷多去顧某個不知名的米老鼠俱樂部、讓佛雷多去機場接誰誰誰。我是你哥哥，麥克，但我被你踩在腳底下！

大部分演員會拼死爭取演出桑尼或麥可・柯里昂，那些以大男人姿態領導家族企業的兄弟成員們。哪個年輕人不想演個勇敢、自負或強壯的角色？但約翰就像美國雄性氣質的另一面。他不閃躲但不賣弄，展現那些有缺陷的、懦弱的、羞恥或懼怕的一面。約翰將電影中最虛弱的部分轉換成最好的 —— 如果你認真看的話。大部分的人離開電影院時都在談論艾爾・帕西諾、勞勃・狄尼洛或吉恩・哈克曼（Gene Hackman）[1]，那些被混亂壟罩的英雄們。但如果你仔細注意，約翰・卡佐爾會讓你心碎。

佛雷多：與《教父》男演員約翰・卡佐爾的熱戀

◆

一切都從音樂開始。還是孩童時，約翰和小他兩歲的弟弟史蒂芬視指揮家托斯卡尼尼（Toscanini）為偶像。他們花大把時間在留聲機前：巴哈的第二及第三布蘭登堡協奏曲、德布西的《夜曲》、華格納《紐倫堡的名歌手》及《帕西法爾》序曲等等。他們幾乎要把海頓《第九十九號交響曲》唱片聽到磨壞，直到史蒂芬坐在第四樂章，然後真的把它坐斷。「他快氣瘋了。以前他常揍我，我的手臂上都會有黑藍色的瘀青。」

他們從凱蒂阿姨那裡承襲到對音樂的愛好；阿姨偶爾會帶他們去紐約的演唱會和博物館。至於阿姨的喜好，則是從他們的祖母諾拿（Nonna）那裡來的，她以前常會在房子裡唱些義大利歌劇的片段。年輕時她曾在一個黃麻布料工廠工作，唱歌劇時，她會重拾在紡織機旁的手勢。她的孫子們常在她背後模仿她，並且暗笑。

即使主演代表性的義大利裔美國移民電影，約翰對他的身世不甚感興趣。史蒂芬後來揭露了他們的家族故事，那就像是《教父第二集》的真實版，只不過沒有黑道。他們的祖父喬凡尼·卡撒爾（Giovanni Casale）生在義大利熱那亞，在 1868 年 9 月 27 日乘船到了紐約 —— 那時的他十六歲，窮得精光，而且不識字。十六年後，因為某個沒人知道的原因，他在自然歸化的文件上簽上「喬凡尼·卡佐爾」，用的是「佐」。從此以後，他的兒孫輩也就如此稱呼。那時，他是個水果小販，也是移動的磨刀匠。他和妻子安妮（Annie）搬到一個靠近波士頓的海邊小城瑞維爾（Revere），且和兩個夥伴一起開了第一間旅館。瑞維爾逐漸成為人潮洶湧的度假之地，喬凡尼因此獲得財富。就像維多·柯里昂，他在新的土地上

1、 Gene Hackman，1930 —。美國知名長青演員，以《我倆沒有明天》（Bonnie and Clyde）中的配角聲名大噪，《霹靂神探》（The French Connection）獲奧斯卡最佳男主角。知名作品還有《殺無赦》、《黑色豪門企業》、《天才一族》等。

建立了新生活，發展自己的事業，不過這個事業不需要把屍體丟到河裡。

喬凡尼和安妮有個女兒凱薩琳，就是約翰和史蒂芬所知的凱蒂阿姨。另一個女兒艾維拉（Elvira）年紀輕輕時就已離世。後來，他們又生了一對雙胞胎：早產的約翰和查爾斯。安妮將兩人塗滿橄欖油，放入烤箱裡保持溫暖，他們最終都存活了下來。兄弟倆都成為了煤炭業務，喜歡在撒佛克‧道斯賽馬場（Suffolk Downs）下注。雙胞胎中比較早出生的那位，約翰，和一位愛爾蘭裔的天主教女孩結了婚，生了三個小孩。約翰‧卡佐爾在 1935 年出生，是他們的第二個孩子，害羞，崇拜紅襪隊和泰德‧威廉斯（Ted Williams）。

當約翰五歲、史蒂夫三歲時，他們舉家搬遷至溫徹斯特（Winchester）。父母將他們送往不同的寄宿學校：約翰去麻州威廉斯鎮的波克斯頓（Buxton）；史蒂芬則去了佛蒙特州的伍德史塔克鄉村學校（Woodstock Country School）。約翰是如此安靜、內向，沒人預見他竟會加入學校的戲劇社。史蒂芬說：「當他決定要往劇場發展時，我和其他人一樣驚訝。這是他最不可能做出來的事情。」

青少年的約翰曾在標準石油公司擔任送件員。他其中一個同事，就是比他小五歲的艾爾‧帕西諾。後來，約翰去波士頓大學進修戲劇，他在那遇見馬文‧史塔克曼和華特‧麥克金。他們都非常敬重表演教授彼得‧卡斯（Peter Kass）；他督促學生挖掘自己的黑暗，不躲避痛苦，而是將它放置在角色裡。（那也是梅莉在耶魯第一年所抗拒的課程。）約翰待在波士頓，在查爾斯劇場（Charles Playhouse）表演，兼職計程車司機。他緩慢的特質依然顯著。史塔克曼說：「他不會把人在路中間放下來。他會直接開到路旁，走下車，幫乘客開門，簡直是個完美計程車司機。」

後來，他搬到紐約，在西六十街街區找到一個有通往頂樓樓梯的公寓。史蒂芬回憶：「他的居家環境整理術簡直可怕極了。」兩人會用胡亂拼湊的古文交談，他

家就是「豕舍」，意指「豬圈」。

當約翰第一次帶史蒂芬看他的公寓時，他宣布：「歡迎來到豕界希爾頓。」一部分的混亂源自那個拼湊出來的暗房；約翰偶爾會為藝廊的小冊子拍攝雕像、或幫演員朋友們拍大頭照來賺錢。攝影很適合他強迫症般的個性，他會小心翼翼地調整雕像上的光，確保他們看來都立體不扁平。有些照片則是自己拍著好玩的，像是柏克夏（Berkshires）的風光，或是凱蒂阿姨練鋼琴。

表演工作來得零零落落。拍廣告的史塔克曼試著幫他爭取，但回答總是圍繞著「種族太過明顯」。約翰拿到最好的角色是紐約電信的電視廣告，他在裡面擔任一個印度廚師。所以，他和馬文開始自己拍電影。1962 年，他們拍了個滑稽的短片叫做《美國之路》（The American Way），約翰在裡面飾演一個無法克制自己不把東西炸掉的無政府主義者。從這部短片中已經隱約可見他矛盾的螢幕形象：喜劇但憂傷，危險但無用。離開螢幕，他不再是個危險角色，但他與生俱來的天真可以讓他脫離麻煩。一個星期天早上，他腋下挾著一個假的包裹箱子出門，要去史塔克曼那裡展開那天的拍攝。路上一個警察攔下他問：「嘿，過來這裡。你要去哪？」

約翰無神地看著他，回答：「我要去馬文家。」警察回答：「喔，好的。」然後就讓他走了。

他的突破性發展，要等到伊瑟利·哈洛維茲的兩齣劇。當哈洛維茲在英國戲劇學校就讀時，曾目睹一些混混騷擾一個帶著頭巾的印度學生。這件事給了他靈感，寫出《那個印度人想要布朗克斯》（The Indian Wants the Bronx），在紐約搬演。混混首領這個角色，他選了艾爾·帕西諾，一個他在某人客廳看過演出的不知名演員。而他的受害者佳布塔（Gupta）—— 一個迷失在紐約、試圖用電話連絡上自己兒子的爸爸 —— 哈洛維茲選了一個印度演員。但那個人沒什麼演戲經驗，

在念台詞時，不知為何會舉起手。「這變成一齣在講那個傢伙的手的劇。」哈洛維茲回憶。

原先就是方法演技派的帕西諾，在這種狀況下根本無法專心。他們必須要換掉這個印度人，而伊瑟利本來就因為在隔壁鎮長大，認識約翰‧卡佐爾。佳布塔的台詞都是印地語，約翰和伊瑟利也都因此掙扎著，不知道一個義大利演員是否能勝任這個角色。最後，約翰同意演出。這齣劇在普羅文斯鎮（Provincetown）上演，而當帕西諾抵達眾人所在的鱈魚角（Cape Cod）住所時，和他即將同台演出的演員把頭伸出臥室外。帕西諾立刻認出這張臉，當年，他還在為標準石油工作。

「又是你，」帕西諾說：「我認識你。」

這齣劇在 1968 年一月時搬到了紐約的阿斯特廣場劇場（Astor Place Theatre）上演，立刻贏得好評。街頭典型的生猛有力、侵略氣息，刺激了下城區的劇場圈。哈洛維茲、帕西諾和卡佐爾都因此作品得到奧比獎。那年夏天，他們把這齣劇帶到義大利史坡勒圖的藝術季（Spoleto Festival）；在表演空檔，約翰會召集劇組到主廣場，帶領他們進行六部合音。他們不懂義大利文，所以就把旅遊地圖上的地名拿來唱：「教堂廣場！史坡勒圖！史坡勒圖！」

不過，是另一齣哈洛維茲的作品讓約翰得到他焦急盼望的成功。《排隊》（Line）是六〇年代末那種極簡主義實驗性作品，試圖要顛覆人們對於「什麼構成一齣戲」的既定認知。沒有場景，也幾乎沒有劇情；只需要有五個演員排隊，四男一女。他們到底在等什麼？答案永遠不會揭曉。隨著劇情推演，他們打架、發生性行為、並欺騙彼此好讓對方失去排隊的優勢：這是有教養的紐約客們霍布斯[2]式的本性，看到有人在排隊，就覺得自己也該加入。

約翰在這齣戲裡扮演多藍（Dolan），他稱自己是個「好好先生」，但卻差點把

另一個角色掐死。他在劇中解釋了自己的「狗下哲學」，也可被視為約翰在表演上的方法，或至少可說是他帶來的影響：

「所有人都想當第一，對吧？……現在你可以表現得明顯一些，沒關係。你就像個小孩一樣插隊，大喊、吹噓著自己是第一個就好；或者去說你有多應該排第一。我的意思是，有時候你得退後一些……要踢一隻狗的蛋蛋，最容易的作法就是躺在他身體底下。讓牠在你上面一陣子。瞄準，然後……」

1967 年的秋天，《排隊》在東村的 La MaMa 劇場開幕。四年之後則在克里斯多夫街上的里斯劇場（Theater de Lys）重新開演，主演群有約翰‧卡佐爾和首次在外百老匯登場的理查‧柴佛斯（Richard Dreyfuss）[3]。一天晚上，柴佛斯邀請正在籌備《教父》的法蘭西斯‧福特‧卡波拉（Francis Ford Coppola）及他的選角導演佛列德‧盧斯（Fred Roos）來看戲。當他們看到台上的卡佐爾，盧斯立刻就說：「那是佛雷多。」

◆

馬里奧‧普佐（Mario Puzo）在他的小說《教父》中寫道：「次子佛多里哥，被稱為佛列德或佛雷多，是每個義大利人都會向聖人祈求出現的孩子。有責任感、忠心，永遠替父親辦事，三十歲也和父母親同住。他個子矮、身材結實，長得不帥但有著和家族一樣的邱比特頭；短捲髮像個安全帽般戴在圓圓的臉上，還有形

2、湯瑪斯‧霍布斯（Thomas Hobbes）曾提出「霍布斯陷阱」，指關係利害人雙方因為恐懼或不信任而去行動，進而造成了彼此都不想要的後果。

3、Richard Dreyfuss，1947 −。曾獲奧斯卡、金球獎最佳男主角，知名電影作品包含《大白鯊》、《尋找心方向》、《再見女郎》。

狀如弓的性感嘴唇。」

約翰‧卡佐爾並不矮也不結實，而且鐵定是沒有安全帽般的捲髮。但在柯波拉和盧斯眼中，他就是那種容易被忽略的長相。柯波拉自己也有功成名就的兄弟姊妹，像是作家奧古斯特‧柯波拉（August Coppola），以及飾演康妮‧柯里昂的演員塔莉亞‧賽爾（Talia Shire），因此更能理解佛雷多：「在義大利家庭裡，或至少我的家庭，總是會有那種才華不比其他人的兄弟們，常常成為被開玩笑的對象。或許我某段時間也是那樣的人，我不知道。我確實知道有些叔叔舅舅被壓抑著。我想那些有著小城鎮心智的義大利人們對自己很苛刻，也對那些沒有和明星親戚一樣成功的人非常殘忍。」

約翰又和艾爾‧帕西諾重逢了，這次他飾演的是麥可‧柯里昂。但真正讓人興奮的，是他們都可以和馬龍‧白蘭度對戲，他飾演父親維多（Vito）。身為毫無爭議的美國影史巨人，其他年輕演員們——帕西諾、卡佐爾、詹姆斯‧肯恩（James Caan）[4]、羅伯特‧杜瓦（Robert Duvall）[5]——就像柯里昂兄弟們尊敬他們的黑道首領父親一樣，尊敬著白蘭度。史塔克曼說：「白蘭度是我們的英雄。我們會去看《碼頭風雲》（On the Waterfront）、《慾望街車》和那些早期電影，就像是去上電影大師班一樣。我們崇拜他，和他一起工作，也對約翰有所啟發。」

到了要拍攝維多在水果攤外被射殺的那一幕的時候。佛雷多慌張地要掏出槍，但暗殺者卻早就逃之夭夭。當教父在水溝裡流血，佛雷多歇斯底里地靠近他，知道自己以最糟糕的方式辜負了自己的父親。拍攝這幕時，柯波拉先拍人行道邊將死的白蘭度，然後切換到約翰反應的鏡頭。史坦克曼說：「白蘭度非常替約翰著想，他在排水溝裡躺著，好讓約翰可以有所表現。對演員來說，這就是最高的讚美。」

《教父》在 1972 年三月上映，那時梅莉‧史翠普還在佛蒙特的滑雪小屋裡表演。片子獲得十一項金像獎提名，贏得最佳影片，也為馬龍‧白蘭度迎來最佳男主角；

雖然他後來請美國原住民運動者「小羽毛沙欽」（Sacheen Little-feather）上台拒絕領獎。艾爾·帕西諾、詹姆斯·肯恩和羅伯特·杜瓦都入圍最佳男配角。約翰並沒有被提名。

被《教父》的成功鼓舞，柯波拉拍攝了一部和監控有關的電影《對話》（The Conversation），由吉恩·哈克曼主演「西岸最厲害的竊聽者」，而約翰擔任他的助手史丹，一個戴著耳機和厚眼鏡、好奇的技術員。這次，約翰同樣理解這個角色的弱點——他的不成熟、他的好奇——並且以孩童般的甜美包裝。《對話》被提名三項奧斯卡獎，包含最佳影片。約翰並沒有被提名。

在《教父第二集》裡，柯波拉讓佛雷多的自我厭惡漸趨明顯。穿著格紋西裝、蓄著小八字鬍，佛雷多喜愛社交卻無能，甚至無法控制喝醉的妻子在舞池上出醜。在他串通其他人謀害自己弟弟的性命之後，愧疚感和恐懼吞噬了他。約翰在大銀幕上最經典的一幕，就是當麥可抓緊佛雷多，在他臉頰邊說：「我知道是你，佛雷多。你讓我心碎了。你讓我心碎。」

佛雷多對麥可的背叛，以及麥可謀殺佛雷多的決定可說是《教父第二集》的核心，也讓約翰得到有史以來最多的表演機會。《教父第二集》被提名十一項奧斯卡獎，包含最佳影片，最終也贏得這個獎項。艾爾·帕西諾被提名最佳男主角，勞勃·狄尼洛、麥可·V·佳索（Michael V. Gazzo）和李·史特拉斯堡[6]在最佳男配角項

4、James Caan，1940 —。美國演員，在《教父》中飾演柯里昂家的長子桑尼·柯里昂（Santino "Sonny" Corleone）。

5、Robert Duvall，1931 —。美國演員，知名作品除了《教父》之外還有《梅崗城故事》、《現代啟示錄》等，並以《溫情蜜意》（Tender Mercies）榮獲奧斯卡最佳男主角獎。在《教父》中飾演柯里昂家的養子湯姆·海根（Tom Hagen）。

6、Michael V. Gazzo 是劇作家，後來也當演員。在《教父第二集》中飾演法蘭克（Frank Pentangeli），原先為「教父」維多服務，但後來和繼任的麥可起衝突。被譽為「方法演技之父」的劇場巨人李·史特拉斯堡（Lee Strasberg）在《教父第二集》中則是飾演猶太商人、維多和麥可的生意夥伴海門·羅斯（Hyman Roth）。

目競爭，最終由勞勃·狄尼洛勝出。而約翰，並沒有被提名。

即使他就像佛雷多一樣有著容易被忽略的特質，約翰的演技隨著一部部電影成長得更加複雜，他展露一個角色內在傷害的能力也越來越打動人心。同時，他的病容變得益發明顯，生命力似乎隨著髮線一同後退。某個夏天，他在一個展覽上覺得身體不舒服，回到史塔克曼位於卡茲奇山（Catskills）的房子休息。他向朋友請求：「我們必須回城裡。」史塔克曼夫妻開車送他回去，路上每個顛簸都帶給約翰鮮明的痛苦。

他們衝到羅斯福醫院，約翰被診斷出慢性胰臟炎。當馬文再度拜訪，他身上有各種管子，幾乎無法說話。在牆邊有個玻璃罐，裡頭裝滿他胃裡的綠色膽汁。馬文回憶：「那真是糟透了。我站在那，想說我們到底可以為他做點什麼？」醫生們和約翰說，他得立刻停止喝酒，不然酒精會將他的胰臟侵蝕殆盡。

不知怎地，他的蒼白似乎加強了他的螢幕存在感。影評大衛·湯森（David Thomson）觀察到：「佛雷多道德上的敗壞，因為卡佐爾從一到二集變得越來越像鬼的事實而被帶了出來。他變得越來越瘦，眼睛更突出，額頭也更明顯。」

六〇年代末到七〇年代，電影的成長浪潮為那些有點怪異、不同種族的演員打開大門。除了華倫·比提（Warren Beatty）和勞勃·瑞福（Robert Redford），男主角群出現小麥膚色的艾爾·帕西諾、看起來害羞內向的達斯丁·霍夫曼、黑皮膚的希德尼·波瓦提耶（Sidney Poitier）以及眼神詭異的傑克·尼可森（Jack Nicholson）。電影明星不再只有男神般的長相，而更像是你每天會在街上看到的真人。甚至連新的螢幕雄風象徵勞勃·狄尼洛，也是義大利裔的。曾經讓約翰在電視廣告中失利的鐵灰臉色和詭異氣場，現在成為他通行的利器。

其實他身上是有一種奇異的性吸引力。約翰可說是法國「醜陋的美」概念（jolie

laide）的範例；而好萊塢才正開始懂得如何欣賞這種美（至少在男人身上）。哈洛維茲就說，即使約翰長得就像聖方濟各亞西西（St. Francis of Assisi），但卻從來不缺美麗的約會對象，像是女演員維納·布魯姆（Verna Bloom）和《排隊》的同台明星安·威居沃夫（Ann Wedgeworth）。沒有朋友知道他如何做到的；史塔克曼說：「他一直都有女人。他身邊有世界上最美麗的女朋友們，但最後大部分的人都因為他的龜速行事而和他分手。」

當他的事業開始起飛，他開始和一個來自德州的紅髮演員派翠西亞（Patricia）約會。派翠西亞是個性感的美女，但在事業上苦無突破。約翰的一些朋友在她身上偵測到一絲機會主義性格，但約翰被迷倒了。或許是在她的敦促之下，約翰離開了他在上西區擁擠的公寓，那裡嚇走不少之前的女朋友們。他用大部分從《教父》裡賺來的錢，在法蘭克林街上買了一間閣樓。那從前是個儲物大樓，有逃生梯、電梯還有面向街道的鐵皮平台。那裡傳統上是工業地區，正接近轉型邊緣。藝術家、實驗劇團紛紛到來，取代原先的輪船大亨們。紐約客們後來會稱呼這裡為「翠貝卡」，但現在，它還是個無人荒境。

當約翰第一次見到那房子時，屋內堆滿蕃茄罐頭直到屋頂，讓人不可置信。他心想，**這地板一定很堅固。**

「你知道十號罐頭是什麼嗎？」他問馬文。「你看過那種超大蕃茄罐頭嗎？我是說真的罐頭喔，差不多有這麼大 —— 超重的！」

移走罐頭後，房內便只有裸露的磚牆和開放的空間。約翰帶來木板和鐵鎚；他和派翠西亞即將成為拓荒者，在儲藏室裡打造一個安樂窩。

但這狀況並不持久。派翠西亞前往加州，留下約翰一個人在這公寓裡。

與此同時，帕西諾決定要主演悉德尼·盧梅的新電影《熱天午後》（Dog Day Afternoon）。電影根據真實故事改編，敘述一位大膽的罪犯闖進布魯克林的銀行，要挾銀行支付他愛人的變性手術費。當這傢伙和跟班在銀行裡試著讓人質排好隊，警察和圍觀者開始在銀行外聚集，成為一場變相的街頭劇場。帕西諾懇求盧梅看看約翰是否適合跟班薩爾（Sal）這個角色，儘管他看起來一點都不像現實中的那個人。萬分不願意，盧梅還是答應讓約翰試一下。但約翰還沒念完兩句台詞，這位導演就說：「就是你了。」

飾演薩爾，對約翰來說是最奇怪的扮相。他油膩的頭髮幾乎從頭殼一半才開始，沉到肩膀上，讓他看起來就像垮掉的世代出現的禿鷹。揮舞著機關槍的時候，他看起來不像帕西諾飾演的桑尼（Sonny），完全不知道要如何使用它。不過，他的表演還是被憂傷貫穿，彷彿在說即使是薩爾、一個搶銀行的暴徒，也曾經是個被忽略的小男孩。

帕西諾對於約翰如何激發演出能量感到很驚艷；他會在開拍前狂野、不受控制地自由發揮。某次要拍攝兩人策劃逃跑的那一幕，那時所有事情都快速崩解：人質得去上廁所、警察就在門外，整個勒贖行為成為變相的馬戲團鬧劇。桑尼說，如果他們能離開這場混亂，就必須離開這座城鎮。然後他問薩爾，有哪個特定的國家是他想去的嗎？

薩爾想了一下，回答：「懷俄明。」

拍攝現場，盧梅硬生生把笑聲吞下，不然就會毀了那一幕，帕西諾也是。在劇本裡，約翰在這裡根本就沒有台詞。最後，「懷俄明」自然是被留了下來。

《熱天午後》入圍六項奧斯卡獎，包含最佳影片大獎，最後抱回最佳劇本。艾爾·帕西諾被提名最佳男演員，飾演索尼愛人的克里斯·莎蘭登（Chris Sarandon）被

提名最佳男配角。約翰沒有被提名。

當他們拍攝《熱天午後》時，帕西諾同時在另一個戲劇工作坊排練布萊希特的《阿圖羅‧烏依可抗拒的崛起》（The Resistible Rise of Arturo Ui）。他召集了一些演員，包含約翰，也找到一個排練的好場地：喬瑟夫‧帕普的公共劇場。帕普在 1968 年時見過帕西諾，曾因為他喃喃自語而開除了他。但現在，他很樂意資助這位演員有野心的計畫，支付三十個團員的薪水來彩排幾週，不保證最後要有個成品。帕普並不在意這個，給帕西諾一點嘗試的基礎即可。

但帕普注意到了約翰‧卡佐爾。說不定，他很適合當今夏「公園裡的莎士比亞」正要開始選角的《量‧度》裡那個具有威脅性的角色。帕普先讓山姆‧華特斯頓選擇，看要扮演安傑羅或公爵，他選了公爵。因此，這位製作人就邀請約翰參加安傑羅的試鏡。

試鏡之前那晚，約翰去華特‧麥可金和古德曼家，在八十六街和河濱大道附近。他非常緊張；他沒演過多少莎劇。更糟的是，他得和一個年輕的戲劇系畢業生、這齣戲的女主角對戲 —— 而帕普超愛她。如果他想要贏得這個角色，他就得讓這位梅莉‧史翠普驚艷。

曾經在《亨利五世》劇組待過的華特，和梅莉略有認識。約翰拼命問他問題 —— 有關這齣戲，這個角色，還有最重要的，有關那個扮演伊莎貝拉的女演員。「華特再三和約翰保證，梅莉一定會對演員中的真演員有好反應。」古德曼說：「約翰正是這樣的演員。」

隔天，約翰去為《量‧度》試鏡，念台詞。古德曼說：「我記得約翰有多僵硬、害怕；但也記得他一結束就打來說他覺得一定都還順利，說你知道啊，原本還可以更好的……他總是對自己的作品不滿意。」

但他讓喬·帕普滿意，同樣重要的決定者，梅莉·史翠普也滿意。約翰得到了這個角色。

在排練室裡，約翰大多數時間都獨自一人，休息時就對著窗外抽雪茄。他會問劇組：「這是我的古巴雪茄。你抽煙嗎？」

莎士比亞筆下的安傑羅是個過分拘謹、氣勢凌人的怪胎，一點都不像其他約翰扮演的懦夫：佛雷多、史丹或甚至是荷著重槍的薩爾。還是他其實很像呢？總之，約翰再一次地在角色中尋找痛苦，而他找到了。

「他帶來威脅、帶來痛苦。」替胥勒說：「但那痛苦不是以懦弱表現，而是憤怒。他的行為之下有著很大的憤怒。如果你挑起那根神經，他會崩解。他會變得非常危險。」

身為選角導演，替胥勒很清楚知道正確的演員配對會給一齣劇帶來驚人的新意涵。《量·度》遭受各種意志的衝擊互撞，而約翰的確帶來書頁上沒有觸及的部分。他的安傑羅，是個從來不曾得到過女性歡心的男子，是所有人都在派對舞池裡跳舞時，獨自坐在角落的那個人。這就是為什麼他會屬聲壓迫維也納的妓院、為什麼他會把克勞蒂歐因性交罪處死，也是為什麼他會對潔白如雪的伊莎貝拉如此熱切渴望。她代表了所有不給他好日子過的美麗女人。

……即使那些蕩婦，
有著加倍的精力，才華和內涵，
也無法使我動搖。但這位貞潔女士
深深使我折服。今日之前，
當男人被取悅，我都嗤笑著，不懂為何。

也就是因為如此，在首演之夜，約翰‧卡佐爾和梅莉‧史翠普兩人坐在帝國餐館裡，蹺了自己劇組的派對，聊天大笑到早上五點。太陽剛升起時，在牆上的鏡子、咖啡杯、吧台椅上閃爍；還有，她檸檬色的頭髮。約翰發現了一個非同凡響的東西。她比達特桑汽車更好、比古巴雪茄更好、也比用一支火柴點兩次火的技能更好。她是值得用整晚陪伴的人，就像那台彩色電視 —— 甚至更好，因為她有著無限色彩，你甚至不可能全部都轉到。

約翰和朋友帕西諾說：「喔，我的天，我遇到世界歷史上最偉大的女演員。」

他只是戀愛了，帕西諾這麼想。**她能有多厲害**？

◆

那年八月，紐約市地鐵貼滿約翰‧卡佐爾和梅莉‧史翠普的彩繪海報。梅莉身著白色修女袍，雙唇微張、眼神低垂、宛若沉思；約翰在她身後，單眉輕擡，用渴望的眼神凝視著她。兩人頭上的思緒泡泡匯流成一個雲狀對話框，寫著《量‧度》。

約翰被她徹底征服了。史塔克曼說：「自從他們合作了那部戲，他每天嘴裡說的就只有她。」

羅賓‧古德曼回憶：「某天華特說，他覺得約翰愛上梅莉了；我回答，『那我希望梅莉也愛上他。』戲上演時，他們的確陷入一段狂亂的愛戀關係。」看著這對情侶，羅賓甚至開始懷疑自己是否和丈夫做愛做得不夠 —— 這就是兩人之間迸射的火花。當梅莉抵達劇場時，羅賓看到她便想著：「梅莉的嘴唇都因為親吻而

裂開了」。

梅莉被這個奇異又溫柔，彷彿鷹隼一般的生物吸引得動彈不得。他對她有著一股無法解釋的控制力：「他和我這輩子認識的其他人都不同，」梅莉說：「他有某種特質，關懷、探究人類的方式，以及他的同理心，都讓他變得很特別。」

演戲是他們的共同語言。「我們的討論沒有終點，他對作品非常偏執。」梅莉回憶。約翰會反覆思考他的角色，將他們解剖開來、彷彿用最精準的儀器去研究他們，永遠不做顯而易見、簡單的選擇。「我覺得我應該算是比較隨性的，常常想到什麼就去做了。但他會說，還有很多可能。」

某天晚上下戲後，約翰把梅莉介紹給他的音樂學家弟弟史蒂芬。兄弟倆自己也想不起來為什麼，但他們總是用綽號稱呼彼此：史蒂芬是傑克（Jake），約翰則是波波（Bobo）。

「梅莉，快和傑克用義大利文說點什麼！他很會哦！」約翰驕傲地說。

史蒂芬和梅莉結結巴巴地用義大利文對話，直到她笑倒在地：「我不行了！不行了！」史蒂芬也被她逗得很開心。

每當夜晚到來，他們在德拉科特劇院舞台上披著月光，締結一段禁忌的吸引力。離開舞台，他們之間的關係不再是禁忌，卻依然讓人覺得奇特。梅莉不曾愛上這麼怪的人。站在彼此身旁，他們似乎讓彼此的缺陷都變得更明顯：她扭曲的鼻樑、他亮得像燈泡的前額；她過近的眼距、他蒼白的肌膚……他們就像兩隻異禽，或皮耶羅·德拉·佛朗切斯卡（Piero della Francesca）筆下的烏比諾公爵和公爵夫人（Duke and Duchess of Urbino）[7]。

「他們在一起看起來很和諧，因為他們都長得有點有趣，兩個人都是。」哈洛維茲這樣形容：「他們都有自己可愛的地方，但組合起來真的是一對奇怪的伴侶。人們經過他們會忍不住回頭，但不會發出『哇，那女的真美！』這種讚嘆。」約翰和梅莉以前的男朋友們一點都不像，沒有布魯斯健美、不像鮑伯一樣精壯，也沒有費爾俊美或像麥可有那種憂鬱沉思的氣質。或許，梅莉再也不需要一個白馬王子來確認自己是美麗的——她和約翰在一起時你不會用「一對麗人」來形容，但你就是無法將視線移開。

他們不管走到哪，都會有人搖下車窗：「嗨，佛雷多！」史蒂芬說：「成名確實讓約翰感到混亂、困擾。我不認為他真的知道要如何面對，也不想去解決。」《教父》系列電影讓約翰踏入明星之林，卻沒讓他的經濟狀況變得寬裕。他和梅莉去小義大利用餐的時候，餐廳老闆們會堅持不收錢，也因為這樣他們總是去小義大利吃免費的義大利麵和卡布里斯沙拉。他們的夜晚和肚皮充滿著「嗨，佛雷多」。

「那個混蛋總是讓所有事情變得非常有意義。」梅莉後來說。「那麼好的判斷力、那麼清澈的想法……對我這種總是因為各種人性缺陷而鬱鬱寡歡的人來說，更是如此。『妳不需要這樣。』他會這樣說，『妳也不需要那樣。』」而且，約翰為梅莉開啟了一扇大門，通往表演藝術的菁英世界。十一月時，她陪同約翰前往參加傳奇演員李·史特拉斯堡七十五歲生日宴會，名單上還有艾爾·帕西諾、賽麗絲·荷姆、艾倫·鮑斯汀（Ellen Burstyn）等巨星。

這段戀情發展之迅速，可比約翰行動之緩慢。過沒多久，梅莉就搬進富蘭克林街上的閣樓。他們一起當拓荒者，開闢這個尚未被開拓、不了解自己潛力的街區。梅莉也發現了他前女友們曾發現的事：「他做什麼事都慢慢來。」她回想，「不

7、藏於佛羅倫斯著名的烏菲茲美術館（Uffizi Gallery Museum），文藝復興時期代表作品。公爵與公爵夫人以側面彼此對視。

管是離開家門、把車子上鎖，都很花時間。」有次約翰決定要重貼房間的壁紙，結果花了三個禮拜才完成。

但梅莉完全不介意。就讓時間像糖蜜一樣緩慢流過，他們的生活也是甜的。

梅莉參加電影《茱莉亞》試鏡後幾週，導演弗雷德·辛曼把茱莉亞一角給了當時就已經相當知名的凡妮莎·瑞德葛雷芙（Vanessa Redgrave）。他問梅莉是否對主角莉莉安愛八卦的朋友安·瑪莉（Anne Marie）一角有興趣；前提是，因為劇中已經有太多的金髮演員，她必須要戴假髮。梅莉告訴他，當然，她什麼都願意。

她在秋天飛到倫敦拍攝這部電影處女作 —— 和她同台演出的珍·芳達和凡妮莎·瑞德葛雷芙，都是一線巨星。就像從伯納德鎮搭飛機離開的那瞬間，梅莉·史翠普的天空開始變得越來越大。

第一天上場，她就像誤闖蜂窩般慌亂。首先，她看起來很糟：黑色大捲假髮讓她看起來很嚴厲，能穿戴的只有荒謬的帽子、毛皮大衣和過時的紅色大蓬裙。那天拍攝的是為莉莉安舉辦派對的場景，劇組在倫敦複製了紐約知名的沙蒂餐廳（Sardi's）。梅莉如準備莎劇一般認真地做了功課，但在現場才拿到重寫的劇本。她的恐慌可以從脖子上的紅色斑塊看出來，化妝人員瘋狂用粉也蓋不住。

更可怕的是，她的戲份都和珍·芳達一起。這位三十八歲的明星，可說是達到了女演員知名度和爭議性的高峰：以性感尤物形象拍攝的《太空英雌芭芭麗娜》（Barbarella）和讓她被稱為「河內珍」（Hanoi Jane）的爭議照片事件都已是過去；諷刺喜劇《我愛上流》（Fun with Dick and Jane）重新奠定她的主流明星地位，而她正試圖發揮自己的影響力來促進社會對某些議題的認識，像在《茱莉亞》中她就飾演一位勇敢智取納粹的女子。

梅莉被帶去和芳達見面。事後回憶起這段時間的相處，她說：「芳達有著近乎野性的敏銳度，對身邊的所有事都能一一聰明地關照到，這很驚人，也讓我覺得自己很笨拙，彷彿像個從紐澤西鄉村來的傻妞，而我也真的就是如此。」

他們再次排練的時候，芳達鼓勵她即興發揮。在第一次拍攝時，梅莉加了點細節，感覺還不錯。第二次，她更有勇氣了，想著：**我要試試看其他方式！**

芳達向她靠近並告訴她，「往下看。」
「什麼？」

「在那裡，」芳達往地上指，「地板上有塊綠色膠帶，那是你該站的地方。站在那，你就在燈光裡，然後就會在電影裡。」

梅莉很感謝她的幫助 —— 她很需要 —— 但她同時也觀察到芳達是如何承載自己的星光；珍‧芳達所做的事裡，似乎有一半都是要維持「我是珍‧芳達」的運轉，而不是去表演。梅莉過不久後就說：「我崇拜珍‧芳達，但我不希望花所有時間沉浸在自己的世界裡……」

她也被凡妮莎‧瑞德葛雷芙驚艷。他們沒有一起演出的場景，但有一起搭車過。梅莉事前有點擔心自己說不出話來，但幸運的是，瑞德葛雷芙整趟車程都在談政治和里昂‧托斯基（Leon Trotsky）[8]。梅莉不太懂托斯基，但她略能理解瑞德葛雷芙：這是那種你會想真心尊敬的女演員，那種以信念帶領眾人、永遠不因世俗期待而屈服的人。

8、 Leon Trotsky，1879 — 1940。俄國布爾什維克主要領導人、十月革命指揮者和第四國際精神領袖，是一名革命家、軍事家、政治理論家和作家。

放假的日子，梅莉會和扮演他哥哥的約翰・葛婁佛（John Glover）出去。兩人都沒什麼事要做，所以會在梅莉南肯辛頓的旅館樓下酒吧閒晃（梅莉把每天零用錢放在房裡的一個行李箱，有天回去的時候發現全被偷走了）。或者，他們會去哈洛德百貨，梅莉在那裡研究逛街女孩的口音。她決定要學會英國人念「actually」的方式。

有時候梅莉會去葛婁佛借住的地方拜訪。在豪華的家庭晚餐後，演員們和招待他們的東道主會玩一個叫做「副詞」的遊戲：輪到的人必須演出一個詞，其他人要猜他在演什麼，並喊出形容那個動作的副詞。當換到梅莉表演的時候，她假裝早上睡醒，然後看出窗外。

所有人都同時喊出答案：「美麗地！」

拍到一半的時候，卡佐爾飛到英國拜訪。梅莉和其他演員的交際應酬嘎然而止：她和約翰回到兩人的宇宙。當他們回到紐約時，約翰才知道經紀人曾試圖聯繫他。有個和好萊塢黑名單有關的電視電影正想找他演出，但因為沒人找得到約翰，那個角色就溜走了。「你說沒辦法找到我，那是什麼意思？」約翰一反常態地大為光火。他們明明就知道他要去英國，他和梅莉又是那麼需要錢。

當《茱莉亞》在隔年秋天上映時，梅莉也同樣地憤怒。不只是因為她戴那頂黑色小捲假髮可怕極了，她有一半的戲份都被剪了。還有，她在一場被剪掉的戲裡講的台詞，被接到另一場裡。弗雷德・辛曼寄給她一張道歉字條。

我犯了個糟糕的錯誤，梅莉想。**我再也不要拍電影了。**

喬・帕普在林肯中心過著痛苦的日子。他像是一直輸球的棒球教練，他換新劇目，說些禮貌周到的老笑話。即使一直轉換策略，還是沒有用。最後，他決定來個混

種表演：請實驗劇場導演們處理經典劇目，讓這些導演用更大的規模去重新思考經典。他說：「你不能用以前的方式來做經典了。他們像貝果一樣隨處可見。」

他雇用了理查‧佛爾曼（Richard Foreman），哲學本體論的歇斯底里劇場（Ontological-Hysteric Theater）那位怪誕的創辦人來導演《三便士的歌劇》（Threepenny Opera）[9]。這齣製作在 1976 年春天開幕，結果在爭議中有個成功的票房。當《量‧度》在德拉科特劇場演出時，帕普手上同時有三齣強檔戲：《三便士的歌劇》在薇薇安‧博蒙，《給考慮過自殺的有色女孩們》在百老匯，還有一週淨收入有十四萬的《歌舞線上》在舒伯特劇場。但不知怎地，錢就是不夠。即使滿檔演出，林肯中心還是虧損一百二十萬。

在這場折磨之中，帕普心裡至少想讓兩個人保持忙碌：約翰‧卡佐爾和梅莉‧史翠普。約翰和艾爾‧帕西諾正急著想再合作，兩人討論著要在公共劇場來個雙劇目：史林堡的《債主》（Creditors）和西斯寇特‧威廉斯（Heathcote Williams）的《地區污點》（The Local Stigmatic）。1977 年這個時間，梅莉在博蒙劇場進行點綴性質的演出，參與安德烈‧塞班（Andrei Serban）執導的契訶夫《櫻桃園》（The Cherry Orchard）新製作。

這位羅馬尼亞出生，三十三歲的塞班，是帕普在 La MaMa 劇場發現的導演。塞班覺得外百老匯的行事十分業餘，偏好東歐前衛劇場的紀律。梅莉將此剛強的性格視為加入的誘因：「這才是真正能工作的方式；導演得知道他到底想要什麼。我討厭那種『隨性』的導演。我大概在加州也會被討厭吧。」她在開始排練前這樣說。

9、由布萊希特及伊莉莎白‧赫普曼（Elisabeth Hauptmann）改編自十八世紀的歌劇，由寇特‧威爾作曲。1928 年在柏林首演，1931 年改編為電影。

塞班的《櫻桃園》打算拋棄大多數契訶夫劇作裡嚴肅的心理寫實風格，尋找他所說的「一種更輕盈、更接近真實生命流動」的東西。契訶夫曾經循循善誘地說《櫻桃園》是個喜劇，而史坦尼斯拉夫斯基（Stanislavsky）在 1904 年首演時卻完全忽略這件事，也因此引燃劇作家怒火。塞班想要違反史坦尼斯拉夫斯基的意旨，讓《櫻桃園》以哄堂大笑的鬧劇回歸。

塞班得到伊莉莎白‧史瓦杜斯（Elizabeth Swados）的協助。她是塞班在 La MaMa 時常合作的夥伴，一個二十六歲的陰沉作曲家。塞班、史瓦杜斯和佛爾曼，是帕普對薇薇安‧博蒙劇場難題的最後嘗試。帕普指定六十歲的舞台明星艾琳‧沃斯（Irene Worth）[10] 來演出《櫻桃園》裡的房產女主人拉妮芙斯卡雅太太（Madame Ranevskaya）。梅莉曾看過她前一季在百老匯演出田納西‧威廉斯的《青春小鳥》（Sweet Bird of Youth），心中立刻湧出讚嘆：「你可以拿走劇裡其他角色、佈景或甚至是一切，但依然理解所有這齣劇想表達的東西。」

在東尼獎之前，梅莉和瑪莉‧貝絲參加了在麗晶酒店舉辦的早餐會。兩人抵達時，艾文‧布朗提議將梅莉介紹給沃斯小姐，她這次被提名最佳女演員。即將見到心中明星而緊張的兩人逃到廁所開始抽菸，直到艾文過來敲門：「快出來 —— 艾琳在這！」

梅莉躡腳走出去，被介紹給沃斯小姐。這位偉大的演員上下端詳梅莉，問道：「妳十二月時要做什麼？」

「失業吧，我想。」她有點結巴地說。

「很好。」沃斯回答：「那考慮看看《櫻桃園》吧。」

梅莉的確有在考慮。她對沃斯的推崇 —— 或者更應該是說，對帕普的 —— 足以

讓她接受女僕杜尼雅沙（Dunyasha）這個角色。這是個小角色，如果不是這個狀況下，她可能會會拒絕。塞班回憶：「大家都在談論這個不可思議的年輕女演員，也很多人對她居然會接下這麼小的角色感到驚訝，畢竟她已經被邀請擔任百老匯的主要演員了。但她覺得自己仍然想觀察資深演員並從中學習；在這齣劇中，那個對象就是扮演拉妮芙斯卡雅太太一角的偉大演員：艾琳·沃斯。我記得梅莉連沒有戲份時都會到場，安靜地在一旁坐著，看著艾琳獨特的技巧，其中的每個細節，不斷地被驚艷。」

帕普聚集了一屋子的明星卡司，包含瑪莉·貝絲擔任安雅（Anya），還有總是神采飛揚的波多黎各演員勞爾·朱利亞（Raúl Juliá）擔任羅巴金（Lopakhin）——他是帕普為戲劇界帶來的著名發現之一。在他眼中，《櫻桃園》劇組未來會是美國經典劇團的核心成員，連東尼·藍道爾也夢想的團隊。梅莉和瑪莉·貝絲共享第 18 號更衣間，而羅伊·賀蘭也回歸假髮間，他幫梅莉做了個古怪的髮型，頭上像是有個光圈。

排練卻有個尷尬的開始。塞班只知道梅莉演過《二十七車棉花》，當她第一天走進排練場時，他看著她，猶豫地說：「妳不胖欸！」他的喉音充滿羅馬尼亞口音：「不胖，不有趣！」從這裡開始，氣氛變得有點緊張。塞班討厭「表演風格」這個概念，叫劇組要「簡單」。但這到底是什麼意思？梅莉問他：「簡單」不就是一種表演風格嗎？

更讓人感到挫折的，是塞班在排練時叫大家做的即興練習。在其中一個，他請舞台經理念出台詞，演員們邊演出啞劇。另一個練習裡，他讓演員們編選一個不存在的第五幕，接在原本的結局後。艾琳·沃斯擁抱塞班的方法，甚至在裡面演了一隻攻擊的天鵝。但梅莉沒有耐性。或許是她不喜歡扮演僕人，也或許這些即興

10、Irene Worth，1916－2002，是活躍於英美的舞台劇女主角演員，三次東尼獎得主。

遊戲讓她想起早年在耶魯的可怕日子。她的惱怒在一次練習中滾沸，當她表演杜尼雅沙的憤恨時，似乎把角色情緒和自己的混合在一起爆發。

「我從來沒有看過有人可以比梅莉那次即興演出更憤怒。當她被要求要表演出這個人，這個僕人，是如何看到自己的生活時，她在地板上爬行、吐口水，咳出痰來。你可以看得出來，這女的對安德烈‧塞班真的非常憤怒。」瑪莉‧貝絲回憶。

但塞班對這個結果很滿意。「她無所畏懼。」他回憶：「大家通常在演出『俄羅斯人』時，不太敢把自己丟到所謂的標準方法之外，依然用一種人工、感性同理的方式去接近一個角色。但梅莉唯一關心的，就是什麼東西在那個當下是成立的、有生命的。如果無法在即興演出時有『活過來』的那種純粹發現，任何方法對她來說都是無效的。」

塞班鼓勵梅莉的「露西‧鮑爾（Lucille Ball）[11] 傾向」。反過來，她發展出一個模仿塞班的技能，她會大吼：「用痕好笑、痕好笑的方式倒下來！」《櫻桃園》在 1977 年 2 月 17 日首演時，她已經找到杜尼雅沙的招牌形象：一個性感、狂野，常會跌個狗吃屎的俄羅斯娃娃，每次進場都會跌在地上。就像在《二十七車棉花》裡一樣，她從體內的喜劇基因在肢體上很明顯，在她當鬧劇演的《櫻桃園》裡，顯得更誇張。當僕從亞沙在第一幕裡親吻她時，她昏了過去，打破一個茶杯。當他在第四幕裡離開她時，她把他絆倒在地。第二幕裡她出現的時間，則大多數都把女性襪褲掛在腳踝邊。

想當然的，塞班對《櫻桃園》的丑化處理方式引起兩極的評論。在《新領導報》（The New Leader）裡，約翰‧西蒙（John Simon）稱此劇「粗糙」且「庸俗」，並補充「我們對一個羅馬尼亞暴發戶小矮子理解的真相沒有興趣。我們只對偉大的大師契訶夫理解的真相有興趣。」但《紐約時報》的克里夫‧巴恩斯讚賞之餘甚至給了個幻想：「這是天才的慶典，就像是重新清理一個偉大的畫作，將舊的

哲學做出新的展示……，政府應該立刻把這個製作送到它精神上的家 —— 莫斯科藝術劇場。」

觀眾意見也同樣分歧。一個觀眾寫信給帕普和塞班：「我覺得，這個可怕的製作要是發生在俄羅斯，你們倆人，或許加上朱利亞先生都得面對槍決行刑隊。」另一位觀眾則寄信到《紐約時報》建議這齣戲或許該更名為《狂野櫻桃園》。有些人覺得梅莉無恥地搶走鎂光燈。當帕普在向會員們的信裡寫到他對塞班的「尊重和崇敬」，一位收件者把原信寄回來，用藍色墨跡在邊緣草寫：「你開什麼玩笑？不可能吧！你有辦法理解一齣請傑出演員來演女傭的製作嗎？」

◆

《櫻桃園》演出開始後一個月，梅莉默默達成另一個里程碑：她在螢幕上出道了。在《茱莉亞》發行上映之前，有個叫做《死極之季》（The Deadliest Season）的電視電影，講述職業冰上曲棍球界的混戰。

麥可‧莫里亞提扮演一個威斯康辛州的冰上曲棍球選手，他一直承受著表現壓力，設法讓自己在冰上更有侵略性。有次他在比賽中阻擋敵隊選手，結果那個人因脾臟破裂被送往醫院。那位朋友後來不幸喪生，而莫里亞提被控謀殺。約翰的朋友華特‧麥可金在此劇中扮演地方檢察官，梅莉則是莫里亞提的妻子，她近乎偏執地相信自己的丈夫是無辜的。這個角色是《洛基》（Rocky）裡的妻子雅德安（Adrian）的變形；《洛基》在 1976 年 11 月發行，正是《死極之季》開拍的

11、Lucille Ball，1911-1989。美國知名電視演員、喜劇演員及電視製作人。最知名的作品是自己製作的情境喜劇（Sitcom）〈I Love Lucy〉、〈The Lucy Show〉、〈Life with Lucy〉。曾被艾美獎提名十三次，獲獎四次。

那個月。

梅莉在選角導演西斯·寇曼（Cis Corman）的推薦下得到這個角色。當導演羅伯特·馬可維茲（Robert Markowitz）看完她試鏡，立刻去找編劇，請他增加這個角色的戲份。這齣劇本來大部分的對話都發生在曲棍球選手和他的律師之間，但馬可維茲希望將一些互動轉移到這對夫妻上。「她就像離心力。」馬可維茲這樣說。

一場在哈特佛德的戲裡，梅莉忐忑不安。莫里亞提注意到她不停地用手捲頭髮、咬指甲。她也賦予了自己角色一套相似的緊張抽搐 —— 咬嘴唇，咬手指，眼神飄移。她用了扁平的威斯康辛口音（「或許我可以拿些『咖灰』出去。」），以及和莫里亞提那個邊緣的溫柔巨人形象相稱的一種粗糙不安感。在其中一幕裡，她沉浸旅館床裡並告訴他：「當我看到你在比賽裡揮擊、阻擋，就讓我想做愛。我等不及要回家和你上床。我不知道為什麼，但今晚有什麼是不一樣的。」

這不完全是田納西·威廉斯等級的作品，而且梅莉通常對於要演出某某人的妻子或女友感到抗拒。但這個角色有她獨到的尊嚴；她因為冰上暴力而反抗她的丈夫。正如導演在這個角色裡看到的：「她不是一個附屬於丈夫之下的妻子，因為她在他身體力行之事的核心裡對抗他。」

梅莉的才華不脛而走。《死極之季》還在後製時，三位知名的電影人就來看毛片：剛完成《飛越杜鵑窩》（One Flew Over the Cuckoo's Nest）的米洛施·傅曼（Miloš Forman）；即將導演《漂亮寶貝》（Pretty Baby）的路易·馬盧（Louis Malle），以及捷克出身的導演卡瑞·賴茲，四年後會拍攝《法國中尉的女人》。梅莉的表演也讓另一位製作人赫伯特·布洛德金（Herbert Brodkin）感到驚艷；他正為了迷你影集《大屠殺》（Holocaust）做準備。

1977 年 3 月 16 日，《死極之季》在 CBS 電視台播出，得到不錯的回應。兩週後一個早晨，在第一束道曙光到來前，華特·麥可金驅車從穆荷蘭大道附近的懸崖掉了下去，得年四十歲。羅賓·古德曼失去了丈夫，而約翰·卡佐爾失去了一位摯友。一塊黑雲籠罩在他們的小圈圈上，但對梅莉和約翰來說，最糟的還未到來。

◆

《櫻桃園》在林肯中心落幕後三天，雀兒喜劇場的《皆大歡喜》劇組宣布以梅莉取代雪莉·奈特。沒有什麼劇可以比這個製作的名稱更諷刺的了；這表演不僅不「歡喜」，若用一詞概述，那就是：被詛咒了。

從一開始就不斷有麻煩找上門。在耶魯劇場導演這齣布萊希特·威爾音樂劇的麥可·波斯尼克，想將它重新搬上布魯克林音樂學院（Brooklyn Academy of Music，BAM）的舞台，雀爾喜劇場是那裡的駐場劇團。克里斯多夫·洛伊德扮演芝加哥黑幫比爾·垮克（Bill Cracker），而去年在東尼獎擊敗梅莉和瑪莉·貝絲的雪莉·奈特則扮演哈雷路亞·李兒（Hallelujah Lil），一個試圖要讓比爾入教的救世軍女孩——這正是梅莉在紐哈芬用一個下午的時間準備好演出的角色。

波斯尼克相對地經驗不足，情緒化的奈特整個凌駕於導演之上。讓情況更糟的是，她不太能唱；樂團指揮永遠搞不清楚她到底什麼時候要進場。改寫劇本的麥可·凡高說：「曲子向西，但指令向北。」有一晚，在唱完第一首歌後，奈特轉向交響樂團並說：「我不喜歡剛剛我唱的方式，我想再來一次。」但第二次並沒有好到哪去。

一陣混亂爆發。一位女演員在第一次預演前氣得摧毀主舞台，說她的介紹寫錯了。一位演員在〈兄弟，幫你自己一把〉（Brother, Give Yourself a Shove）這首歌時，將另一個演員從四呎高的升降台上推了下來。兩個爭鬧不休的黑幫一起被反鎖在同一間更衣間裡。而且，克里斯多夫·洛伊德的神經緊張到了他的極限：「在我心裡，一直覺得這個製作是個災難。」

既然這個表演是面向百老匯的觀眾，洛伊德把他的憂慮告訴雀兒喜的藝術指導羅伯特·卡爾芬（Robert Kalfin）。被自己的女主角弄得不堪負荷，波斯尼克在被開除的同時辭職了。卡爾芬接過導演一職，立刻開除雪莉·奈特。在劇中扮演漢尼拔·傑克森神父（Brother Hannibal Jackson）的喬·古利發西給了個建議：既然梅莉·史翠普在耶魯已經演過這個角色了，為何不問問她的意願？

再一次地，梅莉在巨大壓力之下研究哈雷路亞·李兒這個角色。畫著濃濃黑色眼線、戴著圓頂硬禮帽以及黃色捲假髮，她看起來就像個發瘋的丘比娃娃（kewpie doll），或是《發條橘子》（A Clockwork Orange）裡走出來的人。洛伊德說：「她拯救了這個表演。」

但《皆大歡喜》的詛咒還持續著。在 BAM 劇場開幕前兩天，洛伊德因為一場武打戲而從台上掉下來，膝蓋脫臼。醫生和他說，他得要進行一個大手術。百老匯開幕被延期了，洛伊德的角色由他的替身鮑伯·剛頓（Bob Gunton）演出。與此同時，卡爾芬修改劇本，惹火了凡高和布萊希特權威。

好像一切都還不夠慘，鮑伯·剛頓染上了風疹，也就是德國麻疹。在一個星期二的下午一點鐘，劇組所有人排隊接受丙種蛋白注射，以免有更進一步的感染。那天晚上，洛伊德歸來，臀部到膝蓋裝備著支架，腦中還因為止痛藥而暈眩不已，成為他替身的替身。他回憶：「當我開口唱第一首歌的時候，我整整高了一個八度。那真是種折磨，但幸好梅莉在場，她很會開些讓你感覺舒服一點的玩笑。」

同時，約翰和艾爾·帕西諾共同創作雙劇目的計畫分崩離。艾爾在百老匯演出《帕羅·漢默的基礎訓練》（The Basic Training of Pavlo Hummel），仍然在為麥可金的離去而哀悼的約翰，找到一個合適的替代選項：安德烈·塞班導演的阿奇留斯（Aeschylus）《阿加曼儂》（Agamemnon），音樂由伊莉莎白·史瓦杜斯負責。約翰在劇中扮演阿加曼儂及埃吉斯福斯（Aegisthus），這個製作會在《櫻桃園》結束後兩週在薇薇安·博蒙劇場演出，沿續塞班風潮。

在 1977 年四月底，梅莉和約翰各排練各的百老匯劇碼。到了五月，她主演跌跌撞撞的《皆大歡喜》，而他在二十街區以北演出《阿加曼儂》的劇名角色。白天，他們在富蘭克林街的鵝卵石上漫步；晚上，他們共享百老匯的聚光燈。

現在只有一個問題：約翰·卡佐爾在咳血。

Linda
琳達

對梅莉來說，電影從來就不是她志向之所在，她和自己說，她不是電影界要的那種玉女。她眼中的琳達，是「在劇本、在其他角色的生命中都被遺忘的人」。那角色只是某某人的女友、三角戀情中的金髮女孩，是其他人的功課，其他人的夢想。

比起「以一個明星之姿打響名號」，梅莉為自己打造的戲劇生涯，正是試圖要到達完全相反的另一端。

成為眾人皆知的電影明星

前來哀悼的人們在小丘頂的墓園集合。現在是十一月，枝枒枯荒，附近鋼鐵工廠像打水般不停把煙送進灰色的天空裡。一個牧師搖晃著香爐，低吟輓歌。梅莉·史翠普轉向左側，穿過一層厚厚的黑紗看著勞勃·狄尼洛，在他臉上搜索著情緒——但他看起來全然迷失了。她低頭，轉而注視自己在枯萎草地裡的那雙腳。空氣中的悲傷被眾人的難以置信給包覆，沒有人知道結果會是這樣，尤其是她。

一個又一個，他們往棺材靠近。梅莉放下一支長梗白花。她的純真看起來已消逝；她偉大的愛情在未能盡情綻放前，就被死神的鐮刀收割。她在胸前比了個十字，跟著狄尼洛走向車子。她並沒有回頭，也沒有看到約翰·卡佐爾蒼白、蓄著落腮鬍的臉。他是最後一個放下花朵，最後一個離開的人。

把鏡頭拉遠幾吋，花葉燦爛、草地茵綠。廣袤無際的夏景包圍住小小一畦咖啡色秋意，像是綠洲的對倒景象。這是《越戰獵鹿人》的拍攝現場，棺材是空的。

無論有沒有被詛咒，《皆大歡喜》終於走到百老匯的舞台上了。雖然整個劇組被災難糾纏不清，但他們還有一個無懈可擊的資產：梅莉·史翠普，一個能在三個下午重新習得哈雷路亞·李兒戲份的演員。儘管如此，時間依然緊迫；當他們把場景搬上馬丁·貝克劇場的舞台時，所有人都在緊繃狀態。劇組只有一次機會可以完整排演，此時，他們卻找不到梅莉。

上城區裡，《阿加曼儂》正在為第一週預演收尾。但同時，他們的主角也消失了。1977 年 5 月 3 日，舞台經理在每日報告裡寫道：「約翰·卡佐爾整天幾乎都因為身體檢查而不在，由傑米來飾演阿加曼儂。」

很明顯地，約翰身上一定有什麼不對勁的地方，嚴重的那種。梅莉注意到一些「讓人煩惱的症狀」，在她的督促之下，他同意去見醫師——預演什麼的，就先去

死吧。但兩位演員對於曼哈頓的醫學檢驗世界可說是一無所知，更不知道公園大道上的診所可能在好幾週前就被訂滿。幸好，他們還認識一個有勢力的人；或許也是紐約劇場界中唯一一個可以一通電話就得到他想要的東西的人：喬瑟夫‧帕普。

儘管被膨脹的劇場帝國逼到死角，只要有演員或編劇需要幫忙，帕普依然會拋下一切協助他們。當瑪莉‧貝絲‧赫特從羅斯福醫院的精神病房裡被拯救出來時，就先親身體驗到他這項特質。現在，他也會為梅莉和約翰做一樣的事。他安排他們去見他的醫生，威廉‧希特席格（William Hitzig），在他上城東區的診所。

希特席格醫生七十餘歲，奧地利出身。從他在看診床邊的溫暖態度，大概就能得知為什麼他會有如此大的影響力。除了帕普之外，他的病患還有衣索比亞的獨裁君王海爾‧塞拉西一世（Emperor Haile Selassie of Ethiopia），以及被評為「印度第二偉人」的政治家克里希南‧梅農（Krishna Menon）。在醫治二十幾位因原爆而毀容的女性後，他被延請至廣島現場；後來更飛到波蘭去照顧納粹醫療實驗的倖存者。儘管他在全球人道救援方面如此有經驗，他還是紐約少數願意去病患家看診的醫生。

如果要說希特席格醫師有什麼鋪張的地方，大概就是他的復古勞斯萊斯 —— 蓋兒‧帕普記憶中那台「顏色像檸檬一樣瘋狂」的車子。在帕普的請求下，希特席格同意讓他的司機去接梅莉和帕普，再送他們去紐約市裡幾乎每一個癌症專家的診所。現實是嚴峻的諷刺：他們下車時，就像是電影明星抵達首映會場，但那奢華感，其實已被盤旋在上的恐懼給吞噬了。

隔天晚上，約翰向《阿加曼儂》劇組告假。再下一晚也是。五月的第一週，兩人就在各種檢查的恍惚之中度過；他們反覆跳上希特席格醫生的勞斯萊斯再跳下，隨時可幫忙的喬‧帕普確保他們得到皇室般的待遇。「他在醫院幫我們掛號，在

椅子上坐著陪我們等檢查結果等好幾個小時。那些我們因為太害怕或太無知而沒說出口的問題，都是他問的。」在這之後，帕普不再只是紐約市裡給梅莉第一個工作機會的人，他是喬爸，她唯一愛過的老闆。

在奔波勞碌了幾天後，梅莉和約翰坐在希特席格醫生的診間，身邊還有喬和蓋兒・帕普（Gail Papp）。醫生友善親和地對待完全無法抵銷診斷結果之可怕：約翰得了肺癌，已經進入第三或四期了，他需要立刻開始化療。蓋兒・帕普回想：「醫生用他的方式說出了這個消息，讓約翰覺得對未來還有希望，但其實完全沒有。他的癌細胞已經擴散到所有地方了。」她說，這就是那種會讓你覺得「當場被宣判死刑」的消息。

約翰陷入沉默。梅莉也是。但她從來不是個會放棄的人，也絕不會在絕望面前屈服。或許這超乎常人的信心，也只是因為她騙過了自己、或在表面上這樣表現。但至少在那當下，梅莉築起毅力之長城，並決定：對她來說，約翰會繼續活下去。

她抬起頭來，然後說：「那，我們要去哪裡吃晚餐？」

◆

約翰要面對的悲慘命運，就像從特洛伊戰爭返家卻被妻子克呂泰涅斯特拉（Clytemnestra）謀殺的阿加曼儂。5 月 6 日，梅莉陪著憂鬱的約翰到薇薇安・博蒙劇場，把導演塞班拉到一旁。很快地，他就明白這個團隊無法繼續下去了。那天傍晚，舞台經理的每日報告上寫著：「今晚之後，傑米・札凱（Jamil Zakkai）將會扮演阿加曼儂和埃吉斯福斯。」

梅莉回到《皆大歡喜》劇組，某種意義上可以說是這個「被詛咒的劇組」中最新的被害者。但即使被舞台上的紛擾及家中的悲劇攪動心緒，她也沒有表露出來。和她同台演出的演員，只看到她專心致志的專業態度。有次她帶約翰和劇組成員去第九大道上一間老派的義大利餐館孟賈納若（Manganaro's），那裡最有名的就是吊掛搖曳的臘腸以及義式番茄醬肉丸。這是約翰最喜歡的餐廳，梅莉這樣和劇組的人說，臉上的笑容和鐵一樣冷硬。

每當約翰出現在後台，所有知道他病情的人看到他還拿著古巴雪茄，都驚訝不已。那時梅莉已經宣告她的更衣室禁菸，所以約翰會到演員葛瑞森·霍爾（Grayson Hall）房間抽——那裡已經變成劇團內非官方的吸菸區了。臀部到膝蓋還架著支架的克里斯多夫·洛伊德注意到梅莉的堅強：「梅莉的愛很堅韌剛毅，她不會心軟讓他裝病取巧。」

但現實中的種種變化越來越難以忽略，特別是對約翰來說。當他的弟弟史蒂芬在公寓裡聽到約翰說「他們在我肺上找到一個點」，他立刻明白這是個命定的敗局。史蒂芬走到約翰家的防火梯，情緒崩潰，啜泣聲起起伏伏。約翰說得出口的，只有：「你有想過要戒菸嗎？」後來，三人去中國城用午餐時，史蒂芬目睹約翰在路旁彎下腰，朝著水溝吐血，他簡直嚇壞了。

他們的朋友都保持樂觀，或至少試著要這麼做。才剛成為年輕寡婦、還在調適心態的羅賓·古德曼對自己說：**約翰一直以來看起來都病懨懨的，這次也不會有多糟吧**？約翰去治療時，艾爾·帕西諾會在醫院等候室裡坐著等他，但這位病患總是用各種方式重申「我們總會打倒這東西的！」他不斷重複表達這情緒，像是在念某種咒語。他會打斷哈洛維茲的樂觀安撫，高聲懷疑：「所以他們要讓我工作了嗎？」

每晚，梅莉都在馬丁·貝克劇場以獨唱曲〈泗水強尼〉（Surabaya Johnny）唱出

疲倦。她化身哈雷路亞・李兒，唱出她和一個刁著菸斗的東方惡棍之間的遠距離愛情故事。在歌曲裡，她跟著他到了印度的旁遮普省，從河流到大海，直到他離開她的公寓。雖然梅莉自己有個「劇場風流男」[1] 躺在更衣間床架上，但她唱的每一句歌詞都帶著哀傷的刺痛：

泗水強尼，為何我感到如此憂鬱？
你沒心沒肺，強尼，而我如此愛你……

那年六月，《皆大歡喜》想要爭取東尼獎的最佳音樂劇獎項，製作人們希望梅莉在電台裡直播演唱〈泗水強尼〉。她看著他們說：「不，我沒有足夠的信心可以這樣做。」她的語氣是如此肯定自信，以至於和話語的內容感覺都自相矛盾了。後來，洛伊德拄著拐杖表演了另一首歌，而這齣劇則在東尼獎輸給了《安妮》（Annie）。

那時候，梅莉和約翰正在計劃他們倆的下一步。這一步和醫生、放射線治療沒什麼關係，而是回到最初讓兩人在一起的所有層面 —— 演戲。趁約翰還有力氣的時候，他們把自己的一部分交出來，給他們心中唯一神聖的事物 —— 讓人相信的藝術。他們要一起演一部電影。

◆

有些謎樣的瘴氣永遠籠罩在《越戰獵鹿人》之上。當它挺進到奧斯卡，美國編劇工會的仲裁人得要破解拜占庭式複雜的編劇名單，好決定到底哪些人是編劇。它模糊的出身，顯示了持續在片中作祟的、那些更讓人困惑的謎團：越戰裡真的有逼戰俘玩俄羅斯輪盤嗎[2]？這件事重要嗎？這部電影還算是越戰片嗎？還是在對

友誼、男子氣概這類大主題做反思？這部片的立場是反戰，還是法西斯宣傳？到底是部傑作，還是一團亂？

迷霧的中心，最常是迷霧發源之地 —— 也就是導演麥可‧奇米諾（Michael Cimino）。他後來常說出些謎語般的句子，像是「當我在開玩笑的時候，我是認真的；但我認真起來，就是在開玩笑」以及「我不是我，我是不是我的我」。他身材矮小，講起話來輕聲細語。燈泡般的大鼻子、厚下巴以及蓬鬆的頭髮，讓他看起來完全不算是個風度翩翩的導演。但如果說他的外表算是不起眼，那他的自尊可說是無限大 —— 他曾經聲稱自己是個藝術神童，「像五歲就可以畫出完美圓形的米開朗基羅一樣」。有關家庭的事，他幾乎不提。奇米諾在紐約長大，以拍攝 L'eggs 絲襪和聯合航空廣告起家，1974 年導演克林‧伊斯威特（Clint Eastwood）主演的《沖天炮與飛毛腿》（Thunderbolt and Lightfoot）。

兩年之後，EMI 影業一位英國製作人麥可‧迪里（Michael Deeley）找上奇米諾。迪里想請他看看一個手邊的劇本，作者是昆恩‧瑞德可（Quinn Redeker）和盧‧葛芬柯（Lou Garfinkle）。瑞德可在大概二十年前一本雜誌上看過一個圖集，裡頭有個男人拿著史密斯與威森牌的左輪手槍玩俄羅斯輪盤。他和葛芬柯將這個畫面擴張成兩個人輪流進行俄羅斯輪盤的冒險故事。經過一年時間以及二十一份草稿，他們不斷改變故事背景，一路從南達科塔州到巴哈馬群島。當劇本被迪里以一萬九千美金買下時，場景在越南，劇名叫做《來玩遊戲的人》（The Man Who Came to Play）。

那時的美國才剛開始認知到越戰帶來的災難有多嚴重，五個大製作公司都用不同

1、 stage-door Johnny，指的是常上戲院勾引女演員或合唱團女孩的男子。

2、 俄羅斯輪盤（Russian Roulette）：相傳源於俄羅斯，搏生死的遊戲。規則是在左輪手槍的六個彈巢放入一顆至五顆不等的子彈，關上之後旋轉彈巢，參與者輪流把槍口對著自己的腦袋按下扳機；直至有人中槍，或不敢按下扳機為止。

方式表明「這劇本來得太早」，但迪里還是繼續勇往直前。況且，魚餌之下，真正的鉤子不是越南，而是美國大兵玩俄羅斯輪盤那可怕的幾幕。不過，迪里覺得這故事的角色還需要發展一下，就開始尋找可以為這個劇本增添血肉的作者導演。他腦中浮現麥可·奇米諾的名字。當迪里見到奇米諾時，覺得他有股「靜」的特質——至少是和克林·伊斯威特在一起的時候；畢竟沒人敢在伊斯威特面前亂來。

不過奇米諾怎麼看自己，又是另一回事了。在《沖天炮與飛毛腿》小有斬獲之後，他神色自若地加入形塑好萊塢新氣象的先鋒導演之林。這些氣焰囂張的作者導演包含馬丁·史柯西斯（Martin Scorsese）、彼得·博格丹諾維奇（Peter Bogdanovich）、法蘭西斯·福特·柯波拉（Francis Ford Coppola），他們引進歐洲藝術電影活潑的創造力，攪亂美國影壇。《我倆沒有明天》（Bonnie and Clyde）、《逍遙騎士》（Easy Rider）、《午夜牛郎》（Midnight Cowboy）等片，也直接在導演界帶起一陣創意革命，同時，導演們在資金和風格上也擁有越來越多話語權。

迪里和奇米諾在比佛利山莊的 EMI 公司空中花園用午餐。兩人都同意需要增加一些角色背景的描述，或許在影片開始的前二十分鐘。過了好些時日，迪里才發現奇米諾把劇本外發給一個寫手德瑞克·瓦胥本恩（Deric Washburn），卻完全沒有告知他。這是個犯規行為——雖然不嚴重，但是開啟了他接下來更多的犯規行為，引發迪里到最後對奇米諾的全面質疑。這位製作人說：「我能說的，就是從我的角度來看，他在許多方面都表現得很奇特；其中一方面，就是他有時很難說實話。」

瓦胥本恩，後來成為編劇工會認定的唯一編劇（瑞德肯、葛芬柯、瓦胥本恩和奇米諾四人共同擔任故事發想）。他記得奇米諾「防衛心很重」；唯一一次例外，是在奇米諾洛杉磯家中的那三天——他們將《來玩遊戲的人》改成兩人心中的

《越戰獵鹿人》。

「東西自然而然地流洩出來。」瓦胥本恩說：「就像拳擊對打一樣，我們有了大綱、對話、角色。我們在三天把這些鬼東西都弄了出來，這種事後來再也沒發生在我身上過。我坐下來不停地寫，大概寫了三個禮拜。每天晚上，奇米諾會派一個助手來把寫好的稿子拿走。當然，我沒有留下拷貝，而這也造成後來的問題。當劇本完成的時候，上面寫的名字卻不是我。」

瓦胥本恩每天工作二十個小時。當他完成時，奇米諾帶他到日落小徑上一間廉價餐廳，身旁跟著助理製作人兼跟班喬安·卡瑞里（Joann Carelli）。當他們用完晚餐時，根據瓦胥本恩的說法，卡瑞里看著他說：「好的，德瑞克，你該滾蛋了。」隔天，瓦胥本恩上了飛機，繼續他在曼哈頓當木匠的人生。

奇米諾交給 EMI 的劇本，幾乎沒什麼《來玩遊戲的人》的痕跡。故事背景在賓州的克萊頓鎮（Clairton），原本的主角被拆成三個人，都是俄羅斯鋼鐵工廠的工人。電影會是三幕式結構，在第一幕，克萊頓鎮無憂無慮的年輕人們準備要上戰場。第二幕裡，他們則要面對越南綠意盎然的地獄，並在那裡被獄卒逼著玩「俄羅斯輪盤」。第三幕回到克萊頓鎮，展現戰爭毀滅性的後果。性格高貴的受難者麥可生還，卻就此變得和眾人疏離。史蒂芬也回來了，但腿斷了。尼克在戰爭陰影下成為行屍走肉，在西貢的競技場不停玩著俄羅斯輪盤，直到一顆子彈終於穿過他的腦袋。

迪里在 EMI 的夥伴巴瑞·史派金斯（Barry Spikings）回想起和奇米諾在飛機上一場對話。奇米諾轉向他並說：「你知道俄羅斯輪盤是在幹嘛嗎？這其實就是個隱喻，在說我們對這個國家的年輕人做的事情：派他們去越南。」最終這個劇本處理男性情誼之深厚，遠超過戰爭的政治問題。影評們注意到，導演和主角都叫做麥可。更有啟發性的是主角的姓氏佛朗斯基（Vronsky）——這是從《安娜·

卡列尼娜》借來的姓氏，或許也是個線索，指向奇米諾架構的托爾斯泰規模感。奇米諾以第一幕裡嘈雜熱鬧的婚禮場景來解決角色發展的問題；這場史蒂芬和女友安潔拉的婚禮，在劇本裡佔了七頁半。

史派金斯說：「麥可，這會吃掉我們一些錢。」
「喔，不會啦，這一眨眼就過了。」奇米諾這樣保證：「幾天就解決了。」

在這群男性角色的同袍情誼之中，奇米諾和瓦胥本恩置入一個女性：超市結帳員琳達。她和尼克有過相守誓約，但和麥可有著更深層的誘惑，在兩者之間左右拉扯。劇本裡形容她是「一個脆弱的小東西，有著讓人過目不忘的美麗臉蛋」。琳達的角色發展並不完整，甚至比不上那種典型在家等待的女性，比不上在現代奧德賽旅途終點等待的潘尼洛普。

EMI 心知肚明，有關越南的電影不好賣。也因此他們需要一個明星來扮演麥可‧佛朗斯基。除了外表明顯非俄國裔，勞勃‧狄尼洛可說是最吸引人的選項。他在《殘酷大街》（Mean Streets）、《教父第二集》以及《計程車司機》（Taxi Driver）裡的演出都鞏固了他身為好萊塢新世界剽悍英雄的地位。EMI 支付了狄尼洛要求的一百五十萬美金演出酬勞，並在《綜藝報》裡刊登了全版廣告，讓他在照片中戴著墨鏡、手持來福槍，昭告天下。

奇米諾和狄尼洛開始尋找其他演員來拼湊出完整卡司。在印第安納州蓋瑞市的煉鋼廠，一個魁梧的監工查克‧阿斯佩格倫（Chuck Aspegren）帶他們繞了工廠一圈，就被找去當團體裡喝酒喝很兇的惡棍阿瑟爾（Axel）。回到紐約，狄尼洛快手緊抓住三十四歲的演員克里斯多夫‧沃肯（Christopher Walken）[3]，要讓他演尼克。沃肯當時剛在百老匯《青春小鳥》裡和艾琳‧沃斯演出對手戲。狄尼洛接著在《美國水牛》（American Buffalo）[4] 中看到約翰‧沙瓦奇（John Savage），覺得他非常適合演出從新郎變成截肢傷者的史蒂芬。在薇薇安‧博蒙劇場，狄尼

洛看到梅莉在《櫻桃園》演落入凡塵的杜尼雅沙。這角色和拘謹的琳達毫無共通之處，但幾週後，奇米諾遇上在《皆大歡喜》唱著〈泗水強尼〉的梅莉，她便得到了這個角色。

對梅莉來說，電影從來就不是她志向之所在，她和自己說，她不是電影界要的那種玉女。她眼中的琳達，是「在劇本、在其他角色的生命中都被遺忘的人」。那個只是某某人的女友的角色、三角戀情中的金髮女孩，是其他人的功課，其他人的夢想。比起「以一個明星之姿打響名號」，梅莉為自己打造的戲劇生涯，正是試圖要到達完全相反的另一端。在過去兩年內，她曾經演過修女，演過法國公主、南方性感寶貝、曼哈頓秘書、內戰時期的淑女、笨手笨腳的俄羅斯女僕以及救世軍 —— 更別說她在耶魯時那些五花八門的角色了。經過那麼多嘗試，一個結帳員琳達就可能讓一切歸零。

她後來說：「他們需要安插一個女孩在兩個男的中間，而我就是那個女的。」

但《越戰獵鹿人》有個吸引力，足以讓她拋下被定型的擔憂：裡面有個適合約翰・卡佐爾的角色。鋼鐵工人史丹利（Stanley）是團體中的小丑，一個「失敗的雄性領導者」（這是奇米諾的總結），總是用輕浮的拳頭和八卦消息騷擾他的兄弟們。即使髮線不斷倒退，他還是在鏡子前仔細整理；會拿出二十塊來賭老鷹隊的四分衛是個穿裙子的娘娘腔。就像佛雷多・柯里昂，他是兄弟之間最弱的那個，一個隨便的女孩或幾句帶刺的話就可以輕鬆把他打發走。他的男子氣概稀疏落魄，打起架來像漫畫。

3、克里斯多夫・沃肯（Christopher Walken）：1943 −。美國知名舞台及電影主角及角色演員，作品有《安妮霍爾》（Annie Hall）、《蝙蝠俠大顯神威》（Batman Returns）、《黑色追緝令》（Pulp Fiction）、《髮膠明星夢》（Hairspray），並以《越戰獵鹿人》贏得奧斯卡最佳男配角。

4、《美國水牛》（American Buffalo）：由後來的美國普立茲戲劇獎得主大衛・馬密（David Mamet）創作的劇本，1975 年在芝加哥首演，兩年後到百老匯演出。

根據奇米諾所說，約翰希望可以和狄尼洛一起演出，但一開始又猶豫是否要接這個角色，也沒有表明猶豫的原因。後來，他終於和奇米諾說自己正在接受肺癌的放射線治療；如果導演無法承擔這個風險，他也能體諒。奇米諾十分震驚，並告訴他一切就照原計畫進行。約翰問，但演員在開拍前必須接受醫療檢查，要和大家怎麼說？他不知道該怎麼辦。奇米諾說，就說出實話吧。於是，他們屏息以待。

《越戰獵鹿人》預計在六月底開拍，正好那時梅莉也要把《皆大歡喜》收尾。幾個禮拜過去了，醫療檢查的負責人什麼都沒說。直到開拍前一天，奇米諾才接到EMI來了一通發狂的電話，很有可能是迪里打的。電話裡說，製片廠要幫這部電影保險，而約翰在現實中糟糕的健康問題，突然就變成了金錢問題。奇米諾說，「那些EMI的智障」要他開除約翰，所以他就爆炸了，「我和他說他瘋了。我和他說，我們明天一早就開拍，讓這部片把公司搞垮。他們和我說，如果我不開除約翰，他們就結束這部片的拍攝計畫。這真是太糟糕了。我花了好幾個小時講電話，大吼大叫、極力抗爭。」

巴瑞·史派金斯和麥可·迪里都否認EMI曾經要求開除約翰。迪里說：「要不要讓約翰離開從來就不是問題。他是梅莉·史翠普的愛人，還是勞勃·狄尼洛介紹給我們的，要約翰離開的話，這兩人一定會非常憤怒。」他們收到的醫療建議裡，說約翰的健康狀況在拍攝結束前並不會到達「危機點」。劇組決定要調整拍攝的順序，先拍有約翰的場景。不過，迪里認為還是應該要有個備案比較合理。他要求奇米諾再寫一個備用的場景來解釋史丹利為何會消失，這樣如果約翰真的中途辭世，已經拍攝完成的段落也不需要勉強剪接。

這點燃另一個炸彈。依照奇米諾的說法，他實在覺得這要求太見不得人，甚至去看了精神科醫生。這已經不是在拍電影了：「**我要退出，**」他心想。「**我做不到，這一點都不值得這樣；用這種方式來談論生死。**」最後，他還是同意寫了一個替代方案的場景，一個他根本不想用的「完全可怕至極的屎」。奇米諾在厭惡噁心

的情緒之中摔了話筒，結束對話。

但保險仍然是個問題。在那之後好些年，傳言說勞勃·狄尼洛當初是自己出錢，保障約翰可以參與演出。這就像是《越戰獵鹿人》之間的兄弟情誼與忠誠在現實中的對照組；麥可在越南荒野中，也同樣發誓不會離開尼克。在公開場合被問到時，狄尼洛對保險問題含糊其詞，也沒有個直接的答案，只說：「他的病比我們想像中還要嚴重，但我希望他可以參與。」

迪里和史派金斯堅持這件事根本沒發生過。迪里說：「誰會是約翰的受益人？不會是 EMI，因為 EMI 和他的保險沒有關係。我們就是沒辦法幫他弄到保險；怎麼會有人認為勞勃·狄尼洛在保險界有什麼特別管道可以做到這件事？」儘管如此，梅莉十分相信是狄尼洛的慷慨大方讓一切成真，幾十年後她都還在重複這個故事。就像《越戰獵鹿人》的其他謎團一樣，約翰的保險也成為了傳說。

如果約翰真的在沒有保險的狀況下拍攝，一如製作人們所說的，所有人都只能祈禱他的身體能撐到拍完自己的戲份為止。沙瓦奇說，演員們都有簽一張同意書，如果約翰於拍攝期間過世，他們答應不採取任何法律行動。

現在，時間就是一切。拍得越久，一旦那個不能說的狀況發生了，要剪輯約翰出現的段落就變得越複雜。《越戰獵鹿人》的拍攝本身就是個俄羅斯輪盤，每一捲膠卷，都是槍巢內一顆新的子彈。

◆

賓州克萊頓鎮的大街上，兩個人影手挽著手走來。男子穿著陸軍特種部隊制服，

女子則身著深藍大衣。對身旁走過的鎮上居民來說，他們看起來就像一對在塵土飛揚的大道上散步的快樂情侶。但他們的表情緊張，極少做眼神接觸。當有人停下來問候男子時，女子默默地望向一旁的商店櫥窗，整理頭髮。

「卡！」

梅莉把她的手從狄尼洛身邊抽出來。這是《越戰獵鹿人》拍攝的第一天，所有事情都亂了次序。麥可和琳達一起走在克萊頓鎮上的場景，來自故事裡越戰過後的第三幕。他們必須要想像那之前發生過的所有事情：兩人在婚宴舞廳裡的調情眼神，暫時性的返家……那些他們之後才會拍的東西。

還有，這裡並不是克萊頓鎮。現實中的克萊頓，不符合奇米諾對美國中部神秘村莊的想像。電影中的克萊頓，是奇米諾把七個不同的鄉鎮中擷取出來的元素，重新在俄亥俄州、賓州和西維吉尼亞州交會處的一個轉角拼湊出來的。這裡就像是威爾頓（Weirton）、杜肯（Duquesne）、斯托本維爾（Steubenville）和佛朗斯比（Follansbee）的系列城市。在克利夫蘭，奇米諾選中了聖狄奧多西教堂 —— 一個傳統的俄羅斯東正教教堂 —— 來拍攝婚禮場景。在俄亥俄州的明果交叉口（Mingo Junction），他把煉鋼廠出來那條街上的威爾斯酒吧，改裝為戲中那個鎮上的社交場所。

劇組和工作人員走到哪都像巡迴馬戲團，當地報紙記者蜂擁而至拍攝現場，給出像是「明果市民因電影歡欣鼓舞」或是「拍電影帶來錢潮，不帶來污染」這種標題。只有真實世界的克萊頓鎮鎮長洛伊德‧法吉（Lloyd Fuge）看來持保留態度。他和斯托本維爾的《快報之星》說：「他們說在這裡拍攝的場景，對我們鎮上沒什麼幫助。」他或許是對的。奇米諾想像中的克萊頓鎮是灰暗之地，招牌蒙塵，鍋爐散發出來的煙讓天空窒息。

劇本設定是在單調沉悶的十一月：獵鹿的季節。但當劇組人員在美國東北的鏽帶（Rust Belt）搭景時，正逢史上最熱的夏天之一。演員和資金一到位，電影工作者們知道他們得快；約翰·卡佐爾身上的倒數計時炸彈，讓等秋天到來這個選項變得更有風險。因此，他們決定摘下樹上的葉子，噴灑藥劑讓草地變黃褐色，還在地上撒枯葉。明果的居民們若曾疑惑為何斯洛伐克同鄉會外的樹木會在六月底變得光禿禿的，也是可以理解。

炎熱的天氣也像在懲罰著演員們。即使在攝氏三十二度的灼燒空氣裡，演員們還是得穿著法蘭絨襯衫與羊毛帽，眼睜睜看著劇組人員穿短袖。每一卡結束後，他們會脫下被汗水浸濕的衣服，換一套乾的。演出酒吧老闆的喬治·德桑薩（George Dzundza）的假鬢角一直從臉上滑下來。梅莉身旁隨時都放著一台吹風機，好確保拍起來的髮型別太難看。

明果的人沒怎麼注意到她 —— 不像勞勃·狄尼洛，只要走到主要街道上就一定會登上斯托本維爾的《快報之星》。梅莉會在拍戲無聊漫長的空檔裡織毛衣，就像她的角色一樣。當她有機會到處走走的時候，她會去鎮上晃晃。在偉斯伯格衣飾店，她買了一條圍巾然後和老闆聊了聊天。店主很開心能和一個電影演員談話，但並沒有發現她其實在工作，在吸收俄亥俄河旁的生活樣態和步調。

梅莉依然對琳達這個角色有所質疑，而且她也直話直說。當《紐約時報》到鎮上要報導這齣「不是要打擊美國的越戰電影」，她驚人地直接。

「琳達在本質上就是個男人視角下的女性。她非常被動，非常安靜，一直都是個很脆弱的人。她眼眶裡永遠含著淚，但有堅毅的心；付出很多但永遠不會因此沮喪；被所有人打擊，卻永遠不會因此生氣。」

她繼續說道：「換句話說，她真的和我的本性差很多。我基本上算是個鬥士，要

演這個角色是有難度的。我很想把她從緊身衣中解放出來,但當然,我甚至不能表現出一點這樣的可能性。我覺得,她日後就是那上百萬個神經質家庭主婦中的一人。但這是部男人的電影,它和琳達的問題無關。我想這故事的觀點,就是她是個可愛的人。」

一個默默無名的女演員演出第一部大製作電影時,就對著《紐約時報》發這樣的牢騷 —— 這已經不只是大膽。

不過,梅莉最關心的不是琳達,而是約翰。在拍攝現場,她仔細照看他,確保他沒有做出超出自己能力範圍的事。約翰的虛弱,是顯而易見的。在法蘭絨襯衫之下,放射線治療在他胸膛上留下一個小小的標痕,也像是狩獵用來福槍瞄準器上的十字線。劇組中大部分的人都知道他要面對什麼,但沒人真的想提起。也許梅莉最後成功說服他戒菸了,現在他看到有人要點菸就會譴責他們。沙瓦奇回憶:「只要被他看到,他就會跟在我們後面,把菸搶走然後熄掉,對著我們大叫。他用幽默和批評同時打你巴掌,不至於讓你太不爽。基本上就是,『如果你要抽,你就會死。別亂玩了!』」

一開始幾週,奇米諾完成了電影最後三分之一、後越戰時期的拍攝。在賓州杜肯,他把一小塊草原變成墓園,在那裡拍攝克里斯多夫・沃肯角色的葬禮。拍攝結束之後,他們把這裡送給當地的小孩,讓他們當作球場。在威爾斯酒吧裡,他們拍了那個不可思議的結局,哀悼者們唱出哀傷版本的〈天佑美國〉。梅莉和約翰坐在彼此身邊,唱著山,唱著草原,唱著泛白沫的海洋。

完成悲劇結局後,奇米諾回溯到那混亂熱鬧的開場。那時候,劇組已經培養起輕鬆自在的夥伴情誼,可以在電影中展現出自然打鬧的風格。奇米諾希望開場幾場戲可以有家庭電影的感覺,讓觀眾就像看著自己過去的點滴。他花了很多時間讓演員沉浸在情境之中,甚至偽造了賓州駕照放在他們口袋裡,希望他們漸漸進入

那個現實。

第一幕的重點場景就是婚宴舞會。奇米諾心中想的是一個有著豐富細節妝點的場景，和要快手快腳搭建場景的迪里所想像的，相去甚遠。奇米諾曾經在一個俄羅斯東正教婚禮當過伴郎，他的目標是要像紀錄片一樣拍攝這場戲，放入越多真實元素越好。在這個原則下，場地選在克利夫蘭的蘭科大廳（Lemko Hall），這是這一帶斯拉夫社群舉辦慶典的舞廳。

整整三天，一位叫做歐嘉·蓋朵斯的老師教演員們跳俄羅斯民俗舞蹈，像是「販子舞」（korobushka）和兩女一男的三馬舞「小馬群舞」（troika）。梅莉和另一位伴娘瑪莉·安·漢娜各勾著約翰一邊的手旋轉，嘲笑他笨拙的舞步。「夠了喔，」他會這樣說，微微被惹怒。突然間，所有人都湧上來關心他：「你還好嗎？」「要不要休息一下？」

有空檔時，這對情侶會偷偷湊出一些私密時光。漢娜回憶：「他們會向彼此小聲說話。他們把頭靠在一起，走在一起。他們看起來很快樂。但時不時地，你會看到那個他們給彼此的眼神 —— 那樣深深看進彼此。」

克萊頓鎮和那個電影世界，就像是約翰健康問題的背景噪音。梅莉事後回想起來：「在我們倆那段奇異的生命經歷中，演電影可說是最微小的部分。我的意思是，那是一件艱難的事，也沒人真的知道那些協議要怎麼運作。但我們對每件事保持樂觀，希望會順利。」

8月3日，在進度已經落後好幾週之後，奇米諾開始拍攝電影史上最瘋狂、酒精濃度最高、**時間也最久**的婚宴舞會。在蘭科大廳外，街道封閉，路上擠滿卡車和發電機。

大廳裡，窗戶被黑幕罩住好讓大廳維持在黑夜。牆上掛著沙瓦奇、沃肯和狄尼洛巨型的大頭照，一旁的旗幟上寫著給這些男孩越南之行的祝福。後方的吧檯房整天開放，所有人都可以在裡面玩一局琴酒拉米（gin rummy），或灌一瓶 Rolling Rock 啤酒。當然，奇米諾並不在意演員們是不是醉了，醉了更好。

電影製作團隊在社區裡貼出廣告，要在三個教區徵求總共兩百個婚禮賓客，日薪二十五塊美金，如果帶著包好的禮物盒，再多兩塊錢。他們請參加者把禮物放在大廳後方，盒子高高堆到天花板。開拍前，助導用不可置信的語氣和奇米諾說：「麥可，所有人都帶禮物來了！」

「喔，我們叫他們帶的啊。」導演說。

「不，你不懂。」盒子裡有烤吐司機、小家電、銀餐具和瓷器。這些教區的民眾買了真的禮物，彷彿他們要參加的是個真的婚禮。

舞會從每天早上七點半開始，風風火火到晚上九點或十點。所有人都疲倦、開心，不知身在何方。奇米諾用人類學般的好奇心捕捉了這團混亂，只有在編排舞蹈時偶爾在這裡那裡安排一下。舞會中，約翰的角色在和一個伴娘跳舞，然後古利發西飾演的樂隊指揮介入，說要和女生跳舞。當約翰注意到他抓住那個女生的臀部，就跳了過去把他們拆散，轉向那個女孩然後打她臉頰。奇米諾說，他叔叔在家族婚禮上也做了一樣的事情。

其他輪番上陣的場景都出現得自然有機。一個老男人狼吞虎嚥地吃著甘藍菜鑲料料理。克里斯多夫‧沃肯縱身跳過一杯啤酒。查克拖著一個伴娘往衣物間走去，她一邊用雨傘戳他。在一個場景裡，狄尼洛實在太累了，當他靠在約翰身上要拍團體照的時候不小心失去了平衡，兩人一起跌坐在地上。奇米諾保留了這一幕：他要的是意外，不是優雅。

梅莉也陷入這場狂歡，至少當攝影機對著她時是如此。當狄尼洛在舞池裡旋轉著她的身子，一陣暈眩的笑聲爆發出來。接到捧花時，她快樂地尖叫。梅莉或許沒有多去思考她的角色，但她找到一個演琳達的方式：「我回想高中那些永遠等著事情發生在她們身上的女孩。琳達在等一個男人找到她，照顧她。如果不是眼前這個男人，就是另一個。她在等待一個男人出現，開啟她的生命。」

事實上，梅莉就是在扮演她高中時完美詮釋的角色：那個咯咯笑著，性格柔軟，善於獵捕男孩的啦啦隊員。在她蓬鬆的粉紅色禮服和蝴蝶結下，她拾回那個被遺忘的女孩，那個知道要讓伯納德鎮橄欖球隊男孩約她第二次、就要放棄所有意見的女孩。當麥可‧佛朗斯基問琳達她想要哪種啤酒，她聳聳肩說，「都可以。」梅莉發現自己已經「儲存」了這個角色，可以隨意讓她復活。不過現在，她已經對自己很有信心：一旦攝影機停止轉動，她就可以封印這個女孩。

在這裡，有一群伴娘朋友們取代了曾經的啦啦隊員：瑪莉‧安‧漢娜、敏蒂‧卡普蘭（Mindy Kaplan）和艾咪‧萊特（Amy Wright）。有天，四個人在休息時覺得很無聊。梅莉去拍攝現場查看拍攝進度為什麼被耽誤，帶回膠卷被用完的消息（試著捕捉每分每秒的奇米諾，用膠捲的速度像是用燒的）。不過她也帶回好消息：有個男的教她如何殺死蒼蠅——那天剛好就有隻蒼蠅在更衣間裡飛來飛去。梅莉表演給女孩們看：只要把雙手合攏放在蒼蠅上方，它就會快速飛上來，讓人可以趁勢殺了它。不過，當梅莉真的嘗試的時候，蒼蠅低飛躲過，在艾咪的乳溝中找到庇護所。女孩們尖叫著大笑，艾咪則抓狂似地掀起小外套要把它弄出來。

在最後的最後，奇米諾喊停，這個看似沒有終點的婚禮終於結束。旗幟被拿了下來、甘藍料理被丟進垃圾桶；臨時演員得到他們的每日薪資，逐漸散去。梅莉、約翰‧克里斯多夫‧沃肯和勞勃‧狄尼洛也離開了。空曠的大廳散發一股詭異的氣氛，而奇米諾看到一個當地人坐在舞台上，手中握著一杯半滿的啤酒，安靜地哭著。

「發生什麼事了嗎？」導演這樣問。那個男子眼中充滿淚水，他說：「這真是一場美麗的婚禮。」

◆

當《越戰獵鹿人》的劇組搬離鏽帶時，梅莉的戲份也就完成了，但卡佐爾還有打獵的那幾場戲要拍。這群宿醉的單身漢，要在天色剛亮時前往山裡。奇米諾用打造神話的崇敬莊重氛圍，將狄尼洛在霧中踏過小徑的段落配上了天使般的合唱團歌聲。當然，梅莉可能會指出這個神聖的狩獵之旅只限男人，像琳達這樣的女人，在男人和自然的神聖連結之間是沒有容身之處的。

那時候是夏末，在整個東北方都找不到白雪蓋頂的山頭。因此，奇米諾讓演員們飛越美國，來到卡斯開山脈在華盛頓州的山區。身為史丹，卡佐爾的任務依然是扮演英雄之間的小丑和失敗者。在山間小路上，他穿著皺巴巴的燕尾服，頭戴荒謬的毛帽從凱迪拉克中走出來。一如往常，他忘了帶打獵靴，而狄尼洛飾演的麥可‧佛朗斯基拒絕借他自己的靴子。「就是這樣。」麥可解釋。

「這天殺的是什麼意思？」史丹回罵：「『就是這樣。』我的意思是，這是什麼死 gay 炮會說出來的屎？還是就是死 gay 炮會說的⋯⋯」

總之，史丹拿走了靴子，麥可怒視著他，拿起他的來福槍。「怎樣？」史丹反擊：「你要射我嗎？啊？瞄準這裡啊。」

說出最後一句時，約翰‧卡佐爾掀開西裝襯衫的一角，露出小小一塊楔型的皮膚。他選擇露出放射線治療在胸膛上留下的那個刺痕。那一幕，奇米諾後來說道，就

像是「某種死亡的懸疑預示」。

工作人員在兩座山峰之間搭建了一間小木屋，他們在裡面拍攝麥可從越南回來後、第二次狩獵的場景。這次，史丹隨身都攜帶一隻極為迷你的左輪手槍；在幾次溫和挑釁後，麥可攫走手槍，威脅要射史丹的腦袋。在那時，觀眾看到他和其他人之間有多遙不可及，那場地獄般的戰爭又是如何把他從老朋友身邊帶走。最後，他把槍舉向上，對著天花板開槍。

從美國大兵的證詞到狩獵指南，狄尼洛做了詳細的研究；他覺得在這一幕，槍裡應該要保留可以發射的子彈才演得好。「你瘋了嗎？」奇米諾說。狄尼洛堅持說要問問看約翰的意見。

「約翰，鮑伯說要拿裝著子彈的槍來演。」導演說。卡佐爾看著他，眨了一下眼。「好啊，」他說：「但我要先檢查一下那把槍。」

在每一次開拍前，約翰都會花半個小時來檢查那把槍，確定子彈沒有放錯位置，把大家都逼瘋了：又來了，他的那種慢。不過，為什麼他要同意這麼做？過去這幾個月來，他已經被逼著直視自己的生死。但對約翰來說，沒有什麼會比兩個演員對戲激發的電流還讓他興奮。

山中的日子壯麗卻緊湊。每當霧散開，奇米諾會按警鈴，然後所有人立刻衝去就定位，心裡清楚陽光可能隨時會消失。但，時間的流動對約翰・卡佐爾來說是不同的。奇米諾會抓到約翰在換場時，聞著山間花朵。

◆

梅莉就只想和約翰在一起，但命運硬是把她往兩個方向拉扯。一個是約翰康復的艱難道路；另一個，則是她步步高升的演藝事業。

《死極之季》的製作人赫伯特‧布洛德金已經雇請她參加下一個計劃：九小時的電視迷你影集《大屠殺》，故事敘述一個德國家庭在納粹勢力崛起時的漂泊離散。在規模及認真程度上，這個製作想要追隨史詩傳奇般的 ABC 迷你影集《根》（Roots），該劇以非裔美國人的經驗為主軸，在前一年的一月播出後旋即得到前所未有的收視率。布洛德金期待可以在 NBC 複製這樣的成功經驗，打造出自己的票房鉅片，因此雇用了《根》的其中一位導演馬文‧喬姆斯基（Marvin Chomsky）來拍攝《大屠殺》。

梅莉會接下這個工作只有一個原因：錢。她已經默默幫約翰付了一些醫藥費，而在《越戰獵鹿人》之後，兩人都不知道他什麼時候可以再開始工作。她希望約翰可以和她去奧地利拍攝，但到了要拍攝時，約翰已經太過虛弱而無法前往。

八月底，梅莉獨自一人飛往維也納。她形容，奧地利的一切就是「徹底奧式」：「劇本嚴酷得徹底，我的角色則是高貴得徹底。」她飾演的英格‧赫姆‧魏斯（Inga Helms Weiss）是個非猶太裔的德國人，在沒有預期到日後災難的情況下嫁進一個猶太家庭。她的畫家丈夫卡爾（Karl）由詹姆士‧伍德斯（James Woods）飾演，是個傑出柏林醫生之子。卡爾以「例行質詢」之名被帶走，送往特雷辛集中營（Theresienstadt）——納粹拿這個集中營當「範本」，好做政治宣傳。在那裡，他加入一群藝術家們，試圖畫出他們生活的真實情況，並把畫作偷渡到外面，讓世界知道真相。

像琳達一樣，英格代表一個理想型：那種站在猶太人那側、直視納粹詭計的「好亞利安」旁觀者。其中一個讓人不舒服的情節，是英格為了讓卡爾可以免除採礦場勞累的職務以及把信交到他手上，讓一個太保玷污了她。（「我必須用些方法

才能讓這些信被送到你手上，但我對你的愛是不死的。」）最後，她為了要和丈夫在一起，犧牲自己的自由，進入特雷辛集中營的藝術工作室。

在 1977 年 8 月 29 日寫給帕普的明信片裡，梅莉說維也納有「超凡的美與壓迫感」。她因為這座城市保留的藝術遺跡入迷，但也驚訝於納粹陰魂不散的存在感。整座城市在九點就歇息了；有時候會有兩間電影院在同一晚播放有關希特勒的電影。她也還記得，這裡就是《量・度》的場景。距離她和約翰一起演出，只隔了一年。她和帕普說，很想念紐約的混亂匆忙。

在《大屠殺》裡，梅莉又和麥可・莫里亞提聚首了。這次，他扮演的是以反社會人格愉悅地成為納粹超人律師的艾瑞克・朵夫（Erik Dorf）。梅莉讀了埃里希・弗洛姆（Erich Fromm）的《人的破壞性剖析》（The Anatomy of Human Destructiveness），除此之外並沒有做什麼研究。但這段她要參與的扭曲歷史，在身邊俯拾即是，而且非常明顯。她日後回想在毛特豪森集中營（Mauthausen）拍攝的日子，說「對我來說真的太沉重了」、「街上轉角有個啤酒屋，那些老兵們如果喝得夠醉，時間夠晚，就會拿出戰爭的紀念品，讓那場景變得非常詭異。我當時覺得自己快瘋了，然後約翰還病著，我很想要陪在他身邊。」

拍攝日程不斷延長，梅莉覺得那兩個半月就像被關在監獄裡。馬文・喬姆斯基知道梅莉有多想離開，也知道原因。他說：「她或許覺得自己擔心失去約翰，就像那個角色害怕失去丈夫。」「她要如何使用真實人生中的情緒和怎麼演出都是她的事情，我沒有問，也沒有做什麼建議。我不想要佔這種便宜，那是她在私生活裡的情緒。她想要倚賴專業的情感表達，而以她的情況來說，的確游刃有餘。」馬文被她的能力驚艷，曾經在換場之間問：「梅莉，告訴我：這是從哪裡來的？」她含糊回答：「喔，馬文……」

她的專業還包含歡快明亮的態度。儘管在那之下有著躁動不安，但對拍攝團隊來

說依然有著舒緩作用。當劇組在毛特豪森的毒氣室拍攝時，總是爆發許多口角。「因為在那種地方工作感覺非常糟糕，我們就把不好的情緒拿出來對付一起工作的人。但實際上，那些怒意都是在針對納粹。」伍德斯不久後觀察出來：「在這種情況下——這情況很常發生——梅莉就是那個可以說出對的話、緩解張力的人。」

二十歲的布蘭琪‧貝克（Blanche Baker）在此劇飾演梅莉丈夫的妹妹。在她眼中，這位二十八歲的女演員前輩就像是世界上最心思細膩又複雜的人了。即使布蘭琪的父親——知名導演傑克‧加芬（Jack Garfein）——就是奧許維茲集中營生還者，她對這起殘酷暴行並沒有多少興趣，覺得和演她哥哥的喬瑟夫‧巴滕斯（Joseph Bottoms）調情還比較有趣。在休假時，她會和梅莉去維也納的麵包坊，吃「mit Schlag」（加了打發鮮奶油）的甜點。梅莉和她坦白說出男友病重在家的事——對布蘭琪來說，這些都非常「成人」。

布蘭琪可以說是在演藝圈被養大的。她的教父是李‧史特拉斯堡，母親是卡蘿‧貝克，那個讓田納西‧威廉斯的寶貝娃娃在銀幕上永垂不朽的女演員。不過，易受影響的布蘭琪把梅莉看作是職業表演的範本，盡自己所能模仿她。梅莉在導演喊「Action」前會轉過身，短暫地靜下來整頓自己，於是布蘭琪也開始培養一樣的習慣。梅莉會在劇本邊緣寫滿筆記，所以布蘭琪也在她的劇本上塗寫。布蘭琪曾在小時候學過雕塑，而梅莉仔細精密的塗鴉讓她想起雕刻家的素描。

最後三個禮拜的每個小時，梅莉都在為離開倒數。她難以成眠，在那「該死的羽絨被」裡等著清晨到來。時間一到，她一秒都不多留，立刻離開奧地利。喬姆斯基說：「她非常焦慮地要完成最後一場戲，然後馬上離開。我記得我們甚至沒機會說聲再見。」當她回到紐約，約翰已經有些不良於行。他從來沒看起來這麼糟過。

◆

有一陣子，沒人見到梅莉。也沒人見到約翰。戲約來了又走。朋友們打去公寓要找約翰，接電話的會是梅莉。

「他現在真的剛好要去睡了，或許改天……」，電話掛斷。

他們鮮少外出，而且出門一次就得費很多功夫。有次，梅莉的耶魯老同學伊紐拉圖在巴洛街上一間餐廳看到兩人，並且驚訝地目睹梅莉攙扶約翰走到餐桌旁。他說：「有關梅莉，這是我不曾想過會看到的一面。」

幾次在斯隆·凱特琳紀念癌症中心（Memorial Sloan Kettering Cancer Center）看診，醫生們注意到約翰身邊無懼的同伴。當一位外科醫生提到她獨特的美，約翰說那是自然最美好的樣子：「我希望可以一直一直看著，越久越好。」

她要抵抗病情的決心說服了所有人 —— 大家難道看不出來她只是在演一齣嘔心瀝血戲？當她寫信給耶魯教授鮑比·路易斯時，她說：「我男友病得非常嚴重，有時候 —— 像是現在 —— 他需要住院。他有完善的照顧，而我只能試圖在他身邊撐著手走來走去，但我無時無刻不擔心，但還是得一直假裝自己很開心。這簡直讓我心理上、生理上、情緒上都累壞了，比**任何工作**都還累。老天，幸好我從十月後就沒工作了，不然我不知道自己是怎麼活過來的。」

約翰的肺癌已經轉移到骨頭。每一天，他都變得更虛弱，而梅莉將此歸因於化療。她也改變許多；昔日的裝備和打扮都變得不再重要，現在她唯一的角色就是個護士。儘管有許多嚴重的問題，但那段時間少了演藝圈的繁雜嘈嚷，只有靜謐的兩人世界。梅莉認為他們在那段時間分享了彼此不為人知的親密：「我和他是如此

靠近，以至於我甚至沒察覺他正逐漸衰弱。」

日子經過，時序從 1977 年移轉到 1978 年。一月時，凍骨寒雪及大雨覆蓋了整座城市，成千上萬戶停電。兩週後，十三吋厚雪降臨 —— 那是十年來最大的暴風雪。去年才剛經歷一場大停電、以及「山姆之子」連續殺人事件[5]的這座大都會，發現自己無力清除街道上滿坑滿谷的融雪及垃圾。每過幾天，市政府就會宣布「暴雪警報」，一個出現得太頻繁、已經變得無意義的警報。

在情人節當天，又有四吋厚的雪落下。從公寓的逃生梯上，梅莉和約翰可以看到鋪滿白雪的法蘭克福街。這並不是個浪漫的場景：白雪之下，是被掩蓋的泥沙、垃圾袋和坑洞。這座城市已經病入膏肓。

◆

沒有梅莉的《越戰獵鹿人》劇組動身前往泰國，奇米諾的越南替代方案。這部電影已經超出預算，拍攝時程也延宕多時。婚宴那一場戲完全不是「一眨眼就過了」，吃掉了大量的製作費和時間，讓 EMI 的人十分擔心。巴瑞‧史派金斯帶著導演去湖邊散步。

奇米諾向他保證他盡力了。「麥可，你已經盡力了嗎？」

在泰國拍攝不僅造價昂貴，而且非常危險。美國國務院發出警告，叫他們別靠近這個右翼軍政府控制的國家。在武裝叛軍猖狂的緬甸邊境，奇米諾和他的劇組在茅屋裡吃綠色眼鏡蛇，聽說這會增強男子氣概和性能力。

奇米諾希望越南的場景都有克萊頓鎮那種「紀錄片般的真實」風格。他僱請當地的素人演員扮演俘虜主角們的越南士兵。身為美國大兵的狄尼洛、沃肯和沙瓦奇每天都穿一樣的衣服，不洗澡不刮鬍子，穿著制服睡覺。像奇米諾日後吹噓的那樣，「他們的味道直達天廳」。在其中一個浸老虎籠的場景，有隻老鼠開始囓咬沙瓦奇的臉。奇米諾把這畫面放進電影裡。

泰國嚴格執行軍事宵禁，所以劇組會凌晨兩點偷偷起床，在秘密地點佈景，一旁有中情局監督照看（奇米諾把他們也放進電影裡）。他們可以將底片運出去，但禁止把沖洗出來的拷貝帶進來，只好在沒看過每天毛片的狀況下盲拍。史派金斯飛到當地去監看整個拍攝過程。他在前線有個幫手：克利安薩‧差瑪南上將（General Kriangsak Chomanan），時任泰國皇家軍隊最高總指揮。拍到一半的時候，他召喚史派金斯到曼谷去，並和善地請他們把借去的武器、直升機和坦克車還回來，因為他那個週末要發動一場政變。他答應史派金斯，下週二就可以拿回這些裝備。

最危機四伏的場景，是在桂河上拍攝的直升機逃脫一景（奇米諾愛極了這和大衛‧林恩[6]之間的連結）。那時的河水像冰一般凍寒，還充滿蛇和鱷魚；河道上的竹筏們讓水底遍佈足以刺傷人的竹子，彷彿致命的茅。這場戲原先的設計，是狄尼洛和沙瓦奇從一百呎高的直昇機跳到河流中。特技演員拒絕演出。

「我們來吧，」狄尼洛說：「演員自己上。」
「你要知道，這不包含在保險裡。」史派金斯告訴他。

5、山姆之子（Son of Sam）：本名大衛‧柏考維茲（David Berkowitz），從 1976 年夏天到 1977 年七月之間，在紐約造成六死七傷的連續殺人犯。

6、大衛‧林恩（David Lean）：著名英國導演，擅長史詩般大場面的電影。此處指的是他在 1957 年上映的電影《桂河大橋》（The Bridge on the River Kwai）。他也是《阿拉伯的勞倫斯》（Lawrence of Arabia）和《齊瓦哥醫生》（Doctor Zhivago）的導演。

「誰會去和保險公司說？」

沙瓦奇和狄尼洛爬上一個暫時搭建的鋼鐵便道，工作人員讓它看起來就像是座搖搖欲墜的繩橋。當直升機飛近繩橋，其中一個滑橇卡在支撐橋三十噸重的纜繩上。直升機傾斜、狂吼著；狄尼洛發瘋似地要鬆開滑橇，機長則對著無線電用方言尖叫。穿著迷彩服坐在直升機裡的奇米諾伸出手，試圖要抓住狄尼洛，心中想著那旋轉的扇葉極有可能會殺死他、他的電影明星們及一半的劇組。

直升機最後終於離開纜繩，但把橋翻了過去。飛離時，攝影機還持續在拍，狄尼洛和沙瓦奇垂吊在橋上。

「麥可，我們要跳下去嗎？」沙瓦奇對著他螢幕上的夥伴喊，還用角色的名字。「沙瓦奇，我的老天！」狄尼洛大叫：「我們現在沒在演了！我們不是在他媽的電影裡！」

兩人一個接著一個掉落在充滿尖刺和鱷魚的冰凍河流裡。幾秒鐘後，他們從水中浮現──攝影機還在拍，而兩人和他們的角色一樣，都很訝異他們居然還活著。

◆

「梅莉！嗨！」

梅莉到哪都應該要認出這個聲音：活潑、高頻、顫抖──是溫蒂·瓦瑟斯坦。二十七歲的她，還是梅莉印象中那個溫暖、不修邊幅、時時懷抱著不安全感的服裝組女孩。現在，溫蒂向梅莉請求幫助。

畢業後兩年半，梅莉在耶魯的同學們都開始進軍戲劇界。克里斯多夫·杜蘭和雪歌妮·薇佛持續合作，打造出布萊希特－威爾的滑稽仿作《盧西塔尼亞歌唱劇》（Das Lusitania Songspiel），在凡登街（Vandam Street）上演。亞伯特·伊紐拉圖的《雙子》（Gemini）在編劇地平線劇場（Playwrights Horizons）由雪歌妮·薇佛演出。威廉·艾韋·隆則正要設計他第一場百老匯服裝，這將是他東尼獎多次獲獎生涯的開端。

現在，時運輪到溫蒂這邊了。1977 年夏天，溫蒂前往歐尼爾工作坊完成她在耶魯時開啟的寫作計畫《不平凡女性與其他》。上東區的鳳凰劇場在那年秋天搬演了這個劇本，角色清一色為女性，靈感來源就是她在曼荷蓮學院的同學。演員群中包含了幾位明日之星，像是吉兒·艾肯貝瑞（Jill Eikenberry）、史烏西·克茲（Swoosie Kurtz）。當時三十歲的葛倫·克婁斯飾演萊拉（Leilah），她是個焦躁不安的壁花，滿心希望趕快畢業，去伊拉克攻讀人類學。

在《不平凡女性與其他》裡，溫蒂以戲劇手法描述那個世代的女性在面對第二波女性主義浪潮時，如何被那難以實現的承諾給吞噬的矛盾。在幾幕回想大學生活的場景裡，女孩們暢談尼采、陽具妒羨，聊她們三十歲時會有多「他媽的讚」。但當她們六年後相遇時，有人在接受心理治療、有人在保險公司上班，有人懷孕。當然，她們四十歲的時候一定會他媽的讚。或者是四十五。

三週的演出時間內，這齣劇蒐集到一些好評，也讓瓦瑟斯坦初嚐被社會認可的滋味。這齣戲在 1977 年 12 月 4 日下檔時，已被 Thirteen/WNET 電視台選上在公共電視網（PBS）上播放，歸類為「傑出表演」系列（前一年冬天播出的是《機密任務》，由梅莉和李斯高演出的內戰劇）。外百老匯的劇組們即將為了錄製節目團聚，只有個例外：葛倫·克婁斯正好要去水牛城為一個即將在百老匯上演的福爾摩斯偵探劇《血的殉道者》（The Crucifier of Blood）試演。溫蒂需要一個能快速上手的替換演員，於是，她打給梅莉。

萊拉是這齣劇裡最不重要的角色之一，演出這個角色對梅莉的事業也不會有什麼幫助。但溫蒂請她幫忙，這又只佔幾天時間，她就答應了。不過，她說她得帶約翰過去。

距離 1978 年還剩幾個禮拜，梅莉到了康州哈特福的電視攝影棚來拍攝（為了公共電視網，「他媽的讚」變成「很讚」），約翰則大部分時間都待在旅館。這齣戲的舞台導演及錄製共同導演史蒂芬·羅伯曼（Steven Robman）曾在梅莉耶魯第一年時，擔任她參與演出的《在底層》的導演，對她因自信而散發出來的氣質印象深刻。但現在面對攝影機，梅莉甚至比他還有經驗。在和艾倫·派克一起拍攝的一個場景裡，梅莉停下來問：「史蒂芬，我們現在有在拍艾倫的臉嗎？剛剛她有個很棒的反應，我覺得你應該會想拍下來。」這就像是《茱莉亞》拍攝現場的重播，不過梅莉現在已經成為珍·芳達的角色，那個知道得更多的人。

梅莉對這個角色的詮釋，看似迷失、又同等慵懶。她的演繹方式和克婁斯並沒有太大差異，她們都用自己獨特的美，去試圖理解萊拉對孤獨的想望。但羅伯曼眼中，看到她們倆出身不同所帶來的差異。克婁斯在康州格林威治的一個石造房裡長大，是外科醫生的女兒。羅伯曼說：「對我來說差別就在這裡。一個貴族後代之女是如何理解這種孤立的狀態？對比之下，一個想成為返校節女王的女生呢？」這是兩位女演員日後多次被拿來比較的開始。

時間慢慢從二月推移到三月，大雪持續襲擊，紐約街道上覆蓋著一層又一層的淤泥。鏟雪機械部隊都壞了，城市面對雪的屠殺，束手無策。終於盼到雪開始融化時，人行道上佈滿被掩埋兩個月的黏滑垃圾。翠貝卡因腐爛的垃圾散發著惡臭。

梅莉的弟弟老三常常打到他們的公寓，問候已經病得無法出門的約翰，希望得到一些好消息。通常梅莉會樂觀扭轉他的憂慮：「我們過得很好呀！」

然後有天，她的答案不同了。「他現在不太好。」

這是她第一次出賣自己的絕望，將之公諸於世。那一天，也是約翰·卡佐爾最後一次住進斯隆·凱特琳紀念癌症中心。

梅莉無時無刻不待在醫院看顧著約翰。他在潔白整潔的床上，看起來似乎變得更瘦小了。她用她僅存的靈丹妙藥來讓他打起精神：表演。梅莉搞笑的聲音充滿整個房間；她模仿招牌句是「讓我們來看一段影片」的華納·沃夫（Warner Wolf）用他那飛快的播報節奏朗讀著運動新聞。

當朋友們來拜訪時，他們眼中沒有梅莉的疲勞，只看到她有多堅毅。喬·帕普說：「她照顧起約翰，就像這個世界上沒有其他人存在。她從來不曾背叛過自己的信念，無論在約翰面前或背後——她不曾相信他會離去。但約翰知道他正在死去：一個正在死去的人就是會知道。」儘管如此，「她為他帶來巨大的希望。」

幾十年後，艾爾·帕西諾會說：「當我看到那女孩和他在一起的樣子，我想，這世界上沒什麼比得上那畫面。對我來說，那就對了。儘管她在所有的作品裡都表現得那麼好，但說到梅莉，我每次都還是想到那畫面。」

1978 年 3 月 12 日的凌晨三點左右，約翰·卡佐爾闔上雙眼。醫生說：「他走了。」但梅莉沒準備好要聽到這句話，更沒打算要相信。接下來發生的事，根據某些在場的人透露，就像是梅莉讓過去十個月來努力維持的堅毅和希望，一次爆發出來。她敲打他的胸膛，啜泣。然後，出現了一個短暫、驚人的瞬間：約翰張開了雙眼。

「沒事的，梅莉；」他虛弱的說：「沒事的……」

是什麼把他帶了回來？是衝向腦門的最後一道血流？還是梅莉尖銳的意志？無論原因是什麼，他只回來一兩秒。在那之後，約翰‧卡佐爾再次閉上雙眼。那年，他四十二歲。

梅莉打電話把史蒂芬叫醒，「約翰走了。」她說。

「我的天。」史蒂芬說。

梅莉掉下眼淚：「我試過了。」

她回到公寓，身心俱疲。接下來的日子裡，她發現自己甚至無法好好規劃一個告別式，也沒辦法過日常生活。在那個堅固到可以支撐大批番茄罐的公寓裡，她從一個房間遊蕩到另一個。突然間，這裡變得不夠堅固了。

她夢遊一般度過告別式。典禮上，劇場界和電影界明星們向他們一直被低估的合作者致敬。在弔唁詞裡，伊瑟利‧哈洛維茲寫道：

> 在我們生命裡，約翰‧卡佐爾是一輩子只會出現一次的奇蹟。他是個微小，完美的發明。所以，當他的朋友們一覺醒來，發現他已經和其他帝王將相一同睡去，也難怪會生氣。從布福（Booth）到金恩（Kean）[7]，吉米‧迪恩（Jimmy Dean）[8]、伯恩哈特（Bernhardt）[9]、吉特瑞（Guitry）[10]、杜絲（Duse）[11]、史坦尼斯拉夫斯基（Stanislavsky）；還有格魯喬（Groucho）[12]、班尼（Benny）[13]和艾倫（Allen）……，他很快就會在新地方交到許多好朋友。他是如此讓人喜歡。

> 約翰‧卡佐爾的身體背叛了他，但他的靈魂不會。他的一生成為電影，在電影院、也在我們的夢裡一再播放。他為我們——這群熱愛他的觀眾——

留下的，有他無比的冷靜淡定、有他安靜等待的樣子、有他對高昂音樂以及低俗笑話的熱愛；還有他那荒謬得如森林邊緣的髮線，以及一片西瓜般的笑容。

他讓人無法忘懷。

梅莉覺得自己「情緒中毒」了。她回想那段時間：「對我來說，那是段自私、自我療傷的時間，我試著把已經發生的事情融合進自己的生命裡。我想找到一個平衡點，讓我能夠永遠承載這一切，但依然可以把日子過下去。」

在告別式後，她打包些東西飛去加拿大，待在朋友鄉村的房子裡。一個人的時候，她會畫素描。同樣的畫面一再出現，彷彿這些角色都是活的，正試圖要突破某種界線。有時候她會畫喬瑟夫·帕普，這個牽著她的手、帶她走過苦難，而現在擁有她無條件忠誠的人。

但大部分的時間，她都在畫約翰；一張又一張地畫，像是那個法國中尉的女人，畫著她在遠方的外遇愛人。她就是想看著他的臉。

7、 愛德溫·布福（Edwin Booth，1833 − 1893）和愛德蒙·金恩（Edmund Kean，1787-1833）皆為著名的莎劇演員。

8、 吉米·迪恩（Jimmy Dean）：1928-2010，美國著名鄉村歌手、節目主持人、演員。

9、 莎拉·伯恩哈特（Sarah Bernhardt）：1844 − 1923，法國女演員，在舞台上取得極大成功，後成為最早開始進入配音、電影的演員之一。

10、 沙卡·吉特瑞（Sacha Guitry）：1885 − 1957，法國著名編劇、導演、演員。

11、 愛蓮諾拉·杜絲（Eleonora Duse）：1858 − 1924，義大利女演員，被視為最偉大的演員之一。

12、 格魯喬·馬克思（Groucho Marx）：1890-1977，美國知名喜劇演員、電視及電影明星。他快速機智的回應讓他被視為當代最好的喜劇演員之一，也有許多仿效者。

13、 指的應該是傑克·班尼（Jack Benny）：1894 − 1974，美國知名喜劇演員。他主持了約四十年的廣播及電視節目，對情境喜劇（sitcom）的發展有許多影響。

◆

光是要把他拍的所有片段都看完，就花了奇米諾三個月；每天都看十三到十四個小時。他和剪接師彼得‧席諾（Peter Zinner）一起，逐漸削去部分，雕塑出一部電影的輪廓。一天凌晨三點，他完成了配音，然後把粗剪的版本寄給 EMI。這個版本的片長是三個半小時。

那個時候，EMI 影業的總裁迪里已經把奇米諾看作是個「騙子」和「自私的傢伙」。原先預算八百五十萬的電影，已經耗資一千三百萬。原先說好二十分鐘的「角色發展」，膨脹成整整一小時。一部三小時的電影會減少四分之一的潛在收益，畢竟在電影院裡能播放的次數就是那麼幾次。即使如此，迪里和史派金斯仍然在粗剪的片子裡感覺到原始的力道，覺得興奮。

不過，當他們把片子放給環球影業的美國合作夥伴看時，卻只得到一個絕對可稱為冷淡的反應。這些穿著西裝打領帶的高層，被裡頭的暴力場景以及其他——特別是那片長——給嚇到了。即使奇米諾本人也承認那次放映是個「災難」，他還記得一位高層在狄尼洛射殺那隻鹿時大叫：「完了！我們沒觀眾了！這全都玩完了！」席德‧申伯格（Sid Sheinberg）開始叫這部片「獵鹿人和獵人和獵人」。他們想剪掉一小時。那不如就從婚禮場景開始著手？

奇米諾拒絕讓他的史詩縮水，他很確定這部片的黑魔法正是隱藏在「陰影」之中。於是，EMI 威脅要把他趕出這部片的製作團隊。奇米諾說：「我和他們說，我會盡所有可能來處理。我開始把一些東西從片子裡拿出來、再放回去。但只要想到我有可能要離開這部片、讓其他人進來掌握一切，就讓我全身不舒服。」他每晚都在頭痛中入睡，醒來時仍有陣陣疼痛殘留。他的體重上升了。「我願意做任何事，只為了不讓他們把這部片子從我手中拿走並毀了它。」

環球同意測試播放兩種不同的剪輯版本：在克利夫蘭播放精簡版，在芝加哥播放奇米諾的長版。奇米諾說，他實在太擔心克利夫蘭的觀眾會喜歡他們看到的東西，所以就買通了放映師，請他放到一半的時候讓電影中斷。最後，三個小時的版本獲勝了。

梅莉在第六大道一個放映室裡，一次又一次地看著電影，總共看了六次。她總是在凌虐那幾幕遮住雙眼，但不知怎地，這其實比不上看著約翰難受。銀幕在她面前閃爍，她看著他在最後一次表演裡，留下那些或狡猾、或愚蠢的「人」的痕跡：

約翰在教堂裡在胸前比十字。

約翰在新娘走過時用腳尖打節拍。

約翰在婚禮團體照時檢查自己的褲子拉鍊。

約翰跑在新人後面，像男孩投擲棒球一樣把米撒出去。

約翰臉部堅硬的線條，一半隱沒在陰影裡。酒吧老闆在一旁彈著蕭邦的夜曲。

約翰在麥可·佛朗斯基的返鄉歡迎派對裡和梅莉說，「我覺得尼克很快就會回來了。我知道尼克的。他也會回來。」

約翰看著自己在凱迪拉克車窗內蒼白的倒影，把領子立直，宣告：「美極了。」

一個星期天早上，約翰的弟弟史蒂芬在放映室裡遇到梅莉。他們倆焦躁地等待電影開播；梅莉假裝不耐煩地發牢騷：「到底什麼時候才要開始啊啊啊啊啊？」他們好好坐下，看著。那天晚上，史蒂芬回家後，以一瓶伏特加入眠。

◆

在照顧約翰的那五個月裡，梅莉幾乎沒有工作。現在，她的行事曆呈現嚴峻的空

白狀態。那時候的她說：「我不想停止重播過去 —— 那是你所擁有一個逝去的人的全部。但我也希望工作可以讓我的注意力有所轉移。」她已經準備好要從戰壕中挖出生路，再次演出。

幸運的，有個電影邀約來到。《參議員》（The Senator）是個由《外科醫生》（M*A*S*H）中受人喜愛的明星艾倫・艾達（Alan Alda）編寫的政治寓言故事。艾達自己將飾演參議員喬・泰南（Joe Tynan），他原先是個有紀律的好好先生，但被誘惑而走入暗室交易及外遇之途。梅莉被邀請參與演出的角色是他的情婦，一個路易斯安那州的勞權律師，有著活潑性感的魅力以及對華盛頓政局遊戲的內行理解。「當我想要一個東西的時候，我就去得到它；」她和喬・泰南這樣說：「就像你一樣。」

換句話說，這個角色站在櫃檯小姐琳達的對面：她是個大膽獨立的「現代女性」，梅莉如此形容。身為一個勇於發聲的女性主義者及《平權修正案》（Equal Rights Amendment）的支持者，艾達近距離地觀察到政治醜陋黑暗的一面。在伊利諾州宣傳修正案時，他看到一個立法委員向女性遊說者說自己會考慮支持修正案，一邊把他旅館的鑰匙遞給她。艾達沒有其他梅莉遇到的男性合作者的盲點，不會總是試著把女性角色塞進那常見的角色原型裡。若不是她的心情如此沉重，這會是個讓她興奮不已的機會。

這部電影的導演傑瑞・夏茲柏格（Jerry Schatzberg）到約翰的公寓拜訪她。他感受到那個地方的哀傷，但他們並沒有討論為什麼。他說，希望可以在這個角色裡看到一絲「南方韻味」，但不是太明顯的那種口音。梅莉拿出她在《「井」裡的特羅尼》用過的蒂娜・秀爾長音。於是，經過約翰離開後那混亂、沒有方向的四個禮拜，梅莉收拾行李，前往巴爾的摩。

就像在《大屠殺》拍攝過程一樣，她用開朗的態度遮掩陰暗的疼痛之處。她在拍

攝完不久後說：「我用自動導航系統來拍這部片。」她用工作來讓自己分心，而不是得到安慰：「對有些事情來說，世上並不存在安慰。」和她的角色一樣，她試著讓所有事情保持輕盈。像是，某天夏茲伯格在和梅莉討論她的戲服，提到他接下來要見瑞普‧托恩。托恩在這部戲裡擔任男配角，一個愛把妹的立法委員；他也是梅莉以前在耶魯劇場一起演出《父親》的同伴。「喔，」梅莉回答，「叫他別那麼討人厭！」

她也再次見到《大屠殺》的布蘭琪‧貝克，這次她飾演喬‧泰南青春期的女兒。貝克有個和艾達同台的一場重要哭戲，但在這個以主鏡頭拍攝的場景中，她犯了個錯：她聲嘶力竭地大哭了起來。等到拍完眾人休息去吃午餐，回來要拍攝特寫時，貝克已經精疲力盡。梅莉看到她的焦躁不安，再次扮演了大姊姊的角色：「那東西還在：」她向布蘭琪保證：「妳只需要相信它，然後更精確一點地表達出來。」

她自己也以相同的技術做為基石，結果讓夏茲伯格十分滿意。「有梅莉的戲都太棒了，」他這麼說：「拍完之後我才發現個問題：她好到讓我覺得喬‧泰南**應該會和她走**。我得想個方法削弱她的角色光芒，才能讓他回到老婆身邊。」

拍攝時，夏茲伯格在安那波利斯的馬里蘭議會找了幾位當地的政治人物來擔任片中的參議員和國會議員。一位代表以為這部片在講一個參議員和他的秘書有染，梅莉聽到後說：「我其實是他的律師。」然後加上：「這件事讓你學到了新東西，是吧？」

拍攝期間，夏茲伯格和艾達對劇本一直都有不同意見。艾達希望演員們照他寫的對話走，但他自己卻常常自由發揮。在劇中飾演他妻子的芭芭拉‧哈利斯（Barbara Harris）曾向夏茲伯格抱怨，「每當他想改他自己的台詞時，他就隨心所欲。」

梅莉置身風暴之外，悠然滑翔過自己的戲份。自動駕駛的美妙之處，就在於不需

太過涉入。她後來說，艾達在他們相處時是個「非常親切，有同理心的人」，尤其以她當時的狀態來說。但她仍然為兩人火辣熱情的床戲感到緊張；除了《越戰獵鹿人》中和狄尼洛的憂傷感情戲之外，她從來沒在鏡頭前賣弄性感。狄諾·德·勞倫第斯那句「che brutta」（這個醜八怪）或許還在她心底迴盪。總之，她就是沒辦法為這件事感到歡欣鼓舞。

約翰·李斯高不久後說：「那是一場需要高度興奮之情以及許多性能量的戲。但在那個時候約翰·卡佐爾才剛離世，梅莉沒心情去經營這些。而且，她覺得很尷尬；她說她會因為過度困窘，流汗流到滴下來。」

夏茲伯格只讓必要的劇組成員進到他們拍攝的巴爾的摩旅館房間，避免有人在那呆站著。梅莉溜到床單之下，到艾達身邊。攝影機開始錄。在他們完事之後，她抓了啤酒倒在喬·泰南胯下，然後偷看棉被底下，拉長音說道：「是真的耶，東西遇冷**真的會縮小**！」

這場戲終於演完。艾達說：「她把這部電影看作是某種試驗，一個她必須通過的試驗。她下定決心，不會一直被卡住。」

◆

電影拍攝進行到一半時，《大屠殺》在 NBC 播出。近乎無情緊迫的大肆宣傳後，節目從 4 月 16 日到 19 日連續播出四天。這段期間內，約有一億兩千萬個美國人收看 —— 超過美國一半人口。這是第一次，梅莉·史翠普的臉被全世界電視機前的家家戶戶看到。

播出難以避免地點燃爭議。在第一天播出時，因出版《夜》（Night）一書而儼然成為世界上最知名的猶太大屠殺倖存者的艾利·魏瑟爾（Elie Wiesel）在《紐約時報》上發表了一篇猛烈的批評，稱這個影集「不真實、廉價、讓人覺得被羞辱」。在梅莉面對蓋世太保的掙扎的圖片旁，他寫道：「（影集）試圖把那些一般人甚至無法想像的事變成表演。它將一個關乎本體性的事件變成肥皂劇。無論這作品的意圖是什麼，出來的結果都讓人震驚。」

在那一堆堆回應魏瑟爾的信中，有一封來自喬·帕普。他承認自己也避開影集中「艾羅爾·弗林般的英雄作為」，不過，他提出其他看法：「演員的表演都是最高等級的。隨著演出時間一小時一小時過去，演員們——其中許多和我都有私交——都不再是演員或我的朋友。他們成為了猶太人和納粹。」

在德國，「猶太大屠殺」這個字甚至還沒被廣泛使用，而這齣影集帶來了天崩地裂的效應。超過兩千萬的西德人民收看這個影集，許多人在一個公開的調查中說自己「深深被撼動」。從梅莉扮演的金髮好女孩英格身上，他們看見一個值得效法、溫柔的正義表率。影集的播出觸發全國討論，遍佈報紙、學校、call-in 節目以及政府高堂。在波昂，德國聯邦議院正準備要針對納粹戰犯的訴訟時效進行辯論，而在當時，許多戰犯都還在躲藏中。播出後的那幾週，大眾對於繼續追溯大屠殺期間迫害行為的支持度，從 15% 躍昇到 39%。六個月之後，聯邦議院以 255 票對 222 票，決議延長訴訟時效，為更多的審判和國家級清算打開大門。

和歷史悲劇比起來，梅莉更努力防禦著日常裡微小的悲劇，這一切也相形模糊遙遠。但她生活中的改變，是具體可見的。五月一個星期三，她穿著鬆垮的牛仔褲和隨意搭配的軟呢外套在安那波利斯裡閒晃，就有拿著傻瓜相機的粉絲向她接近。《大屠殺》播出前，她在馬里蘭餐廳吃飯沒人會發現——除非她坐在艾倫·艾達身邊。現在，人們是真的**為她而來**。

名氣捎來的第一抹微風「很不真實」，梅莉當年這麼說。回到紐約，當她騎腳踏車穿過雀兒喜時，有些傢伙從福斯汽車裡探出頭大喊：「嘿，大屠殺！」梅莉打了個寒顫。她說：「你能想像嗎？歷史中這麼一段故事，就這樣被人們拿來對著車窗外的女演員喊。」

九月時，梅莉獲得艾美獎影集類最佳女主角。她沒有去參加典禮。幾個月後，獎座被裝在盒子裡，送到她家。她把獎座放在書房裡，「用其他東西撐著，就像個物件」，旁邊圍繞著朋友們的照片。她對這個獎沒有感覺，當時說：「我真希望自己能多重視一些」，但這項榮譽對她來說「只有短暫的力量」。

艾美獎典禮隔天，一個女子在布魯明戴爾百貨公司接近梅莉，和她說：「有人說過你長得和那個梅莉什麼什麼的，幾乎一模一樣嗎？」

「沒有，」她回答：「從來沒人這樣說過。」

◆

環球影業有個計畫：他們想先在洛杉磯及紐約各找一個電影院讓《越戰獵鹿人》上映，一週後就下片。如此一來，時程上就符合奧斯卡獎參賽資格，也可以在這幾場完售的放映中吸引一些影評心得。等到二月，觀眾都對這部片期待不已時，再全面上映。

這個策略奏效。12 月 15 日，紐時的影評文森‧坎比（Vincent Canby）將這部片形容為「龐大、難以應付、有著瘋狂的企圖心，有時讓人屏息的電影；在講述我們國家的電影之中，它是《教父》之後最接近流行史詩的作品。」《時代》雜誌

也以讚譽回應：「就像越戰本身一樣，《越戰獵鹿人》鬆綁許多情緒，但拒絕提供可以救贖這些苦痛的情感昇華。」

但反彈的聲音也在醞釀中。領頭的是《紐約客》的寶琳·凱爾；她對電影中「男性同袍情誼的神秘連結」的處理表示疑慮，覺得這就像是「美式足球員們在重要比賽前的獨身主義」。她更砲火猛烈攻擊片中關於越南施虐者的呈現方式；她認為他們被描述為「標準的那種『讓人無法理解的東方式邪惡』角色，就像二戰片中的日本人一樣。」她寫道：「觀眾從這部片中得到的印象是，如果我們在那裡做了什麼壞事，即使無情，但這些惡行都和我們的意願無關。反觀越共，他們既殘忍又是虐待狂。電影似乎是在說，美國人對此毫無選擇餘地，但越共很享受這場戰爭。」

很少有評論會否認這部電影在心理學上的效用，或是它對戰爭及其後果的痛苦描述。但越精細檢視這部電影，就會有越多疑問浮現，糾纏不清。越共真的有逼美國軍人玩俄羅斯輪盤嗎？這些全男性的狩獵部隊中，真的沒有同性情慾存在？最後那首〈天佑美國〉，究竟是諷刺、還是要表達死心塌地的真誠？

說到越戰電影，當年影壇就有個直觀的對照組：哈爾·艾胥比（Hal Ashby）的《歸返家園》（Coming Home）。兩部片中都有坐困輪椅的返鄉老兵，以及在兩個軍人裡徘徊的女性。不過，《歸返家園》的政治立場是清清楚楚的反戰。自由主義為它的背書，可以和片子的主演女星珍·芳達劃上等號。在《茱莉亞》之後，珍·芳達在好萊塢大力推薦梅莉，甚至試著幫她在《歸返家園》裡掙取一個角色，但後來因雙方行程不合而作罷。在這部電影中，芳達再次詮釋政治紛爭中的良知，飾演一名偶然被歷史吸引注意力的軍人妻子。當布魯斯·鄧（Bruce Dern）飾演的軍人丈夫還在戰場時，她卻和強·沃特（Jon Voight）飾演的一名輪椅上的和平主義者，有了更深層的內心連結。電影最後，以沃特和高中學生講述戰爭之無情結束。

當《越戰獵鹿人》展示人們如何一個個失去退路，《歸返家園》談的是如何找回人與人之間的連結、找出事件發生的原因 —— 前者著重在因政治而生的夥伴情誼，對比後者看重精神上的不滿足。芳達的角色和琳達不同，不會坐在那等著哪個男人來拯救。她去當退伍軍人醫院的志工，變得激進，然後在沃特的幫助下，第一次到達性高潮。《歸返家園》直白的自由主義，看似暴露出《越戰獵鹿人》無意識的保守主義，不過，它缺乏後者的力道、恐懼、曖昧不清。

1979 年 2 月 20 日，對決正式展開。《越戰獵鹿人》獲得九項奧斯卡提名，《歸返家園》則是八項。兩者將會角逐最佳影片，同行的還有《上錯天堂投錯胎》（Heaven Can Wait）、《午夜快車》（Midnight Express）以及《不結婚的女人》（An Unmarried Woman）。勞勃‧狄尼洛和強‧沃特在最佳男主角項目強碰，克里斯多夫‧沃肯和布魯斯‧鄧則在最佳男配角項目競逐。

約翰‧卡佐爾並沒有被提名，但他達成了一個靜靜矗立的里程碑：他所參與演出的五部劇情長片，全都被提名奧斯卡最佳影片。還有，雖然他沒能活著見到這一幕：梅莉‧史翠普在最佳女配角項目，第一次被奧斯卡獎提名了。

隨著奧斯卡頒獎典禮越來越接近，有關《越戰獵鹿人》的爭論也進入白熱化階段。十二月時，奇米諾曾接受《紐約時報》專訪，他在裡面堅持，任何因真實與否而攻擊這部電影的人都是「在和幽魂打架，因為字面上的準確度一向不是重點」。文章中提到，聲稱自己三十五歲的奇米諾「大約在 1968 年越南的春節攻勢（Tet Offensive）時從軍，被指派到陸軍特種部隊在德州的訓練單位當軍醫，但從未被派去越南。」

麥可‧迪里是首先露出懷疑眼神的人之一：在他的保險資料裡，奇米諾已經快四十歲了。接著，環球總裁索恩‧芒特（Thom Mount）接到一通來自公關部的電話：「我們遇到了個問題。」採訪記者無法證實奇米諾所聲稱的從軍紀錄，而

正如芒特所擔心的，「如果他是個特種部隊的軍醫，那我就是根蕪菁。」（不過紐時還是這樣刊登了。）四月時，越南特派記者湯姆・巴克利（Tom Buckley）在《哈潑》上發表了一篇長文，敘述他認為奇米諾扭曲了哪些事實。而且，五角大廈和他說奇米諾在 1962 年加入後備軍 —— 和在越南參加春節攻勢差得可遠 —— 他在紐澤西及德州度過平靜的六個月。

巴克利介意的，並不是和奇米諾私生活有關的事實扭曲（雖然奇米諾也嚴正否認他在這方面說謊），而是這些扭曲在電影中被「投射」的樣子。他最激烈的批評，和凱爾一樣，是電影對越南人的描繪。他在文章中寫道：「越戰的政治與道德議題，這個已經糾纏本國十年以上的首要憂慮，在這部片中完全被忽略。」「電影中的暗示，無論怎麼去解釋，都完全扭轉了事實。北越人和越共在電影裡成了謀殺者、施虐者，美國人則是他們手下英勇的被害人。」

但《越戰獵鹿人》留下的不只這些。越戰時的步兵下士詹・史庫格斯（Jan Scruggs）一晚在馬里蘭看到這部電影，回到家後輾轉反側，凌晨三點時仍待在廚房，手裡握著一瓶蘇格蘭威士忌。他腦中充滿回憶的渦流，難以入眠。在克萊頓鎮的男孩們身上，他看見一整個世代的軍人難言的疼痛；有些人終究回來了，但有些人無法。隔天早上，他和妻子說他有個目標：立一個給越戰軍人的紀念碑，上面列著所有逝去的名字。這是往後三年請願、募款之旅的起點，最後紀念碑終於走進國家廣場。

◆

許多退伍軍人和這些影評有相同的看法，其中也包含麥克・布福。距離上次見到梅莉已過了五六年，他在墨西哥的求學過程中有些迷失。主修的科目從藝術換到

哲學，再換到拉美研究，最後轉到美國文學，麥克最後終於在聖塔克魯茲完成學位，也遇到了一個女孩並訂下婚約。1977年一天，他帶著未婚妻去看《茱莉亞》，看到一半臉色刷白：「那是我高中女友！」他和她說。

麥克快三十歲了，現在正渴望著定下來，「試著成為一個正常人而不是流浪漢」。他帶著未婚妻回到東岸，他在羅德島的紐波特老家。他的夢想是當個作家，但他也想養家，最後就到父親在麻州福爾里佛（Fall River）的染料公司找了個工作。公司在紡織廠裡有間小辦公室，麥克在裡頭處理各種雜務：打通知信、把貨物裝上卡車，有時也在工廠裡混合不同批顏料。一天結束，他身上的連身工作服被汗水浸濕，紅黃色塊斑雜。

當麥克在雜誌裡看到梅莉，他佩服她能追求自己熱愛的事物，又是如此成功。剛結婚後不久，他妹妹就警告他別去看《越戰獵鹿人》；她覺得這會「影響甚鉅」。結果他還是去看了，當他看到越共把克萊頓鎮男孩們浸在老虎籠裡，他感受到心中怒火重燃，一如那時在尼克森車隊前一般。他後來說：「共產黨做了許多見不得人的骯髒事，但在我記憶裡，**我們**才是用了老虎籠子的人。」那俄羅斯輪盤呢？麥克說，在越南從沒聽過這東西。

但是，當他坐在紐波特的電影院裡，他也看到許多其他東西。他看到，在回到克萊頓鎮的第一晚，勞勃‧狄尼洛一見那個「歡迎回家」的旗幟上寫著他的名字，就叫司機繼續開，不要停。他看到克里斯多夫‧沃肯在西貢軍隊醫院，盯著家鄉女孩的照片。他看到蔥鬱的叢林因爆炸而震動，看到軍人返鄉後與老友之間的尷尬沉默。他回到伯納德鎮所感受到的那些，也都在片中留下痕跡。

然後，他看到梅莉。
梅莉在婚禮上接著捧花。
梅莉對著新婚夫妻丟米祝福。

梅莉在舞池裡咯咯笑著，旋轉。

梅莉對著商店櫥窗整理頭髮。

梅莉在超市的貯物間潰堤，雖然她根本無法解釋為什麼。

梅莉對著漸行漸遠的麥可·佛朗斯基說：「我們……不能就好好安慰彼此嗎？」

離開電影院走入新英格蘭的夜晚，麥克被憾動了。是，他的確看到事實被扭曲；但也看見那個他曾經送了「初階駕駛」戒指的女孩，如今和身著制服的男人，手挽著手。他妹妹發出警告的所有原因，都確實都讓這部片對他來說「影響甚鉅」。但「這會對我影響那麼大，也是因為……」，他回憶道：「因為她看起來如此美麗。」

◆

1979 年 4 月 9 日，梅莉抵達洛杉磯的朵樂絲·錢德勒劇院（Dorothy Chandler Theater），身著黑色抓皺絲裙 —— 這是她在伯威·泰勒百貨公司買的現成品，前一天晚上自己燙過（她說：「我想穿件至少不會讓我媽丟臉的衣服。」）那個禮拜她經過比佛利山莊飯店，沒人認出她來；她甚至去游泳池泡了一下。這是個大膽之舉，畢竟那游泳池是設計來讓大家悠閒躺在一旁，而不是真的去游。但梅莉對好萊塢的禮節知之甚少，她也不在意。對她來說，除了在頭頂搖曳的棕櫚樹，這裡和伯納德鎮的公共泳池沒什麼兩樣。

當車子駛近劇院，梅莉聽見越南退伍軍人反戰聯盟的示威者，正在抗議她被提名的那部電影。一群穿著迷彩軍服、戴貝雷帽的軍人，手上舉的牌子上寫著「別把奧斯卡獎頒給種族歧視」、「越戰獵鹿人是個流血的謊言」。聽說有人拿石頭丟豪華加長轎車。那天晚上，總共有十三個人被逮捕。

反對《越戰獵鹿人》的聲浪，越來越飽含惡意。在柏林國際影展上，社會主義掛帥的邦聯合起來抗議，說他們站在「越南英勇人民」那一邊。在一個私人舞會上，一位女性戰地記者走向貝瑞·史派金斯，朝他胸膛搗了一拳然後說：「**你怎麼敢？**」當奇米諾被質疑的時候，他會說這些角色「擁護的只有共同的人性，除此之外並無其他」。梅莉也未對政治化的討論表態：「這部片呈現出來的，就是像這種鄉鎮裡的人們的價值；而這其中確實有值得觀看的社會樣態。」

在頒獎大廳裡，劍拔弩張的氣氛被壓制下來。麥可·迪里和德瑞克·瓦胥本恩已經都不和奇米諾說話。當典禮開始時，還第一次主持奧斯卡的強尼·卡森（Johnny Carson）用那句永垂不朽的台詞歡迎大家：「我看到許多新面孔。尤其是在那些舊面孔上。」

接下來的三個小時裡，《越戰獵鹿人》和《歸返家園》勢均力敵，看來就像為了好萊塢的政治魂展開的一場纏鬥。珍·芳達抱回最佳女主角，並且用手語致詞，因為「有超過一千四百萬人是聽不見的。」克里斯多夫·沃肯在最佳男配角項目擊敗布魯斯·鄧；待在紐約家中的勞勃·狄尼洛則輸給強·沃特。《歸返家園》贏得最佳劇本，但卡波拉將手上的最佳導演獎座，頒給了他的「義大利同胞」麥可·奇米諾。奇米諾在得獎感言裡說：「在這樣的時刻，很難讓羞辱削減我的驕傲。」

而梅莉和《歸返家園》的潘尼洛普·米爾福（Penelope Milford）的拉鋸戰中，勝出的是——《加州套房》（California Suite）的瑪姬·史密斯（Maggie Smith）。梅莉微笑，堅定地鼓掌。

在那晚的最後——典禮一度看似沒有終點，東岸播出到凌晨 1:20—— 約翰·韋恩（John Wayne）[14] 走上台要頒發最佳影片。這位「杜克」看起來一反常態地虛弱，被兩個月後致他於死地的胃癌摧殘著。當他宣布《越戰獵鹿人》是最後的大

贏家時，依據《洛杉磯時報》的報導，掌聲「有著基本尊重，但絕非熱烈」，彷彿沾染了製作方的後悔之情。

在前往媒體區的路上，奇米諾發現自己和珍·芳達搭了同一班電梯。她曾批評《越戰獵鹿人》是「種族歧視、五角大廈版本的越戰」，但後來承認她根本沒看過這片。兩人手上都拿著奧斯卡小金人。芳達拒絕與他對視。

奧斯卡獎結束之後，麥可·奇米諾繼續拍攝他下一部電影《強生郡之戰》（The Johnson County War），這部片一年後改名為《天國之門》發行。約翰·卡佐爾滑落死後世界的迷霧之中，成為新好萊塢機器下的幽靈。而梅莉·史翠普，才剛踏上那條還沒人知道會破紀錄的奧斯卡提名者之路，則回到紐約，和她丈夫一起。

14、約翰·韋恩（John Wayne）：1907 – 1979，美國最知名的代表性影星，尤擅西部片和戰爭片。綽號為「杜克」（Duke）。

Linda

琳達：成為眾人皆知的電影明星

Joanna
喬安娜

現在，回到站在一屋子的記者面前的梅莉，她手上拿著奧斯卡獎，簡單宣
示：「女性主義者來了。」
有人問她：「感覺如何？」

「無與倫比，」她說，「我試著在我心跳聲裡聽見你的問題。」

拿下第一座奧斯卡獎

六個月。

讓人生變得完全不同的大轉彎，就發生在這六個月內。1978 年 3 月 12 日，梅莉·史翠普生命中的真愛在她身旁過世。同年九月底，她和另一個男人結婚了。

在這六個月裡，麥可·奇米諾慢慢修剪著底片。這六個月，《大屠殺》把梅莉的臉孔送進好萊塢到德國漢堡的家家戶戶內。這六個月裡，這位接近二十九歲的女演員會同時演出三個讓人無法忘懷的角色。這六個月裡，端看你問誰，她可能被形容為情緒的廢墟，也可能被視為技藝已臻完滿之境的匠人。

六個月，她撿拾起那碎裂一地少了約翰的生命，重新組裝出一個又新、又完整、又永恆的東西。她是怎麼做到的？

這一切，從一個敲門聲開始。不過，那不是個友善的敲門聲。

◆

梅莉看起來想必困惑又疲倦。當她打開富蘭克林街公寓前門，眼前是一個她從沒見過的紅髮德州女子。當然，約翰早就和梅莉提過他之前那個去加州的女友了 —— 或其實沒有。

約翰離開後才過了三個禮拜，梅莉還像個殭屍般，雙眼無神地在屋子裡遊蕩。每個角落都有他留下來的蛛絲馬跡，也讓他的缺席變得不合理。約翰今天什麼時候會回家？梅莉連日常起居都成問題，於是老三搬進來陪伴她，讓她至少不需要獨

自面對生活。她開啟了自動導航系統。

彷彿要驅散迷霧、逼她回來面對現實，這個現在站在她面前的紅髮女人，聲稱房屋合約上寫的是約翰和她的名字；她，派翠西亞，才是這公寓的主人。梅莉必須馬上離開。

在所有她想要解決的事情裡，這一定是她最不樂見的選項。精確來說，不只是那棟公寓的所有權問題；而是這女人聲稱自己擁有約翰家的態度。那是**他們的家**。他和梅莉在一起不到兩年，但他們一起經歷的事情，彷彿有一輩子的重量。派翠西亞呢？她對約翰的意義是什麼？還有，為什麼他不在生前好好處理這筆爛帳？不過話說回來，這又是典型的約翰風格；他如此被當下迷惑，以至於對未來視而不見 —— 但現在，這性格就召喚出過去的幽靈。

還有一個問題，她之後要住哪？

梅莉的朋友們聽到這消息都非常震驚。羅賓‧古德曼說：「當時我們理所當然地假設她可以住在那，或派翠西亞會放棄她的權利。老實說，如果是我，我就會直接說：『梅莉，這是妳的公寓了。』我們都想說，喔，一切都沒問題的。因為，到底有誰會把梅莉踢出來？」

羅賓打給派翠西亞和她求情。她要的是錢嗎？開口說要多少吧。當求情無效，羅賓試著威嚇：「你別把自己名聲搞壞了，所有人都知道妳在幹嘛。」

所謂的「所有人」，指的是他們那群演員，那群愛著約翰、愛著梅莉，而且無法相信眼前正在發生的事的人們。一天晚上，羅賓在一間叫做查理的酒吧，一位他們都熟的義大利演員上前和她聊天。

「聽說，梅莉因為公寓的事，和這個派翠西亞有點狀況？」

羅賓回：「我正試著幫梅莉，希望她不會真的被趕出去。」

演員近身說：「對了，我認識一群在紐澤西的傢伙，他們可以好好照顧一下這女的。」

羅賓眨了眨眼。難道有職業殺手的門路自動送上門？這件事開始進入《教父》的領域。「不用了，」她說，略帶確定但還是微微驚嚇：「我不覺得我們想為這種事背起責任。」

不過，派翠西亞不願讓步。

「我家人說現在這裡很值錢，我應該要擁有它。」她家人是對的：逐漸以「翠貝卡」為人所知的街區（雖然這名字和 Lo Cal、華盛頓市場和 SoSo 等稱呼競爭中），正被大肆宣揚為未來的「國際藝術中心」；此地的房地產可能是個金礦。

「妳也不會好過到哪裡去。」羅賓這樣和派翠西亞說，彷彿在下咒。但這對梅莉沒什麼幫助。她沉浸在哀慟之中，非常疲憊。現在，她還無家可歸。

◆

紐約客們以公寓來度量生活。西端大道的兩房公寓，是第一年進城；接著是富蘭克林街上的閣樓，再來是六十九街上的租屋處。那個地方是哪年夏天？那件事，是多少間公寓以前的事？

從約翰的公寓被踢出來的那一刻，是梅莉過去生活的終點，也是她未知新生的起

點。但有時候，公寓們會自己開啟生命新的篇章。

梅莉和老三開始打包。這是個沉重、磨人的任務，不只是肉體上的。每一個箱子，都是收納她和約翰幸福生活時光的魔法石，有著自己悲傷的重量。或許最好的處理方式，就是把這些箱子全都放在她看不到的地方。老三有個好友住在一兩個街區外的蘇活區，說他願意幫忙。他是個雕刻家，體格強健，捲髮，有甜美笑容，像《教父》裡的桑尼·柯里昂，不過更壯一些，脾氣也更好一些。梅莉見過他兩三次，但對他沒有什麼印象。

即使三人盡力把東西塞進貯物間，還是沒辦法全部放進去。這些箱子就像無法被吸納的力量，笨重多餘地提醒著事情有多混亂。於是這位雕刻家說，可以把放不下的東西放到他下百老匯的工作室裡。

把這些事情都處理完後，梅莉出發去馬里蘭拍攝《參議員》。一天，老三到拍片現場去探望她，身邊跟著這位雕刻家。他們聊到她回紐約時無處可待的問題，這位雕刻家說，她可以借住在他的公寓。他正準備要用獎助金去遠方旅行，她可以一個人享有所有空間。梅莉接受了這個提議。

一個人待在公寓裡，梅莉開始對公寓的主人感到好奇。同樣是消失的人留下來的雜物，但這裡散發盎然生氣，沒有死意。她被那些滿到快溢出工作室的雕刻作品吸引：木頭、繩索、石膏以網狀交錯而成的巨大遺骸。

她開始寫信給他。回信從遙遠的國度飛來，像是他前往學習屏風和地墊花紋的日本奈良。在他大學二年級時，雕刻大師羅伯特·印第安納（Robert Indiana）曾和他說：「如果你要成為一個藝術家，就必須要旅遊，去看看世界。」現在，他正聽取建議，將自己沉浸在遠東之境。日後某天，這些東西會從徘徊已久的心底湧上指尖，成為作品的一部分。正如梅莉吸收人物的手勢、語調，心裡知道這些有

一天都會在角色身上出現。

她在他的作品環繞之下仔細閱讀他的信，也更了解這個她只見過幾次的男人。他的名字是唐‧剛默（Don Gummer），三十一歲，出生在肯德基州的路易威爾（Louisville），有五個兄弟。從小時候開始，物品就會對他開口說話。還是小男孩的他，會搭樹屋、做模型飛機和城堡。在他長大的那個街區總是有許多新房子正在蓋，他會在工地現場玩上好幾個小時。等他回家，再用金屬組合玩具搭建自己的大廈。

在印第安納波利斯就讀藝術學校時，羅伯特‧印第安納告訴他要去看看世界，所以在 1966 年，他搬到波士頓，身上只有兩百塊美金和一件褲子。他和大學女友結婚了，但她待在印第安納，這段關係也隨之斷裂。當梅莉在瓦薩發現《茱莉小姐》的世界，唐在波士頓博物館學校，發現了物品躲藏的聲音。一堂課上，畫家T‧勒克斯‧芬寧格（T. Lux Feininger）在他腦中種下了一個想法：抽象的形狀，應該是要有表達力的。這重申了喬治‧瑞基（George Rickey）在《構成主義》（Constructivism）裡的觀點。在那之後，唐為物質與空間，以及兩者結合的可能著迷。

1969年，唐找到一塊黑石頭，它讓他想起布朗庫西（Constantin Brancusi）的《魚》（Fish）。他把石頭切成兩半，然後把它們吊在一個水泥板上，再把一小畦草放在石頭下。在兩塊石頭之間，他留下一小撮空白 —— 像是兩塊互斥磁鐵之間的空隙，或是靈魂的斷裂之處。他稱這個作品為《分離》（Separation）。

隔年，他到耶魯攻讀藝術創作碩士（M.F.A），並持續創作大型裝置藝術。他用乾土及石頭覆蓋整個房間，再把鐵絲網鋪展開來，以《湖》（Lake）名之。1973年，唐取得學位，渾然不知街道彼端有個戲劇系的學生，正即興創作演出自己的死亡。到了紐約之後，他成為奧林匹克大廈的木工。這項工作涓滴進雕刻過程，

他的雕刻品開始看起來和解構的桌上擺飾有些相似。重力讓他感興趣。陰影讓他感興趣。到紐約一年後，他被理查·賽拉（Richard Serra）相中，在伍斯特街開了第一次個展。唐用一個巨大複雜的結構體充滿藝廊空間，稱之為《隱藏的線索》（Hidden Clues）。

這些對梅莉來說，都很新。這是個她還不會說的語言，但身為一個總是在重新組合生活材料的人，她能以直覺理解。但疑問一再浮現：現在到底發生了什麼事？約翰才死去幾個星期，但梅莉已經身處另一個男人的公寓之中，心思被拉扯：一端是憂傷，一端是灼燒著唐的信件而來的生命力。

他們的書信往返調情，因為一個緊急消息而突然有了變化。唐在泰國因為一起摩托車意外而受傷了。他住進清邁的拉納醫院，用新作品的素描打發時間。這會是一個用彩繪木材做的浮雕，以長方形紋理排列，就像他在榻榻米地墊上看到的一樣。他心中想著製作的細節，等他回到紐約就可以開始 —— 而這歸期，會比原本預期的要來得早。

梅莉坐在閣樓裡，手裡握著唐寫的字條，身旁坐著羅賓·古德曼。那字條不太能算是封情書，但信裡的語調確實改變了。唐希望在他回去之後，兩人可以互相陪伴，而那認真的態度嚇到她了。就像梅莉演得最好的那些角色一樣，內心的衝突必定漫布她的面容。她陷入拉鋸 —— 慾望和罪惡感，過去和未來，失去和生活。她已經照顧約翰好多個月了，以一心求生的意志力，把他的需求放在她之前，也讓其他一切事物變得不再重要，隱沒在她世界。現在，遠方的世界要重回她視野，但她的雙眼卻還沒能適應。是不是太快了？這樣算是背叛約翰嗎？那她該像伊莎貝拉一樣保持貞潔嗎？當然不 —— 但一切都發生得太快了。

她把那封信給羅賓看，說：「我覺得他想說些什麼，但我還沒準備好。」

羅賓了解她的感受。前一年，華特·麥可金的車子衝下好萊塢丘，而她發現自己在二十九歲時成為寡婦。有好一陣子，她都無法走出家門。「沒人準備好要當個寡婦。」她後來說道：「沒有人會在那年紀 —— 在我們那年紀 —— 會覺得自己準備好了。當這件事發生之前，你不知道自己準備好了沒、自己有沒有一點能處理這事的能耐。」

然後，羅賓接到一通來自喬·帕普的電話。他以慣用的慈愛命令口吻，說他在公共劇場有個角色要給她，爭論抗議都是無效的。

「喬，我沒辦法 ——」
「排練日期在這。」

羅賓逼迫自己離開那棟房子去排練，而生活就這樣被踢回來了。她遇到了一個人，忽略朋友們覺得「太快」的擔憂，和他進入關係。「已經過了八個月了！」她說，「我都想問，我可以和別人上床了嗎，拜託？」在那之後不久，喬告訴梅莉她天生適合當個製作人。於是在 1979 年，她找到夥伴一起創立「第二舞台劇團」（Second Stage）。他們在上西區找到一個長居之處，並起了個神聖的名字：麥可金和卡佐爾劇場（McGinn/Cazale Theatre）。

情況變得有些詭異，約翰和華特相隔一年死去，留下兩個年輕女人面對痛苦。但羅賓經歷過快速的回春過程，她知道梅莉最不該做的就是等待。

「聽著，」羅賓說：「我現在也有一段關係，我不會因為這種事批判妳，妳也需要繼續過生活。如果妳喜歡唐，就花點時間和他相處。」

這聽起來如此容易，但實際上並非如此。即使她只是在心中為唐騰出個小位置，那都必須和她為約翰挖刻出來的巨大空洞共存。

當唐回來時，他在自己的閣樓公寓裡為梅莉搭建了一個小房間。突然間，她覺得自己到家了。以各種方式，她被甩出自動導航模式。她後來說，自己那時甚至變得「貪求工作」。

◆

幸運地，有個人同樣貪求梅莉的成功——ICM 經紀公司的山姆・柯恩（Sam Cohn），演藝界靈魂導師。從耶魯時期開始，梅莉在 ICM 的代表就一直是劇場部門的雪拉・羅賓森和米爾頓・古德曼。但隨著她在電影領域成為明日之星，她也吸引了「紐約電影部門總監」柯恩的目光。而這注意的目光，只是個開始。

1974 年，ICM 從柯恩負責的一場合併協商之中誕生。從那之後，柯恩就忙碌統治著他的領土；那是在大經紀公司內一間更為精緻袖珍的經紀小舖。他的同事蘇・曼哲斯（Sue Mengers）稱他是個「作者經紀人」（agent-auteur）。他在位於五十七街的辦公室桌上，為數十位他代表的演員、作家和導演們生出一個個精彩的企劃。他期待這些藝人對他有刻骨銘心的忠誠，而他也確實如此收穫。

柯恩的談判技巧是個傳說。「山姆避開劫難的次數，比我所認識任何擅於此道的人都多，」百老匯製作人傑哈德・薛佛（Gerald Schoenfeld）有次這樣說：「然後他真的完成想做的事的次數，也比我所知道的任何人要多；而且是在他想做的時機點，用他想做的方式，同時依然避開麻煩。」

他看起來並不像個有頭有臉的人物。他的衣櫥裡充滿鬆垮的 V 領毛衣和不合尺寸的卡其褲。他戴著厚厚的眼鏡，常常用神秘眼神瞇著看人。人們第一眼常覺得他內向，不過一旦聽到他講話的聲音迴盪在空中，就不會這麼想了。《紐約客》

形容他「有著自信的斷句節奏，說起話來無法停止，像是一把大理石從山丘上滾下來。」在合作夥伴的辦公室開會時，會看到他最後反而坐在主人的位置上，腳翹在另一人桌上。

和他捐客能力一樣惡名昭彰，但又以某種程度與其神祕相連的，是他那些怪異、數十年如一日的習慣。一早抵達辦公室，他會把外套扔到桌上讓助理去收拾，然後喊出四、五個他需要聯繫的名字。山姆・柯恩和電話就像是一對歡喜冤家。有人估計，柯恩辦公室裡的電話每天大約會響兩百次，他永遠都在講電話。但是，他又是整個紐約市最難連絡上的人之一。

「每天早上都有個很長的清單，我們把它叫做『待回名單』。」曾任柯恩二十八年的執行助理蘇珊・安德森（Susan Anderson）說：「如果你在名單越後面，越沒機會連絡上他；他是一個非常活在當下的人，名單上的前幾個名字差不多就是每天能夠處理的部分。」朋友們都笑說，柯恩的墓碑上會寫著：「山姆・柯恩在此處長眠。他稍後會回電給您。」

午餐時間，他會毫無例外地在俄羅斯茶室度過。柯恩的老位置是右手邊第一個包廂（左手邊第一個包廂則是舒伯特機構〔Shubert Organization〕[1]的負責人伯納德・B・賈各布斯〔Bernard B. Jacobs〕）柯恩是唯一不被要求穿西裝外套的男性主管，而他十分珍惜這個特權。其他客人會說：「噢，那人沒穿西裝外套，他一定是山姆・柯恩。」

午餐時間結束後，柯恩回到辦公室，待到七點四十五。然後他動身前往歌劇院，或更常見的，他深愛的劇場——每一年，他大約會看七十五齣劇。結束之後，他通常會去瓦利餐館（Wally's）吃晚餐，點一份沙朗牛排佐彩椒和洋蔥。在那裡，或者是午餐時，他會和他極度敏感又十分成功的朋友們見面。這些人幾乎都是他的客戶：鮑伯・福斯（Bob Fosse）[2]、羅伊・謝德（Roy Scheider）[3]、派迪・查耶

夫斯基（Paddy Chayefsky）[4] 還有保羅‧馬蘇斯基（Paul Mazursky）[5] 等人。文學部門的艾琳‧多納凡（Arlene Donovan）回憶道：「他們從不會一對一吃飯，通常都是柯恩一對五之類的。」

隔天早上，又是新一輪的瘋狂日常行程：躲電話、談交易。紐約（嚴格來說是中城區）就是柯恩的宇宙。他討厭洛杉磯，覺得那裡是文化沙漠；即使身在電影產業，他能不去就不去。每次迫不得已參加奧斯卡獎，他都懷著怨懟之心坐在後頭看《紐約時報》。

「我待不下去了。」他會這麼說，然後趕著搭紅眼班機飛回去。「我怕我會喜歡這地方。」但他從來沒有。

在柯恩所有古怪行徑之中，最詭異的就是他吃紙的習慣。報紙、火柴盒、劇本，全都成為他嘴裡壓縮的紙球，最後落入煙灰缸。他會在洛杉磯機場租車，但在抵達目的地之前就把借據吃掉。多納凡說：「有一次我和他約好了要見面，但他把寫有見面地點資訊的紙條給吃了。」另一次，一張七位數的支票寄到柯恩那，要轉交給他的客戶麥克‧尼可斯（Mike Nichols），因為他剛賣了些藝術品。柯恩下意識地把簽名放進嘴裡，他們只好重出一張支票。

1、舒伯特機構（Shubert Organization）：劇場製作機構以及紐約許多劇院的經營者，由舒伯特三兄弟於十九世紀末創立。經營權幾經易手，但現在仍是最主要的連鎖劇場之一。

2、鮑伯‧福斯（Bob Fosse）：1927－1987，美國知名舞者、音樂劇編舞者、導演和演員。他曾以編舞獲得八次東尼獎，並以《酒店》（Cabaret）獲得奧斯卡最佳導演，麗莎‧明尼利也因此片獲最佳女主角。

3、羅伊‧謝德（Roy Scheider）：1932－2008，美國演員，在七○年代曾演出一系列知名角色，主演《霹靂神探》、《大白鯊》、《爵士春秋》（All That Jazz，導演為鮑伯‧福斯）等片。

4、派迪‧查耶斯基（Paddy Chayefsky）：1923－1981，美國知名編劇、小說家，被視為美國電視產業黃金時代的重要編劇，也是奧斯卡史上唯一一位以獨自撰寫的劇本獲得三次最佳劇本獎的作者。

5、保羅‧馬蘇斯基（Paul Mazursky）：1930－2014，美國導演、編劇及演員，知名作品有《不結婚的女人》（編導）、《兩對鴛鴦》（Bob & Carol & Ted & Alice）（編導）等。

在 1978 年，梅莉‧史翠普是少數能夠突破柯恩的電話堡壘找到他的人。身為一個劇場狂熱者，柯恩比好萊塢先見識到她的能耐。和他那個害羞中年男子的小圈圈不同，梅莉就像是惹人疼的女兒（羅伯特‧布魯斯坦、喬‧帕普也是，她生命中簡直充滿猶太父親形象）。柯恩很少覺得別人聰明，但他覺得梅莉是聰明的。

「柯恩非常敬重她，」多納文說：「對她演出的題材，他總是很小心。」柯恩看到的梅莉和她眼中的自己形象一致：她是一個演員，不是明星。他也明白她可能可以擁有多麼成功的事業，問題在於挑選到對的題材；那些庸俗廉價的東西，不能要。

安德森說：「她的確無法賺到好萊塢商業鉅片那樣規模的錢，但這也從來不是山姆的計畫。山姆向來認為品質是第一優先考量。」

那時候，柯恩桌上有個還沒被嚼碎的劇本，作者是他另一位客戶羅伯特‧班頓（Robert Benton）。故事根據艾維利‧柯曼（Avery Corman）的小說改編，名為《克拉瑪對克拉瑪》（Kramer vs. Kramer）。

◆

在艾維利‧柯曼十一歲前，他一直都相信父親已經去世了。他和媽媽、妹妹一起生活在布朗克斯一間公寓裡，而父親鮮少出現在他們的話題裡。當媽媽被逼問時，她會說他在加拿大軍隊裡被殺害了；後來，又說是因為一場車禍。艾維利察覺可疑之處。

1947 年一天，他和阿姨玩牌時，說在學校有些男孩會因為他沒爸爸而嘲笑他。

這其實是個謊言；但他失聰的阿姨，用手語比著：「你想知道你爸爸在哪裡嗎？」她要他發誓保密。

「加州。」

艾維利用另一個謊言來攤開真相。他聰明地和媽媽說，「如果父親去世了的話，成年禮就得在十二歲舉辦，而不是一般的十三歲；因為你在猶太教裡已經提早成為一個男人了。」當這個男孩十二歲時，媽媽沒有其他選擇，只能讓他在客廳裡坐下，坦白說他爸爸還活著。

細節一湧而出。艾維利的父親一直都無法好好做一份工作，他賣過報紙，被開除了。他開過一間鞋店，但生意一落千丈。債台高築時，他的解法就是賭博——同時間，艾維利的母親還在替他付錢給討債公司。後來，艾維利才知道，父親甚至曾因為搶劫糖果店而被逮捕。他在 1944 年遞交離婚文件，讓艾維利的母親成為社區裡唯一一位離婚女性。「我和你說他死了，」母親解釋：「是因為他和死了也沒差多少。」

三十年後，艾維利和兩個幼子及結縭十載的妻子茱蒂‧柯曼（Judy Cormam）住在東八十八街。他的小說《噢，上帝！》（Oh, God!）獲得些許稱讚，特別是當它被改拍成電影，由喬治‧本恩（George Burns）主演之後。在他二十六歲時，他父親曾經打過一通電話來。對話沒有什麼交集，而這些年過去，他也沒多做什麼。等他雇請私家偵探去追查更多訊息時，他父親已在六年前去世。

現在，艾維利專注在當丈夫和家長——他父親從來沒成為過的那種。當他遇到茱蒂時，她是個音樂公關，現在則在家陪伴孩子們，偶爾兼差做室內設計。她不介意兼職工作，但在當時，這並非主要流行。1974 年，她加入一個女性意識覺醒團體。當年，這樣的團體在全國的客廳、教堂地下室裡萌芽。每個成員都會針

對一個主題發言 —— 從哺乳到性高潮，都包含在內。這種團體的概念，是要組織女性成為一個能夠自我賦權（self-empowered）的政治階級。茱蒂有時能融入，有時又感到不適。在一次聚會中她問到：「如果我們在一個派對中相遇，你問我我是做什麼的，然後我說我在家帶兩個小孩，你會怎麼做？」有個女人承認她大概會橫越整個房間去找另一個人聊天。

茱蒂被她在聚會時聽到的東西啟發，創造了一個固定的時刻表來區分她和艾維利的家務責任歸屬。買晚餐材料的人，就同時負責煮晚餐及洗碗，如此一來另外一個人就能有完整的夜晚，不受打擾。這個實驗六個月後宣告失敗；他們的長子馬修總是搞不清楚誰今晚「上班」，不停打斷艾維利的寫作。照顧孩子的重任，又落回茱蒂身上。

女性主義運動裡，艾維利開始注意到一些他不樂見的事情：「我聽到的某些修辭辯證，和我身為父親、以及我身邊大多數男人的經驗是無法搭在一起的。在我眼裡，女性主義者們會用修辭把所有男人放在同個盒子裡，說他們全都是壞人。」

這波運動裡，艾維利覺得有一整個領域都處於未開發階段，就是如何做個好父親。在他印象裡，女性主義運動裡發言最大聲的就是未婚女性，而她們更有資格處理職場不平等的問題，而不是敘述婚姻關係中的男女行為原則。不只如此，他目睹好些看似快樂的關係，就在女方在這類覺醒團體中抱怨後而崩解。一個朋友的妻子因此離開了婚姻。他回憶：「我看到幾個例子，可說是以『實現自己的命運』為名，行自我吞噬和自戀之實。」

在這些讓人不安的浪潮中，艾維利看到他下一本小說漸漸成形：它要對抗他聽到的這些「有毒的修辭」，並為「好父親」的存在立論。故事的主人翁泰德‧克拉瑪（Ted Kramer）是個三十幾歲的紐約工作狂，為男性雜誌賣廣告。他有個妻子喬安娜（Joanna）及小兒子比利（Billy）。在前幾章，他們的婚姻被描述為表面

歡樂，但無聊空乏的暗箭已埋伏其下。

問題在於喬安娜·克拉瑪。書中形容她是「引人注目，苗條的女性。頭髮黑長，鼻子削瘦優雅，有著棕色的大眼睛，還有以她體型來說略為豐滿的胸部」。喬安娜很快地發現，成為一個母親基本上是「無聊」的。她厭倦玩積木，以及和其他媽媽討論如何訓練小孩上廁所。當她和泰德提議要重回廣告公司上班，他堅決反對——扣除掉請保姆的錢，他們**甚至會虧錢**。於是，她開始上網球課，和泰德之間的性愛變得機械化。終於，她在故事進展約五十頁後和泰德說她「快窒息了」。她要離開泰德，離開比利。

「女性主義者會為我鼓掌。」她說。
「什麼女性主義者？我沒看到什麼女性主義者。」他反擊。

在那之後，喬安娜幾乎消失蹤跡。泰德克服驚嚇，顧了一個保姆，並回到單身生活的動盪之中。更重要的是，他學會如何做一個好父親。劇情的轉捩點，在比利從遊樂器材摔下傷到頭部那一幕。泰德抱著他衝進急診室，在醫生為他縫針時緊靠著他。那個孩子，曾經和泰德如此疏離，就此變得「和他的神經系統相連」。

在這個具有啟示性的時刻，喬安娜做出讓人意想不到的事：她回來了，並和泰德說她想要孩子的監護權。在加州的一場自我察覺之旅，讓她覺得自己現在可以當個母親了。隨之而來的法庭對抗，是這齣劇劇名出處，也把離婚過程之醜陋、以及他們如何允許他人在彼此傷口上灑鹽，通通赤裸地呈現出來。法官最後宣布比利的監護權歸喬安娜。但在最後幾頁，她改變心意，把孩子留給他父親照顧。

當艾維利在寫法庭高潮迭起的那幾場戲，茱蒂感染了肺炎。他身負家務雜事，勉強掙扎著才寫完。等到茱蒂讀草稿時，她很高興看到喬安娜並沒有被妖魔化。書出版之後，她說：「這位女性究竟會如何被描寫，是我最掛心的事。」不過，在

最後糾結的幾章裡，很難不把喬安娜扁平化為阻撓這對相愛父子的障礙，以及艾維利在他的圈子裡觀察到的「自戀」範例。

這本小說注定要打中某些敏感的神經。離婚已經成為美國文化裡常見的現象，而這股風潮只有越來越興盛。1975 年時，美國每年辦理離婚的伴侶首次超過一百萬對，是十年前的兩倍有餘。當《克拉瑪對克拉瑪》出版時，許多讀者假設這是艾維利‧柯曼悲慘婚姻的故事；事實上，他美滿的婚姻共持續了三十七年，直到茉蒂去世。幾乎沒人發現的「真相」是，這位作者是離婚家庭裡的小孩。他不是泰德‧克拉瑪，而是比利‧克拉瑪。

在《克拉瑪對克拉瑪》還未送達書店時，稿子就到了理查‧費修夫（Richard Fischoff）手上。這位年輕的電影監製才剛和製作人史丹利‧加夫（Stanley Jaffe）一起開始工作。費修夫在加州棕櫚泉徹夜把書讀完，覺得它觸及了新的領域：從一個父親觀點來看離婚現象。它讓男性敘事如同女性敘事一般，也有「寬度、廣度，以及情感的複雜呈現」。這是他第一個吸引加夫的提案。

泰德‧克拉瑪讓費修夫想起《畢業生》（The Graduate）裡達斯汀‧霍夫曼飾演的班傑明‧布拉達克（Benjamin Braddock），不過是年紀比較大的版本。在那或許是六○年代最難以磨滅的銀幕畫面裡，班傑明把深愛的伊蓮（Elaine）從她和另一人的婚禮中救出來，兩人坐在巴士後座，為這部電影劃下句點。但邁向未來的兩人，興奮的臉龐卻融化成一片模糊，彷彿點綴著恐懼。他們真的想清楚了嗎？在兩人面前的是什麼？費修夫覺得，泰德和喬安娜就像是十年後的班傑明和伊蓮，當初衝動的結合已從內部崩塌。這部片會成為世代標幟，追蹤戰後嬰兒潮世代從初成年的漫無目標到焦慮的中年。那時候還沒人會稱克拉瑪夫妻這樣的人為「雅痞」（Yuppies），但定義這詞的神經質，已經在他們身上顯現。

加夫曾經歷過一場痛苦的離婚，其中牽連兩個還很小的孩子。也因此，費修夫知

道這本書一定會引起他的共鳴，結果也確實如此。接下來，他們需要的是一個導演。加夫想到羅伯特·班頓。熱心、好相處，有著捲曲白鬍子（他的朋友麗茲·史密斯叫他「熊教授」）的班頓，最知名的劇本是合著的《我倆沒有明天》；而加夫是他第一部劇情長片《壞夥伴》（Bad Company）的製作人。班頓此時正在德國為他第二部片《深夜脫口秀》（The Late Show）跑宣傳，並收到艾維利在ICM的經紀人多納凡寄去的書稿，他拒絕了《克拉瑪對克拉瑪》的電影計畫。和前作不同，克拉瑪的故事是以角色為推力來進行。「**我要怎麼拍呢**？」他想：「**裡面沒人有槍啊。**」

那時候，班頓正在考慮幫他的朋友楚浮（François Truffaut）寫個劇本，但這位法國作者導演手上還有其他拍攝計畫等著。另一方面，加夫希望可以盡快開拍，便開始和其他導演洽談。班頓轉而著手進行一篇藝術世界的偵探故事草稿，名為《刺殺》（Stab），後成為另一部梅莉主演的電影《碧玉驚魂夜》（Still of the Night）。但當他把這劇本給山姆·柯恩看時，這位王牌經紀人卻回說：「這很糟。」（可能吃起來味道也不好）急著想有個導演計畫的班頓回到加夫這，問《克拉瑪對克拉瑪》是否還缺導演？製作人馬上飛到柏林，和他說，是的。

所有人都很愛「《畢業生》的精神續集」這個設定，也意味著泰德·克拉瑪的唯一人選就是達斯汀·霍夫曼。《午夜牛郎》和《大陰謀》（All the President's Men，同名書籍在台譯為《總統的人馬》）讓這位剛滿四十歲的演員成為當代焦慮凡人的代言人。但他正經歷生命中的低潮；拍攝《暗夜心聲》（Straight Time）和《難補情天恨》（Agatha）過程充滿爭議，讓他身陷訴訟泥淖，也因此下定決心要離開銀幕，重回他更能掌握創意發展的劇場。除此之外，他正和當時的妻子安·拜恩（Anne Byrne）處於情感斷裂的階段。他們有兩個女兒，拜恩希望可以繼續追尋自己的表演及舞蹈生涯，而達斯汀反對。他事後說：「我要處理離婚，我在派對裡吸毒，這些都把我消耗殆盡。」這樣的經歷非但沒有讓他和加夫一樣被《克拉瑪對克拉瑪》感動，熟悉的題材反而讓他感到排斥。他傳話給加

夫和班頓，說這個角色不真實：「他不夠有行動力。」

班頓把這個批評放在心裡，開始改寫劇本。在 1977 年的冬天，他和加夫飛到達斯汀正在拍攝《難補情天恨》的所在地倫敦。一天下午四點，他們抵達公園旅館（Inn on the Park），看到這位演員正獨自坐在大廳，班頓立刻知道他會被拒絕——如果達斯汀有意願，就會邀請他們去房間裡談。他們打算去喝杯茶，不過服務生致歉，說沒有空桌了。於是，他們只好轉往達斯汀的套房，三人聊了兩個多小時。班頓開門見山地直說：「這是一齣關於如何當父親的戲。」（他的兒子和達斯汀的長女念同一所幼稚園。）在隔天晚餐結束時，達斯汀同意演出泰德一角。

回到紐約市，三人在佳麗酒店（Carlyle Hotel）套房裡會面，每天工作十二小時，用一週趕出劇本。加夫說：「那就像團體心理治療一樣，我們一直講、一直講，知道在這裡說的話都不會被洩露出去。」他們把錄音機開著，班頓和達斯汀會陷入「如果」的漩渦裡，直到加夫把他們拉回來。班頓的目標是為達斯汀量身修改這齣劇本，「像試穿西裝一樣」。小說中的次要角色如祖父母、保姆都淡出，留下精準的室內劇，每一個動作都要像是情緒的延伸在拍擊。達斯汀回想，三人都同意改編劇本的「脊椎」就是：「讓離婚如此痛苦的，是還沒走到盡頭的愛。」

男人們以父親、丈夫的身份寫，也以身為一個愛過卻失敗、只能撿拾破碎自我的人來寫。但當他們以自己的形象重新形塑這個故事，裡面卻缺乏喬安娜·克拉瑪的聲音。這個女子遺棄自己的小孩，後來又出現要來領回他，其中原因連她自己都說不清楚。此時的《克拉瑪對克拉瑪》劇本裡，正義的天秤穩穩傾向泰德那一邊。班頓回憶：

「我們沒放多少心力在喬安娜身上。現在回想起來，或許是因為喬安娜本人就不在那房間裡。」

◆

喬‧帕普再次把一個創傷中的演員從邊緣哄騙回來，讓她有機會在舞台上重生。這次，那個演員是梅莉‧史翠普；舞台上的劇目則是《馴悍記》。帕普已經宣佈會以此作為 1978 年夏季的「公園裡的莎士比亞」演出，而梅莉演的正是悍婦。

這是個大膽的劇目選擇，一個男人將一個倔強女人變為服從妻子的性別世界大戰。在莎士比亞筆下，端莊嫻熟的畢昂卡（Bianca）無法成婚，除非有人願意先娶她的姊姊凱瑟琳娜（Katherina, Kate）── 她在帕多瓦地區以「煩人、愛爭吵的悍婦」的形象聞名。後來彼圖奇奧（Petruchio）出現，追求不受控制的凱瑟琳娜，過程中他不讓她吃、不讓她睡，而且真的把她拐回家好馴服她。

不消說，這齣劇和 1978 年意識覺醒的紐約市有著明顯衝突。在現代版本裡，導演們嘗試過各種刪減修改，努力要讓這明顯的性別問題合理一些。但，如何要任何一個自重的女演員說出那最後的獨白，那讚揚女性退讓屈服的頌歌？

> **我對女人的頭腦簡單感到羞恥，**
> **她們在應該跪求和平時開戰，**
> **或在應該要服侍、服從與愛時，**
> **要求統治權，優越感和控制權。**

一天，梅莉坐在公共劇場的排練室裡。她的裙子撩起，露出兩個紅色的膝蓋護墊 ── 這是為了第二幕第一景，凱瑟琳娜和彼圖奇奧首次你死我活的爭吵衝突。在她身邊的是男主角勞爾‧朱利亞。

以佛朗明哥舞者的肢體動作和孔雀般的氣質登場，朱利亞用辛辣的拉丁語調為莎

士比亞的無韻詩調味。「她唱起舞來甜美得像隻夜鶯，」他唸一句，猛然抓到自己的錯誤 ——「窩的老天！」—— 他從椅子上跳起：「是**唱歌**。她**唱起歌**來甜美得像隻夜鶯。」

順著他的口誤，梅莉用手指彈出節拍，在椅子裡搖擺舞蹈。當她第一次遇到勞爾的時候，她就被他碩大的雙眼給「嚇到了」，還有他的手勢，他的笑容。梅莉發現，勞爾是個歡樂烈焰的引擎。有次他彩排到一半突然停下來，宣告：「這女孩是個**表演工廠**！」如果要說誰可以和這活力四射又難以預測的大男人主義者抗衡，字字珠璣相對，那就是梅莉了。

對梅莉來說，這齣劇和女權運動是完美相容的，只要你用對的角度去看它、去表演它。在準備這齣劇的期間，她讀了潔曼茵・葛里爾（Germaine Greer）的《女太監》（The Female Eunuch）。這本第二波女權運動裡最銳利的論述之一，主張女性因被意在壓制女性性本能的父權社會遮蔽，反而強化了自身的被動性，而讓自己成為受害者。葛里爾筆下的凱瑟琳娜和彼圖奇奧是如此關係：「他想要她的靈魂、她的活力，因為他想要一個值得留住的妻子。他馴服她，就像馴服一隻鷹隼或一隻性格強硬的馬，而她則以強烈性意涵的愛和絕對的忠誠回報。」想像葛里爾這樣的女人臣服在彼圖奇奧的魅力之下，並稱他的征服為「我的收穫，我的資產」，到底需要多少力氣才做得到？

梅莉發現，答案就在詩詞之間。她和一位記者說：「女性主義者通常把這部戲看做只發給男性的單程通行證，但彼圖奇奧其實付出了很多。讓他毆打凱瑟琳娜，當然是非常邪惡的扭曲。莎士比亞沒有這樣寫，那我們為什麼要強加這種想像？這不是一齣 SM 表演。彼圖奇奧做的，是把熱情和愛的感受帶回一個憤怒且懷有惡意的人身上。他就是那種從另一個鎮走來的莎劇男子；他們總是懂得更多，看清世事。他幫她承受一切狂暴的情緒，並把它安置在一個更好的地方。」

一年以前，她的答案也許會不同，對凱瑟琳娜的批評也會更嚴厲。但說到「給予」，她說的也是她在約翰床邊的那幾個月。「我從裡面學到的，」她繼續說：「就是如果你真的在給予，那你就會完全被滿足。」她把一個男人的需求放在自己之前，成為一個更完滿的人 —— 這是違反直覺的女性主義原則；如果這原則真存在的話。現在，她站在一群曼哈頓人前，向女性們說要「把妳的手放得比妳丈夫的腳還低」。

她提出論點：「我要說的是，我會為了這男人做**任何事**。聽著，如果今天是個母親這樣說自己兒子，會有人要批判這句話嗎？所以，這裡說的無私到底有什麼錯？奉獻，是愛裡唯一重要的事。所有人都在擔心『失去自我』—— 這都是自戀。『責任』，也是另一個我們現在無法忍受的想法，它被賦予了一個醜陋的、奴隸制般的聯想。但是，責任也可能是你為愛戰鬥時所披上的那件盔甲。」

某種程度上，彼圖奇奧讓她想起約翰，想起他把她表層撕去變得赤裸、只剩下本質：「妳不需要這個。」「妳也不需要那個。」在他們最黑暗的時刻，只有她給他的生命還在，「失去自我」已經不是問題。這事實像是火炬一般引領著她，不只穿越莎劇，也穿越她和唐·剛默之間的極速危險愛情。日常下午，他們會去博物館；他看著形狀，她看著角色，或相反。唐日後說：「她學會如何看待物品，而我學會如何看人。」他們的連結建立在「一個扎根非常深的信任感」上，粗壯精實、非常基礎，就像是他雕刻作品的水泥底座一樣。

正是這樣的梅莉·史翠普 —— 集哀悼與癡迷心動於一身 —— 從山姆·柯恩那裡聽聞她可能可以在《克拉瑪對克拉瑪》裡演出。喬安娜一角原本屬於凱特·傑克森（Kate Jackson），那個《霹靂嬌娃》（Charlie's Angels）中的「聰明人」。傑克森既有名氣，也有哥倫比亞製片需要的晶瑩剔透的美。但協調途中遇到個困難：《霹靂嬌娃》導演亞倫·史貝林（Aaron Spelling）要一個確切的殺青日期，好讓傑克森可以回去拍《霹靂嬌娃》。克拉瑪團隊知道他們還無法保證什麼，而史貝

林又不願意更動行程表。傑克森拳打腳踢著，萬分不願意地被迫離開。

根據被列為監製的理查‧費修夫所言，製片方擬了一份可能的替換清單。實際上，那就是一份保證電影會吸睛賺錢的當紅女明星目錄：艾莉‧麥克果（Ali MacGraw）、費‧唐納威（Faye Dunaway）甚至還有珍‧芳達。曾經在《畢業生》中扮演伊蓮的凱瑟琳‧羅絲（Katharine Ross）自然也在選擇之列。那時，《越戰獵鹿人》還在後製階段，梅莉‧史翠普這個名字對西岸來說完全陌生，聽起來像一種荷蘭甜點。但梅莉和班頓在同一間經紀公司，而這世界上如果要說誰最懂得怎麼把人送進那甄選的小房間，那就非山姆‧柯恩莫屬。

梅莉曾和達斯汀‧霍夫曼打過照面，過程並不愉快。當她還在戲劇學院時曾參加霍夫曼導演的百老匯劇《無所不在》（All Over Town，暫譯）的試鏡。「我是達斯汀」—— 嗝 ——「霍夫曼。」語畢，梅莉形容，霍夫曼就直接把手放在她胸部上。她心想，**「真是隻噁心的豬。」**

現在，比當年更有自信的梅莉，走進霍夫曼、班頓、加夫三人肩並肩坐著的旅館房間。她讀過艾維利的小說，認為喬安娜在裡頭「是個食人魔、是個公主、還是個蠢蛋」。當達斯汀問她覺得改編劇本如何時，她斬釘截鐵地表達了自己的想法。他們完全誤會了這個角色了，她堅持。喬安娜離開泰德的理由太模糊了，我們應該去理解她為什麼會回來爭取監護權。還有，當她在最後一幕做出放棄比利的決定，應該是為了這男孩，而不是為了她自己。喬安娜不是個惡人，她是這個國家女性所經歷的真實掙扎所呈現出來的倒影，而觀眾應該要能同情她。如果他們要讓梅莉接下這個角色，就需要重寫劇本。

房裡的三人組感到遲疑，最主要是因為他們不是為了喬安娜這個角色請梅莉來的。他們想請她試試費莉絲（Phyllis）這個一夜情的次要角色，不知為何梅莉搞錯了。不過，她似乎直覺性地理解這個角色的內在。或許她才是他們在找的喬安

娜？

以上，是梅莉自己說的版本。不過三位男子敘述的經過完全不同。根據班頓回憶：

「那次見面，不管從哪個方向來看，都是世界上最糟的會議。她說了一些但不多，大部分時間就只是聽。她很禮貌、和善，但那狀況就是──她幾乎等於不存在。」霍夫曼說，「她沒張開嘴過。她一句話也沒說，就只是坐在那。」

當梅莉離開房間時，史丹利‧加夫只感到錯愕。「她叫什麼去了──梅兒嗎？」他心中想著票房。

班頓看向達斯汀，達斯汀也看向班頓。「那就是喬安娜了。」達斯汀說。原因出在約翰‧卡佐爾身上──達斯汀知道梅莉幾個月前才失去約翰，而他覺得，眼前的她還在那震撼裡不斷被餘震侵擾。這就是解決喬安娜問題的方法：用一個傷口還新鮮的女演員，讓她可以輕易地一再重返情緒的折磨。最終，是梅莉的弱點而不是強項說服了他。

班頓同意。「她身上有種纖細的質地、卻又不神經質，可以讓我們相信這就是喬安娜。梅莉的喬安娜不神經質，但她是脆弱、易傷的。」導演說，她從來沒被放在費莉絲的考量名單內，一直以來他們就是為了喬安娜這角色和她接洽。

很明顯地，他們眼裡的梅莉和她自己眼裡的有落差。她是能面對這三個有權有勢的男子、告訴他們劇本不足之處的勇敢倡議者，還是一個悲傷無所遁形的癱瘓之人？在那間房中，她是有如潔曼茵‧葛里爾般的存在，還是幾乎不存在？無論如何，當梅莉踏出那間旅館房門，她得到這個角色了。

◆

女子側著臉，眼神看向孩子的床。她的手撐著下巴，手上有個金黃閃亮的婚戒。一盞燈被紅色的手巾覆蓋，光線打在她臉上呈現出顴骨和陰影，像是曖昧的光影技法。她就像維梅爾畫筆下的人。

「我愛你，比利。」她說。
她低下身，親吻男孩，然後拿起行李。

這是《克拉瑪對克拉瑪》主拍攝現場的第一天，二十世紀福斯在五十四街和第十大道的片場一片慌亂。羅伯特‧班頓焦慮到可以聽見自己的胃在嘟囔抱怨，而這只讓他更加焦慮，因為他覺得這聲音大到可能會被錄進去。

躺在被單裡的是賈斯汀‧亨利（Justin Henry），一個可愛的七歲男孩，來自紐約的拉伊市（Rye）。選角導演雪莉‧瑞希（Shirley Rich）在尋找可以扮演達斯汀‧霍夫曼兒子的演員途中，看了上百個男孩。有著金髮、邱比特般臉龐的賈斯汀‧亨利起先並不符合達斯汀的期待，他腦中想的是個「好笑有趣的孩子」，看起來要像他。但實際拍攝測試裡，賈斯汀柔軟、親密的樣子改變了達斯汀的心意。而且，他意識到比利‧克拉瑪不應該看起來要像他，應該要像梅莉——比利的存在，就是不斷提醒喬安娜的缺席。

讓梅莉通過製片方這一關並不容易。哥倫比亞有些執行製作覺得她長得不夠漂亮。費修夫說：「他們認為梅莉不是電影明星，覺得她是個角色演員。」這也是梅莉如何看自己的。但梅莉有她的擁護者，其中包含達斯汀‧霍夫曼和羅伯特‧班頓——這足以扭轉一些人的意見。

在準備拍攝這部片時，梅莉翻閱《柯夢波丹》和《Glamour》等雜誌，喬安娜可能會讀的那種（梅莉自己從高中後就沒碰過時尚雜誌了）。這些雜誌裡都有工作媽媽的側寫，那種「優秀的法官帶大五個可愛小孩」的故事。現在，社會預設所有女人都應該要可以兼顧事業與家庭，回到那個可怕的老調重彈：妳可以「全都擁有」。但連一方都無法顧好的喬安娜・克拉瑪們，該怎麼辦？梅莉打給母親瑪莉・沃夫，而她說：「我所有的朋友，在某個時間點都曾經想撒手不管，放下一切離開，嘗試看看有沒有可能過另一種人生。」

梅莉坐在中央公園的遊樂場上，看著上東區的媽媽們邊推著嬰兒車，邊試著把其他人比下去。當她沉浸在那氛圍時，交通噪音消失、蟲鳴鳥叫嘈聲 —— 她想著「當一個女性的困境，如何當母親，還有所有有關『找到自我』的官腔樣板文章」。她身邊大多數的朋友都是二十多歲的演員，沒有小孩。這群最有事業潛力的女人，非常矛盾地，也在最適合生小孩的年紀。一部分的她希望自己在二十二歲時生小孩；到現在，她就有個七歲孩子了。

她想著真的有個七歲小孩的喬安娜・克拉瑪，想像她看著雜誌上的女超人們並覺得自己無法承受。梅莉說：「我越想，就越能體會到喬安娜的離開感性、充滿情緒的那一面；那與邏輯無關。喬安娜一開始被爸爸照顧、後來被大學照顧、被泰德照顧。突然間，她就是覺得她無法照顧自己。」換句話說，她和一直以來都懂得關照自我的梅莉一點也不像。

某天早上刷牙時，她想到瑪格麗特・米德（Margaret Mead），那個旅行到薩摩亞和新幾內亞的知名人類學家。梅莉正在讀她的回憶錄《黑莓之冬》（Blackberry Winter），並在其中看到旁觀者清的道理。米德結合直覺和觀察的力量，讓她可以觸及深邃之處。梅莉不是喬安娜，她不是母親、不是妻子，也不住在上東區。但她可以用想像力航行到喬安娜的心境，就像米德旅行到南太平洋。

她說：「我拍《克拉瑪對克拉瑪》時還沒有小孩，但我後來會成為的母親，已經在我體內。人們總說，『當你有了小孩，所有事情都改變了』，但或許這些東西本來就存在，只是被喚醒了。我覺得演員可以喚醒內心中一些人性共有的東西：我們的邪惡、我們的殘忍、我們對彼此的善意。演員可以比一般人更輕易地喚醒這些東西。」

影片開拍之前，達斯汀、梅莉和賈斯汀到中央公園去拍攝幸福的家庭照。這些照片會用來裝飾克拉瑪家，做為一個曾經快樂的家庭的生活紀錄。班頓聰明地刪減小說的第一部份，用簡短的段落堆疊出喬安娜的離去。電影會從她離開的那晚開始 —— 那晚，一顆炸彈降落在泰德·克拉瑪生命裡。

當達斯汀第一次看到場景時，他說：「我的角色不會住在這間公寓裡。」於是，整個場景迅速依據他的想像重新設計調整。不像大多數的電影，這次他們會照電影裡情節發生的順序拍攝，原因是劇組裡這位七歲童星。為了讓故事對賈斯汀來說保有真實性，他們每天都只會和他說當天要發生的事，讓他去**感覺**而不是**表演**，以避免演出讓人覺得虛假。對賈斯汀的導演指示，也都只會透過達斯汀傳達，加強兩人在銀幕上的父子連結。

開拍第二天，他們繼續拍攝開場戲，泰德跟著歇斯底里的喬安娜到走廊上。他們在早上完成這場戲的骨架，午餐後回來補一些畫面。達斯汀和梅莉分別站在公寓門的兩側，然後，有件不只嚇到梅莉，也嚇到在場所有人的事就這樣發生了：在家門口，達斯汀甩了她一巴掌，在她臉上留下一個紅掌印。

班頓聽到巴掌聲，看著梅莉衝進走廊另一側。「**我們死定了，**」他想。「**這部片也死定了，她會到演員工會舉發我們。**」

不過，梅莉繼續走，把這場戲演完。

緊抓著風衣外套，她向泰德懇求：「別讓我再走進那裡了！」在梅莉看來，她不需要被打巴掌也能演出喬安娜的焦躁憂慮，但達斯汀還是用了額外的手段。這巴掌才只是個開始。

她最後一次在劇中落淚的一幕，是喬安娜和泰德說她不愛他了，而且她不會把比利帶走。攝影機對著電梯裡的梅莉，而達斯汀在鏡頭外繼續演出他的角色。

達斯汀即興說出來的台詞，像是另一種巴掌：電梯外，他開始用約翰·卡佐爾挑釁梅莉，拿他的死和癌症來戳她。費修夫說：「他在激怒、招惹她。把他知道有關梅莉私生活及約翰的事都拿出來，好逼出那個**他心中覺得**她應該要給的表演。」

根據費修夫，梅莉「臉色一白」。她已經做了功課，把角色想透徹了 —— 她不需要達斯汀對著她潑糞。這就像回到耶魯第一年，亞蘭·米勒為了《芭芭拉少校》逼她挖掘自己的痛苦。她不是那種演員。她像瑪格麗特·米德，可以用想像和同理去到任何想去的地方。如果達斯汀想要用方法演技召喚情緒記憶，他可以用在自己身上，而不是她。

他們收工，梅莉在暴怒之中離開。拍攝第二天，《克拉瑪對克拉瑪》已經變成史翠普對霍夫曼。

◆

伍迪·艾倫正拍攝他下一部作品。他用了具有光澤感的黑與白；這是曼哈頓在他心中的樣子。自從《安妮霍爾》（Annie Hall）和《我心深處》（Interiors）之後，

他把自己架構成一個當代都會神經質的編年史學者地位，紀錄城市裡那些打壁球的、找心理治療的，還有他這十年來幾乎每晚前往用餐的伊蓮小館裡，那些總愛說自己認識哪些大人物的人。

一天早上，梅莉來到華盛頓馬房小巷（Washington Mews）：這是華盛頓廣場公園以北的一排有柵門的房屋。這天，她要拍《曼哈頓》中兩場短戲，扮演伍迪的前妻吉兒（Jill）。以一齣喜劇來說，現場的氣氛簡直是死寂嚴肅，戲謔玩笑一律不存在。導演坐在角落，讀著契訶夫。他話不多，對這位他雇來藐視自己的女演員也是。

這是個小角色，只需要拍攝三天。考量到她同時在《克拉瑪對克拉瑪》和《馴悍記》裡的行程，她也只有這些時間了。這樣的份量也差不多了。伍迪長期合作的選角導演茱莉葉‧泰勒（Juliet Taylor）記得自己覺得「非常、非常幸運」可以請到梅莉——這部片因為掛有她的名字而紅得發紫，即使六個月後《越戰獵鹿人》才要上映。

在電影裡的女性群星中，吉兒顯然是最未被發展的角色。伍迪的共同編劇馬歇爾‧布里克曼（Marshall Brickman）說：「與其說是個角色，她比較像是導演的一個概念。」不像裝模作樣的記者黛安‧基頓（Diane Keaton），或未成年的純潔少女瑪里葉‧海明威（Mariel Hemingway），甚至是對所有暗地來去情愫渾然不覺的主婦安‧拜恩——達斯汀‧霍夫曼真實世界中疏離的妻子——吉兒比較常被其他人嘲弄式地提及，卻很少真的出現。她為了另一個女人離開伍迪飾演的艾薩克（Isaac），而且正在把他們倆之間的關係寫成一本毀滅性的回憶錄：《結婚，離婚，與獨立》（Marriage, Divorce and Selfhood）。書裡不只有艾薩克的性怪癖，還透露他看《亂世佳人》的時候會哭。對離過婚兩次的伍迪‧艾倫來說，這個角色清楚顯示了他心裡的某種佛洛伊德焦慮：這個女人不只一次地閹割她的丈夫，先是以女同性戀關係，再來，以公共性的羞辱行之。「我覺得他就是討厭我的角

色。」梅莉說。

選角導演泰勒也是《茱莉亞》的選角。她覺得吉兒要找一個「有深度」的人，一個能把這個「或許有點寫不完整」的角色演得立體完整的人。但梅莉也沒什麼機會可以挖掘得更深。照伍迪的習慣，梅莉在開拍前不久才收到有自己戲份的六頁劇本；他通常只讓少數人拿到全本。對比《克拉瑪對克拉瑪》，班頓鼓勵演員把劇本當作藍圖來自由發揮；在《曼哈頓》拍攝現場，劇本更像是聖經。梅莉回憶：「伍迪會說，『嗯，這句子中間有個逗號。它在那是有原因的，或許你該照它寫的方式來表演。』」

當她抵達拍攝現場時，她向飾演她情人的凱倫·路德維格（Karen Ludwig）自我介紹。他們要拍攝的那一場戲，是艾薩克出現在她們家要帶他兒子（監護權在吉兒）出去，並請求吉兒不要出版那本回憶錄（這是在他街頭跟蹤她、求她別把他們的婚姻生活寫出來之後），然後，吉兒指責他不該試圖用車輾過她情人。當兩位女演員在片場見面後，她們只有一點點時間去建立銀幕關係。

「我們假裝剛在這張餐桌上做完一場激烈的性愛。」梅莉和路德維格說。

「好啊，」路德維格說。她拿下脖子上粗重的寶石項鍊，遞給梅莉——這是她們親密關係的秘密象徵。

伍迪從椅子上站起來，喊了聲「Action」，然後他就變身為艾薩克——那個手法拙劣的電視編劇，喜歡格魯喬·馬克思，喜歡瑞典電影和《朱彼得》（Jupiter）交響曲第二樂章。除此之外他都是一團糟，尤其是和女人的關係。梅莉在她的戲份裡要做的事，就是持續移動——清理桌面，從房子一側移到另一側——彷彿一隻憂傷的螢火蟲，而艾薩克永遠無法捕捉到她。這場戲中的三位演員都沒有眼神上的接觸，但梅莉和路德維格之間的情色秘密，讓艾薩克看來更像個誤闖的

第三者，一個在吃了女人閉門羹後還永遠追在她身後的男人。

儘管短短出現，梅莉在電影中留下清晰的印記。與其說是她的人，不如說她身上組成的元素 —— 那絲綢般的頭髮，突出的輪廓。兩年後她說，「我不覺得伍迪·艾倫記得我是誰。我去看了《曼哈頓》，然後覺得自己根本不在那部片裡。我看得蠻開心的，因為我看起來很漂亮，而且電影本身很有娛樂性。但我只拍了三天，也沒有機會認識伍迪。誰會認識伍迪呢？他是如此情場浪蕩，又自我中心。」

伍迪創造的都會世界並不讓她驚艷 —— 那更像是她和艾維利在主流文化中看到的「自戀」。當時的她說：「在某個程度上，這部電影讓我感到被冒犯。整部片就是在講這些人，他們唯一的擔憂就是自己的情緒狀況和神經質。這很讓人難過，因為伍迪有潛力可以成為美國的契訶夫，但他被那些坐著私人飛機的上流人們以及他們的生活型態困住，把自己的才華用在瑣碎的事上。」

◆

相隔一張鋪著格狀桌巾的小桌，達斯汀·霍夫曼怒視著梅莉·史翠普。這是劇組包下的漢堡餐館，位於第三大道和七十四街交叉口的 J. G. 麥隆（J. G. Melon）。今天要拍的是《克拉瑪對克拉瑪》一場重要的戲：喬安娜和泰德說，她要把他們的孩子拿回來。

過去幾週氣氛緊繃，班頓也感到焦躁不安。「這是一個我不熟的領域，」他說。畢竟沒有槍，沒有亡命之徒，而且「劇情的懸念全靠情緒，而不是具體的行動。」本來，班頓和妻子決定拍攝完要帶兒子去歐洲滑雪，但拍到三分之二時，班頓確信他此生再也不會拍片了，回家和妻子說：「取消旅行吧，我們需要把每一分錢

都省下來。」

同時，達斯汀快把每個人逼瘋了。他努力要讓每一幕充滿張力，方法就是定位出每個銀幕夥伴的脆弱之處，點燃引信。面對每天體驗故事新進度的小賈斯汀，達斯汀的那些方法引出了富含細節、超乎尋常的兒童演出。在嚴肅的場景前，達斯汀會叫他想像自己的狗快死了。而在那場從遊樂器材跌落的戲裡，賈斯汀得沾滿假血躺在地上大哭。達斯汀知道他和劇組人員很好，就彎下身子在他耳邊說劇組大家庭都是暫時的，以後他大概再也見不到這群夥伴了。

「你認識艾迪吧？」達斯汀說著，指向一個劇組工作人員。「你可能再也看不到他了。」賈斯汀爆出眼淚。即使喊卡，他也止不住啜泣。

「你覺得自己表現得好嗎？」達斯汀問他。
「嗯、嗯。」
「那你感覺怎麼樣 —— 當你在演一場戲的時候，真的哭出來？」
「很、很棒。」
「那你就是個演員了。」

面對成年的演員們，就很難說達斯汀的方法是否奏效。蓋兒‧史翠克蘭（Gail Strickland）飾演泰德的鄰居瑪格麗特，她被兩人合演時的張力弄得非常緊張，以至於前幾天都有緊張性口吃。在確定她大部分的台詞都無法順利唸出後，她被珍‧亞歷山大撤換（報紙上寫是因為「藝術性上的差異」）。亞歷山大和達斯汀在《大陰謀》裡合作過，並享受他「灼熱」的工作方式。但她還是有被嚇到的時候；像是當她和達斯汀說她沒興趣看每天拍的底片，他回答：「不看的話妳真是個去他媽的蠢蛋。」

然後還有梅莉。不像史翠克蘭，當達斯汀瞄準她的傷處時，梅莉不會退縮。如果

有人問起，她會說她把他看成自己的弟弟，總是在挑戰別人的極限。班頓說：「除了在表演的時候，我從沒看過她流露出情緒。」梅莉把電影現場看成工作，而不是心理上的地雷區。

拍攝這幕時，她心中有個疑問。這場餐廳中的戲是這樣寫的：喬安娜先開啟話題，和泰德說她想要比利的監護權。當泰德生氣地批評她時，她解釋，這一生她都覺得自己是「某人的妻子或某人的媽媽或某人的女兒」，直到現在她從加州回來、找到心理醫生及工作，才有辦法照顧她兒子。

難道——梅莉在現場問了——難道讓喬安娜**先說**「某人妻子」那幾句，再揭露她想帶走比利的意圖，不會比較好嗎？這樣的話，喬安娜可以把她的自我追尋當作合理的生命追求；至少在那個角色眼中是如此。她可以用冷靜的語調說，不帶防衛性的姿勢。班頓同意這樣重組讓這場戲更有戲劇效果的堆疊。

但達斯汀氣壞了。他說：「梅莉，妳可不可以別再扛著女性主義的大旗，**好好演戲就好**？」像喬安娜一樣，她中途介入，把事情攪亂；現實和虛幻的界線變得模糊。當達斯汀望向桌子另一邊，他眼前不只是個正在和導演提出建議的女演員，還有安·拜恩的影子——他不久後的前妻。在喬安娜·克拉瑪以及她背後的梅莉·史翠普身上，他看到那些讓他生不如死的女人。

達斯汀也對這場戲有些想法，但他對梅莉保密。在拍攝空檔，他找上攝影師，靠近他身邊彷彿要密謀越獄般說：「看到桌上那玻璃杯嗎？」他朝桌上的白酒杯點了點頭。「如果我在離開前摔那杯子」——他保證會小心——「你拍得到嗎？」

「把它稍微往左移一點點就可以。」攝影師小聲地說。
達斯汀坐回他的位置上。「Action！」

這次拍攝裡，達斯汀的躁動顯而易見。「**不要那樣對我說話！**」泰德在最後這樣說，在喬安娜的面前搖。然後，當他站起來時，他把酒杯甩在餐廳牆壁上，杯子應聲碎裂。梅莉從椅子上跳起來，是真的嚇到了。「下次你這麼做時，希望你先和我說一聲。」她說。

她頭髮裡還有玻璃碎片。攝影機把整個過程拍下來了。

◆

一個住在珍街（Jane Street）5 號的住戶來信：

親愛的帕普先生，

上週我看了藝術節在中央公園演出的《馴悍記》，發現它讓人強烈地感到被冒犯，讓我覺得必須抗議你對這齣戲的選擇及演繹方式。

演出這齣旨在慶祝征服女性的劇，或許只是對此議題不夠敏感。但如此直接地搬演——既沒有承認男性霸權下的經典是如何剝奪女性的主體性、也沒有意識到這是如何讓女性遭受苦難——確實是對女性的侵犯。

對於您選在今年慶祝對女性的壓迫，我感到特別諷刺。一兩個月前，一名被家暴的女性以訴訟相逼，才讓紐約警局首次同意要開始加強執行保護女性的法條，讓她們免於丈夫的毆打、攻擊及謀殺意圖。現在，經過六年的政治協商和黑幕交易，這個國家仍然剝奪女人的憲法權，讓她們在法律層面上無法享有平等保護。

如果對女性的歧視、強暴、剝削，以及傳說中的女性的缺點和弱勢都成為古董般的過去，我也可以把《馴悍記》視為幽默之作並哈哈大笑。但現在光從劇場搭公共交通工具回家，我還是得對男性罪犯小心翼翼，保持警戒；他們覺得我是個隨便的人，或活該被當作目標，而這就只是因為我是個女的。現實生活中，我還得和一群男性競爭，而他們從不會被「我真正的志業是把小孩養大」這種觀念牽制。我也要付稅金來支持像你們這樣的計畫，即使它把社會對我的壓迫神聖化，並稱之為文化。

我已經督促所有朋友杯葛這齣劇。但我越想，越覺得我們應該做的是糾正這件事。

1978 年 8 月的德拉科特劇場舞台上，梅莉・史翠普和勞爾・朱利亞像詩人戰士般對峙，喚醒夜間蟄伏的機智對決、文字遊戲與肢體力量。頂著邋遢草莓紅色大捲髮的梅莉，會在劇中做引體向上、撩起裙子、在樹叢裡跺腳，然後大聲嚎叫、打彼圖奇奧巴掌、對著他吐口水。穿著黑靴指高氣昂的勞爾，則把她摔在地上，抓住她膝蓋然後搔癢；摔角般把她壓制在地，然後像坐板凳一樣坐在她身上。這些都還只是第二幕，第一景。

這是用愛血戰的競技場，被激怒的觀眾都是自願參與其中的一員。當臉上汗水溼滑的彼圖奇奧嚎叫著，在第三幕稱凱特是「我的馬，我的牛，我的驢，我的東西」時，他首先得到一陣爆發的掌聲，接著是少許噓聲，然後幾聲口哨，最後才出現些緊張的笑聲。一天晚上，勞爾丟「羊皮」時不小心打到觀眾席裡一位女士（「但她沒有受傷。」劇場經理如此回報）。

在中場休息時，性別大戰也繼續延燒：「我不敢相信『我的馬，我的驢』那段有那麼多人在鼓掌！」觀眾裡一位年輕女士這樣說。

「那場戲是我們關係要努力的目標，優良示範。」她男友如此開玩笑，她則翻了白眼。

一次表演裡，一位紀錄片團隊成員跟著梅莉到休息室。她對悍婦凱特發表意見：「她生活在一個非常 —— 一個高度傳統封閉的社會裡，那時買賣新娘甚至是合理的。那是一個**綁住她**的社會，」她說到一半，就因為被化妝師緊緊繫上馬甲而嗆到。「小姐們，不覺得馬甲有點太緊了？」

在第五幕，悍婦被馴服了；或至少表面上看起來是這樣。凱特的終場獨白，是最難讓觀眾買帳的部分。究竟要如何說服 1978 年的觀眾，妻子應該要「服侍，服從與愛」她們的丈夫？凱特是否只是另一個被洗腦的「女太監」？如果梅莉真的是像住在珍街的女士所言「直接地搬演」，你或許可以這麼看；但作品裡還有其他東西。當凱特建議女士們要「把妳的手放得比妳丈夫的腳還低」時，梅莉會跪在彼圖奇奧腳邊。但那一刻，勞爾會抓住她手並親吻它，低下身子和她平行，兩人以理解的眼神相視。這是征服，還是結盟？

「我的感受很矛盾，」一位三十餘歲的女性看完之後說：「是，我的確覺得不舒服，但我也想說，『喔，她還真幸運』，你懂嗎？我也會因為自己有這種想法討厭自己。這整個模糊不清的空間，讓它成為一場如此傑出 —— 也如此噁心的表演。」

在後台，梅莉和勞爾在攝影機前自己演了一齣：

梅莉：當你給予，這會是你所能感受到最大的幸福。

勞爾：至高無上的滿足就是服侍，信不信由你。無論男女皆然。

梅莉：這就對了！為什麼每當對象是個男的，「我願意為你做任何事」就變得難以啟齒？為什麼這麼困難？

工作人員一邊縫補他們磨損的戲服，她一邊說：「這就是『愛』。這就是絕對的無私。這就是自我會消失之處 —— 消失在給對方的愛。」

「正是如此。」

「絕對的無私」是她那天冬天在約翰床邊學到的事。五個月後，她的生活就像是一人劇團，讓幾齣定目劇接續輪演。在紐約的上城，她是離開孩子的母親喬安娜。在下城，她是羞辱丈夫的妻子吉兒。但在夜裡的中央公園，她卻是等著被馴服的悍婦凱特。喬安娜、吉兒和凱特，這三個打破規則的女人，讓身邊的男人們感到被威脅，困惑又憤怒。

在《克拉瑪對克拉瑪》拍攝現場，史丹利・加夫無法理解她為何可以同時拍這部片還能另外演一齣劇，更別說是《曼哈頓》了。但這些並行的計畫完全沒影響到梅莉；在耶魯時她已經被訓練要隨時在角色中切換，讓角色上下如穿戴面具。如果切換得當，這些角色會和彼此對話 —— 一種心靈的定目劇輪演。如果有人理解這件事，那就是喬・帕普。

「只要我每晚有出現在公園，並且照樣有精神登台演出，喬就對我的行程沒意見；」梅莉和他的傳記作者這樣說：「但另一方面，電影製作人非常擔心我有沒有辦法維持演喬安娜需要的專注力和體力。喬把演員看作是拉車的馬，要體格強健、氣勢驚人；但電影產業傾向寵溺演員。現在即使我在電視的電影台裡看到喬安娜・克拉瑪，我還是會想到她那紅髮的另一個自我 —— 悍婦凱特，在德拉科特舞台上對著前四排觀眾噴汗、吐口水。」

◆

喬安娜：拿下第一座奧斯卡獎

梅莉在約好的時間出現在特威德法院大樓（Tweed Courthouse）前。這棟大型石造建築位於錢伯斯街 52 號，以威廉・特威德（William M. Tweed）——坦慕尼協會（Tammany Hall）[6]的「老闆」——來命名。他曾為這棟建築籌募建造資金，但 1873 年他被審判定罪的地點，也正是這棟樓當時未完成的法庭。當梅莉・史翠普在 105 年後抵達時，這裡已經成為紐約市的政府辦公室。但現在，還有一場聽證會要在此處進行：《克拉瑪對克拉瑪》案。

「我們都被摧殘得很慘，又很累。」羅伯特・班頓回憶。達斯汀快生病了，而其他人光看到他也都要病了。法庭的那幾場戲又是特別沉重的負擔：每一位證人上台發表證詞時，班頓就需要三到四個反應鏡頭（reaction shot）：泰德、喬安娜、法官，還有反方律師。要完成，需要好幾天的時間。

第一個站上證人席的，是喬安娜・克拉瑪。班頓覺得這次證人席上的發言對她來說有著絕對的重要性，也為證詞感到苦惱。那是她唯一一次可以說明自己的機會——不只是在爭取比利監護權這件事上，也是為了她自己、以及背後更廣大的女性族群的尊嚴。在整部電影大部分的時間裡，她都是個幽靈，行為動機虛無飄渺。她的律師會以問題開始：「克拉瑪太太，請您說明為何您想爭取監護權？」

班頓寫的版本，有點像是《威尼斯商人》裡夏洛克（Shylock）的「如果你刺我們，我們焉能不流血？」[7]演說的：

6、坦慕尼協會（Tammany Hall）：1789 年開始運作的政治團體，是民主黨控制紐約的主要政治機器。主要幫助對象為愛爾蘭移民。傳統上控制著曼哈頓的民主黨提名及政治資源。威廉・特威德是該協會 1858 年到 1871 年的首領。

7、莎士比亞喜劇《威尼斯商人》中，安東尼奧為好友巴賽尼奧娶妻而向猶太商人夏洛克借錢，並說若無法及時還款，就割下自己的一磅肉抵債。後來安東尼奧的商船在海上遇險無力償還，便和夏洛克在法庭對峙。夏洛克一直被視為吝嗇之人，但近代則另有一詮釋，認為他是種族歧視的受害者。此段發言在第三幕法庭：「難道一個猶太人，不能和基督教徒吃一樣的食物？難道我們不會因同樣的武器受傷、因同樣的疾病病倒、因同樣的藥痊癒，並且同樣在夏天感到炎熱，冬天感到寒冷？如果你以針刺我們，難道我們不會流血？如果你搔我們癢，難道我們不會笑？如果你對我們下毒，難道我們不會死？如果你以惡意相待，難道我們不能試著復仇？」

喬安娜：

因為他是我的孩子⋯⋯因為我愛他。我知道我離開過他，我也知道這是件很糟糕的事。相信我，我日日夜夜都與罪惡感共處。但難道就因為我是一個女人，我就不能像男人一樣擁有夢想和希望嗎？難道我沒有享有自己人生的權利？這真的是那麼糟糕的事嗎？身為一個女人，有讓我比較不痛苦、讓我的情感比較廉價嗎？我確實離開了我的孩子——對此，我知道自己沒有藉口。但從那之後，我得到了幫助。我非常努力要成為一個完整的人，而我不覺得自己需要因此被懲罰。比利才六歲，他需要我。我不是說他不需要他父親，但他更需要我。我是他母親。

班頓對這段台詞不滿意。在第二天拍攝結束後——就在達斯汀打了梅莉巴掌並在電梯中挑釁她之後——導演把她拉到一旁說：「妳在法庭有段台詞，但我不覺得那是女人會說出來的話。我覺得，那是一個男的試著寫女性發言所寫出來的。」班頓問她是否願意試著寫寫看？梅莉答應了。班頓走回家，立刻忘了他曾問過梅莉。

過了幾個禮拜以及無數擔憂之後，梅莉把一本記事本遞給導演，上面充滿她的筆跡：「我把你叫我寫的東西寫好了。」這是她從印第安納州的剛默父母家回來時寫的。

「喔，我為什麼要這樣做？」班頓心想。他根本沒時間管這個。現在他必須要以導演的權威否絕她。「我要失去一個朋友了。我會少一天的拍攝時間。我或許會毀了一場表演。」

然後他讀了演說，深深吐氣。這真是太棒了——雖然大約超時 15 秒。他和梅莉快手修改，把幾句冗贅的句子刪除，再把這段文字打下來。

梅莉站上證人席，身著米白色外套及裙子，馬尾掛在她的左肩。當攝影機開始錄，梅莉說起台詞的方式，就像一個已經小心翼翼排練過許多次、但依然不安的女子。喬安娜不像凱特或吉兒，當然也不像梅莉，她離崩解一直都只有一步之遙，即使當她說出自已當運動服飾設計師的薪水比泰德還高時也一樣。

當要發表那篇演說時，梅莉說出她自已寫的台詞：

> 喬安娜：
> 因為他是我的孩子……還有，因為我愛他。我知道我離開過我兒子，我也知道那是件很糟糕的事。相信我，我日日夜夜都與罪惡感共處。但為了要離開他，我必須要相信那是我唯一能做的事，而這對他來說也是最好的選擇。我在那個家已經無法正常運作，也不知道生命的其他選擇到底是什麼。因為這樣，我覺得讓我帶走他不是最好的做法。然而，後來我得到了一些幫助，而且我非常、非常努力成為一個完整的人。我不覺得自己需要因此被懲罰。我也不覺得我的小朋友應該被懲罰。比利只有七歲，他需要我。我不是說他不需要他父親，但我真的相信他更需要我。有五年半，我都是他的媽咪；而泰德接下這個角色十八個月。在撫養小孩這件事上，我不懂為什麼有任何人覺得克拉瑪先生比我還適任。我是他的母親。

眼中含著淚水，她重複：「我是他的**母親**。」但那個讓班頓驚艷的字是「媽咪」。他說：「我永遠無法想像自己寫出這樣的東西。」喬安娜再也不是柯曼小說中那個和人保持距離的網球瘋狂愛好者，她現在有栩栩如生的內心世界，裡頭充滿渴望、溫柔與悔恨。

班頓先以廣角拍攝一次，並提醒梅莉為特寫保留一點力氣。但每一次拍攝，她都以「同樣的豐富度」來演出，即使鏡頭轉向了達斯汀，拍他的反應。導演說：「她有部分的壓力也是想表現給達斯汀看，讓他知道她不需要被打巴掌。她想說

的是，她在任何時間、面對任何人，都可以表達出她想要的東西。」

他們以此結束當天的拍攝。當他們再次回到特威德法院大樓，是為了拍攝片中最蹂躪人心的場景：泰德的律師蕭尼悉（Shaunessy）對喬安娜的質詢。班頓幾乎把書中字字句句原封不動放進劇本裡，而這段情節的目的很明確：要摧毀喬安娜堅毅的自尊，即使這方式讓泰德也覺得無情。

蕭尼悉由氣焰囂張、有副牛仔樣的霍華德·達夫（Howard Duff）飾演。一開始質詢，他就用許多問題糾纏喬安娜：克拉瑪先生有打過妳嗎？他有出軌過嗎？他有酗酒嗎？妳交過幾個男友？妳現在有男友嗎？當喬安娜開始遲疑、搖搖欲墜，他單刀直入舉起兇刀。他手持拐杖凌駕於她之上，叫她說出生命中「持續最久的親密關係」。是她和前夫的這段婚姻嗎？

「是的。」她囁嚅。
所以，她是否在生命中最重要的親密關係裡失敗了？
「這不是一段成功的關係。」她虛弱地回答。
「沒有成功的不是**這段關係**，克拉瑪太太。」他低吼，伸出手指對著她的臉指控：

「沒有成功的**是妳**。在生命中最重要的一段關係裡，妳是不是一個失敗者？**是不是**？」就在這個時刻，我們看到相信自己已經是「完整的人」的喬安娜，在我們眼前崩解，像被困在漁網中的海底生物。

在拍這場戲之前，達斯汀走到證人席和梅莉說話。他需要她在鏡頭前從內心深處爆炸，而他知道要讓這件事發生的咒語：約翰·卡佐爾。在班頓聽不到的地方，他在梅莉耳畔低聲唸出那名字，像電梯那場戲一樣種下焦慮的種子。他知道她還沒走過那個失去的幽谷，而這也是她得到這個角色的原因，不是嗎？

現在，有隻胖手指在她眼前三吋左右搖晃。梅莉聽到「在生命中最重要的一段關係裡，妳是不是一個失敗者」時，她的眼眶濕潤，嘴唇緊繃。達斯汀叫她要在那句台詞看向他；而當她看過來，達斯汀微微搖頭，彷彿是在說：「不，梅莉，妳不是個失敗者。」

那個在證人席上的，到底是誰？是那個帶著上膛火槍衝入旅館房間，叫三個有權有勢的男人改寫劇本的女演員嗎？那個一直以來都很有自信、對所有事都擅長，可以不換氣游三趟游泳池的女孩？抑或，達斯汀其實是對的？她是不是「幾乎不在場」，就像喬安娜‧克拉瑪？

從《茱莉小姐》開始，表演就是唯一不讓她失望的事。她已經悠然飛離耶魯戲劇學院的暖巢。她曾在輪椅上演康士坦絲‧卡內特，在雨中演莎士比亞，穿著胖子裝演田納西‧威廉斯。她曾經在三天內熟習如何演哈雷路亞‧李兒。她會跳俄羅斯傳統舞蹈，也在戲裡跌倒。只有一個問題是她的才華無法解決的：約翰的死。

在生命中最重要的一段關係中，她是不是一個失敗者？這不是個公平的問題，但有人問了，也有人給出答案——達斯汀‧霍夫曼搖著頭，回答：「不是。」

當她坐在證人席上為自己的人生辯護，心中是否還想著約翰？又或者她在達斯汀的干擾之下，仍然只是在表演？梅莉自己也承認，傷痛還在：「我還沒有走出來。我不想要走出來。無論怎麼做，內心某處都還是感到疼痛，而這影響到後來發生的所有事情。約翰的離開還是如影隨形跟著我。但就像一個小孩會做的，我想你可以試著吸收這疼痛，不沉迷其中，並往前走。」

她從不相信演員需要受罪。以幾乎像是異星來的精準度，她能夠在需要的時候模擬任何情緒。但如果她現在就身處情緒的廢墟，又要演出另一個困於廢墟的角色，有任何人（包括她自己）能斷言她是否在表演嗎？她能夠同時是「真的」自

己，也是仿真的擬像嗎？

當班頓看到梅莉望向側邊的視線，他才注意到達斯汀在搖頭。「那是什麼？那是什麼？」導演說，跳到達斯汀那邊。不知不覺地，達斯汀創造了一個嶄新的戲劇時刻，而那正是班頓想要的。他把攝影機轉向錄達斯汀的反應，並叫梅莉再演一次。這次，搖頭有了其他意義；這是泰德·克拉瑪在和喬安娜·克拉瑪說：「不，妳不是個失敗的妻子。妳不是個失敗的母親。」在對簿公堂交纏的仇恨裡，這是他們對曾擁有的愛最後的表示。

他們接著拍剩下的證詞，結束所有在法院的戲。中間空檔，達斯汀問起劇組雇用來坐在打字員身後、但是是真的在法院工作的速記員：

「這就是妳的工作嗎？處理離婚？」
「喔，我處理離婚案件好幾年了。」速記員說：「但我被消耗殆盡，做不下去。那真的是太痛苦了。」她開心地補充：「但我很喜歡我現在在做的事。」
達斯汀問：「那是什麼？」

「兇殺案。」

◆

1978 年 9 月 30 日，印第安納州的夏日裡，梅莉·史翠普和唐·剛默結婚了。他們在梅森島上梅莉父母家的花園裡舉辦了聖公會的結婚儀式，並邀請大約五十名賓客。唐還在摩托車意外的復健過程中，得拄著拐杖一跛一跛地走過賓客前。**等等，這傢伙是誰**？如果有些人這樣想，那也是可以理解的。

「我那時候很擔心這婚姻只是出於反彈作用。」即使羅賓曾經鼓勵這場戀情，她還是不放心。梅莉和唐只約會了幾個月，她為什麼可以如此確定？她真的從約翰離開的傷痛裡走出來了嗎？但這又重要嗎？

連新娘的母親都有點困惑。「她在想什麼？」她在婚禮上問喬·帕普。儘管母女倆表面上看似有著友好的夥伴關係，帕普還是感受到兩人之間的張力。九月初《馴悍記》才剛結束，他看得出來，約翰的死在梅莉身上造成的傷痛「無論如何都還沒痊癒」。

但帕普知道她頭腦清楚，因為他見過她工作的樣子。某方面來說，這一切也是合理的：在發生過那麼多事後，她正試著讓自己的生活回到穩定的狀態。帕普後來提到：「在當下，她為自己做了對的選擇；她就是自己最精明的精神分析師。」身為一個老左派份子，他還觀察到梅莉結婚的對象也「在她的階級內」。

十天後，在她母親的堅持下，梅莉寫信給喬和蓋兒感謝他們送的結婚禮物，一個時鐘。「在最難以度過的時期，你們提供了巨大的幫助；」這也是寫給帶領她和約翰穿越醫科迷陣的夫妻的信：「無論在峰頂或低潮，你們一直都在。我們刻骨銘心地留在彼此的生命裡，永遠永遠。」

十三年後，帕普因攝護腺癌臥病，距離辭世不遠。當他開始尋找公共劇場的接班人時，他第一個想到的人選，就是梅莉·史翠普。那時，她已經有三個小孩，住在康乃迪克州而且有十年沒有進劇場。梅莉立刻回絕了，也很驚訝帕普會以為她能處理交際應酬和籌措資金事宜。她和帕普吻別之後，返回康乃迪克時的心情很複雜：「對於他選我作為接班人，我有著無法言喻的感動；但也對他如此徹底誤解我而驚訝。了解到真的沒有人，**沒有任何人**可以接管他的事業，則讓我非常悲傷。」

◆

羅伯特・班頓知道《克拉瑪對克拉瑪》的結局有問題，拍的當下他就知道了。起初，他想要讓重新相聚的泰德和比利一起走過中央公園，並玩出一些趣味。當攝影機拉遠，會顯現出他們只是在紐約市享受著午後陽光的上千對親子中的一對。

但他後來才理解，電影裡其實埋著兩個故事。一是泰德和比利的關係問題，而這在遊樂場意外那場戲中已經得到解決。泰德在此了解到，世界上一切都比不上他對兒子的愛。第二個故事則在泰德和喬安娜之間：在殘忍的監護權之爭後，兩人要如何共同養育孩子？

這是班頓試著要在最後一場戲中解決的衝突。他把場景設在泰德住的大樓大廳，時間點是訴訟結束後一段時間，喬安娜來帶走比利的那天。她按了電鈴，請泰德到樓下來。當他抵達時，看到她穿著風衣靠在牆邊。喬安娜和他說，經過這一切，她決定不帶走比利。

　　喬安娜：
　　當我離開之後⋯⋯當我在加州，我開始思考自己到底是怎樣的母親，居然可以當著孩子的面離開他？然後，我變得沒辦法和任何人提到比利——我沒辦法忍受他們的表情；當我說他沒和我住在一起的時候，大家那種表情。到後來，回到這裡向比利、向自己也向世界證明我到底有多愛他，變成對我來說最重要的事⋯⋯我就這麼做，而且也贏了。不過⋯⋯這一切都只是另一件我「應該」做的事。
　　（她開始崩潰）

喬安娜：拿下第一座奧斯卡獎

喬安娜問她是否可以上樓和比利說說話，然後兩人一起走進電梯。電影最後一幕，電梯門在克拉瑪夫妻面前關上，兩人重新成為一對家長，但隱約也有一絲可能是變回一對伴侶。

他們在 1978 年年底拍攝這場戲，地點選在曼哈頓一棟大樓的大廳。但當班頓把片子串接起來，結局卻顯得不太對勁。第一個問題在於喬安娜所說的話。如果她真的是在意別人對她的看法才回來，這代表她依然是艾維利小說中那個迷惘的自戀者，而不是梅莉扮演的那個模糊、脆弱的女子。這都太圍繞在**她**自己身上了：她的自尊、她的罪惡感、她對自我實現無盡的追尋。

第二個問題是電梯中的最後一場戲，那畫面看起來太像是泰德和喬安娜要復合了。但班頓覺得這絕對不能是好萊塢式的結局，放任觀眾想像電梯門關上後的那一吻。他不想留下疑慮，要讓大家知道，即使兩位克拉瑪要以家長身份往前邁進，他們之間的婚姻已確實地劃下終點。

1979 年初，導演把達斯汀和梅莉叫回來重拍結局。那時，梅莉在排練公共劇場的新劇《接受婚姻》（Taken in Marriage），這是一齣由湯瑪士·巴伯（Thomas Babe）編劇、全女性卡司的作品。不過，她的 1978 年剛以失望作結 —— 她在伊莉莎白·史瓦杜斯改編的音樂劇版本《愛麗絲夢遊仙境》裡扮演劇名角色愛麗絲，但年方二十七的史瓦杜斯不堪負荷導演的重任，以至於帕普在預演前就腰斬此劇。他在聖誕節期間以連續三晚的演唱會版本取而代之；在這個版本裡梅莉不只扮演愛麗絲，還同時演蛋頭先生（Humpty Dumpty）及其他仙境裡的角色。《紐約時報》的評論說：「這個成熟的演員把自己重新打造成一個有魔法、不老的孩童。在演唱會最後，我們全都相信愛麗絲有著一頭金髮，高挑、可愛 —— 就像梅莉·史翠普。」

班頓第一次拍攝《克拉瑪對克拉瑪》結局用的大廳無法使用，所以劇組搭建了一

個複製品。攝影師涅斯特·艾門卓（Néstor Almendros）想到可以把比利房間的床四周畫滿雲朵，用以象徵家的保護，也像賈斯汀的亞麻色頭髮一樣，提醒眾人他消失的母親。在重寫的結局中，雲朵是改變喬安娜心意的催化劑，但這個改變不再是為了她自己，而是為了她兒子。

> 喬安娜：
> 我早上起床後……一直想著比利。我想到他在他房間醒來，身邊有我畫的雲朵。然後我覺得應該要在我那裡也畫上雲，因為……因為這樣他才會覺得自己在家裡醒來。我到這裡來帶我兒子回家，然後我才明白，他已經在家了。

梅莉用顫抖但堅定的語氣念出台詞，在「畫上」和「雲」之間急促地吸了一口氣。在班頓看來，現在是喬安娜展現出電影最終的英雄之舉——犧牲監護權。她並不是在愛著比利的情況下為了其他原因如此選擇，而正是因為愛他，才這樣做。

這次，喬安娜一個人走進電梯。在最後時刻，她把淹沒在淚水中的睫毛膏擦掉，問泰德她看起來如何。「很棒。」在他說出這句話時，電梯門在兩人之間關上。在那一瞬間她沒有說話，表情就像達斯汀在《畢業生》最後一幕的目光一樣有著豐富的質地——不可置信，感到被謬讚。那是一個人在對的時間、得到對的禮物，但卻是從最不可能的人手中收下時會有的表情。電影結局似乎在說，對於這個同時懷抱脆弱與信念的女子，未來還有什麼在等著她呢？

班頓說：「這部電影一開始屬於泰德·克拉瑪，到結束時，屬於他們兩人。達斯汀不可能會動搖到她的地位；無論他做什麼都無法。她就是在那，就是一股難以置信的力量。」拍攝結束後，梅莉和達斯汀說她打算要回到劇場界，他說：「妳永遠不可能回去了。」

兩次結局拍攝之間還有另一個改變：第二次時，梅莉懷孕了。外表上還看不出來，但已經足以讓喬安娜的抉擇——彷彿是後來《蘇菲的抉擇》的前兆——突然間看起來很不合理。她和班頓說：「我現在絕對無法演出這個角色了。」

◆

「這是梅莉·史翠普的一季。」1978 年的秋天，梅·古梭在寫給《紐約時報雜誌》編輯的信裡這樣寫道：

在 12 月 14 日，她第一部主演的電影《越戰獵鹿人》即將上映。口碑流傳（我還沒有機會看到）這是一部極有力道的電影，也會是金像獎的強力候選人——電影本身和演員的表演都是。她在這部越戰時期的電影中與勞勃·狄尼洛、已逝世的約翰·卡佐爾（同時也是她先前的愛人；她近來和其他人成婚了）一起演出。梅莉在史瓦杜斯的《愛麗絲夢遊仙境》裡演出劇名角色，現正在公共劇場排練中，預計於 12 月 27 日開始預演。今年秋天，她也在《克拉瑪對克拉瑪》中和達斯汀·霍夫曼演對手戲，再加上伍迪艾倫的《曼哈頓》。

在「她的這一季」之前，她顯然是美國劇場舞台上最有趣、獨特的演員。我會這樣說，是因為我從她在耶魯劇場——她演藝生涯的創世紀——就開始看她的表演了。那時，她從史特林堡演到克里斯多夫·杜蘭和亞伯特·伊紐拉圖，什麼都演。讓她如此特別的原因就是，早在她成為一個可愛的女主角之前，她已經是個多變的角色演員。她在耶魯最值得一提的表演是杜蘭·伊紐拉圖創作的瘋狂音樂劇，一齣詼諧處理所有藝術及文學的滑稽仿劇《白痴卡拉馬佐夫》。梅莉·史翠普在其中扮演八十幾歲、坐在輪椅的康士坦絲·卡內特。我們是不是該搶先，第一個做史翠普完整報導？

1979 年 11 月 13 日，在梅·古梭提案後一年，梅莉生下一個重六磅十四盎司的小男孩；她和唐將他命名為亨利·沃夫·剛默。亨利的預產期在萬聖節，但他晚了兩週出生。為了避免頭上腳下的臀位產，梅莉採取了剖腹產。《綜藝報》報導還特別提到，孩子的父親還是個「新手爸爸」。

懷孕最後幾個月，梅莉像為了考試去補習的學生一樣翻著《生命初始的十二個月》（The First Twelve Months of Life）和《我們的身體和我們自己》（Our Bodies, Ourselves），但她依然覺得還沒準備好要成為一個母親。不過，當她看到唐手上抱著新生兒，她說感覺就像「世界上最自然的事」。他們把小貝比帶回家，唐在家裡做了一間育嬰室給他。為了避免把他和家族中其他亨利們搞混，梅莉幫他取了個小名「吉皮」（Gippy）。

所有想要做「史翠普完整報導」的媒體（現在數量非常多）都要有心理準備，得在訪問中為了哺乳而暫停。梅莉和一個記者說：「我一直都很重視我的工作；我覺得如果想發展事業，就該在二十幾歲的時候打好基礎。但我們想要有個孩子，因為我們覺得生活圈中沒什麼人在生小孩。我大學的朋友都事業有成，大家都為了工作而延遲生小孩的時間。」

她在那年夏天進入三十歲，也進入懷孕第二期[8]。當她和唐還有移動自由時，兩人坐遊輪到法國，然後用兩個半月租車環歐，在巴黎和佛羅倫斯間的小鎮停駐。八月時，他們為了《參議員》的首映回到美國。在環球影業總裁呂·瓦瑟曼（Lew Wasserman）的堅持下，艾倫·艾達把片名改為《喬·泰南的誘惑》，以免有人以為這位外遇的「參議員」是在暗指瓦瑟曼的朋友泰德·甘迺迪。電影票房小成功，還得到些真誠的評論。不過，《越戰獵鹿人》被奧斯卡提名，四月《曼哈頓》又要上映：「史翠普的一季」現在才開始全力衝刺。

羅伯特·班頓花了幾個月和他的剪接師傑瑞·古林堡（Jerry Greenberg）完成《克

拉瑪對克拉瑪》。感覺起來，這部片好像漸漸脫離災難範圍（可惜班頓太太已經取消滑雪旅行）。在試播時，班頓會站在電影院最後面觀察觀眾，把每個小動作和咳嗽記錄下來。因為好奇這部離婚電影在較為保守的美國中部會表現如何，他在密蘇里州的坎薩斯市放映並親自去觀察。當一個男子在關鍵場景站起來時，他十分失望。怎麼會有人現在去上廁所？他跟著那男子到影廳外，結果男子不是去廁所，而是在公共電話旁停下打給保姆，關心他小孩。

我們安全上壘了。班頓想。

《克拉瑪對克拉瑪》在 1979 年 12 月 19 日上映。就和製作人們期望的一樣，大眾較少以電影藝術的角度來討論這部片，而是把它作為文化的參照。這是張美國碎裂家庭的生活照，時間點：現在。法蘭克・理奇（Frank Rich）在《時代雜誌》中寫道：「雖然電影對自己的提問也沒有解答，但透過重述這些令人困惑又嶄新、或者可說是最古老的話語 —— 描述在曖昧情境中痛苦掙扎的人性真實面，這部片讓討論再次充滿動能。」文森・坎比則在《紐約時報》裡說：「《克拉瑪對克拉瑪》是一部曼哈頓電影，但它似乎為一整個世代發言。這群六〇年代末到七〇年代初到達人生成熟期的中產美國人們，對膚淺瞭若指掌，卻還是期待著在信仰虔誠的艾森豪時期（Eisenhower）許下的承諾，能完滿兌現。」

艾維利・柯曼並沒有參與小說的電影改編。他看了電影的初剪版本，覺得「非常有力道」。（但有位同事記得他因為許多次要人物被刪除感到「火大」）電影上映後不久，艾維利帶著妻子和兩個兒子去七十二街的洛伊斯塔東劇院（Loews Tower East），和一般觀眾一起看片。他記得：「當電影結束、場燈亮起時，我看了看四周，發現一堆青少年靜靜坐在位子裡，不說話。他們並沒有立刻離開，就坐在那。我和我太太說，『我的天。這是這個故事的隱藏觀眾：離婚家庭的小

8、通常懷孕階段分三期，每期約三個月。

孩。』」

的確，觀眾打開皮夾來歡迎這部片。在上映週的週末，它在 524 間電影院播放，總收入超過五百五十萬美金。在《星際大戰》之後的電影世界裡，一齣以失敗婚姻為主題的室內劇，早就不是好萊塢心目中的金雞母。但《克拉瑪對克拉瑪》在美國院線總收入，最終會累積達一億六百萬美金，也是 1979 年最賣座的國內製作電影 —— 甚至打敗《星際大戰》的子弟兵《星際爭霸戰》（Star Trek）、梅莉前同學雪歌妮‧薇佛主演的《異型》（Alien）。

這是一部完整、催人淚下的父子電影，人們為了它哭泣、爭論；無論曾為人父母、或有個慈愛家庭的人都心有戚戚焉。但有個比較弔詭的故事潛伏其中 —— 喬安娜‧克拉瑪那躲藏在影子裡的敘事。當人人都讚揚泰德和比利之間的緊密連結，難道不是背叛了她、也背叛了女權運動？有些人的確是這樣想。《華盛頓郵報》的蓋瑞‧阿諾（Gary Arnold）認為，「很難不總結為：這位親愛的克拉瑪太太是個腦袋不太靈光的受害者，被時下流行的文化黑話中最可悲的那些給騙了。」

作家芭芭拉‧葛雷祖遜‧哈里遜（Barbara Grizzuti Harrison）和她十五歲的女兒一起離開電影院時，覺得有點被操弄了。她感到困惑；為什麼我們會為泰德‧克拉瑪無私、高貴的自我奉獻鼓掌，但同樣的犧牲奉獻對女性來說就是理所當然？為什麼喬安娜可以在重回職場時找到年薪三萬一千美金的工作？為什麼泰德不能直接僱個保姆？要如何解釋喬安娜隱晦的自我追尋？「我不斷想著喬安娜，」哈里遜在主流女性主義雜誌《Ms.》裡寫道：「她是否還對著幸福的大門吼叫、盼望，還是覺得有工作、愛人、偶爾能看看比利就滿意了？喬安娜**到底是誰**？還有，她在加州那十八個月是不是白費了？」

還有越來越多記者，更別說是廣大觀眾也都在問另一個相關的問題：梅莉‧史翠普到底是誰？

◆

如果你是《時代雜誌》、《時人雜誌》或《Vogue》，甚至是《Ms.》的記者，以下可能是你會感興趣的事：梅莉‧史翠普是在麥克道格街買到她那件牛仔吊帶褲的。她最喜歡的服飾之一，是件從大學開始就陪著她的夏威夷印花夾克。她偏愛珍珠耳環，喜歡吃切片的蘋果，而且會自己倒垃圾。如果你打電話到她的答錄機，會聽到她的錄音檔：「哈囉……嗯……如果你想要留言，請等一下嗶聲，因為……嗯……我不知道為什麼……如果不等到那聲，你就會被切掉。謝謝你。」

她喜歡去藝廊，喜歡搭地鐵。她覺得所有的政治人物都應該要搭地鐵，如此就被強迫面對「生命的現實」。她對男性避孕的議題勇於發言，因為她有太多女性友人在使用避孕環或避孕藥後面臨受孕問題。這是她生平首次尋找自己的會計師和律師，還有一個兼職的奶媽。和電影比起來，她更偏好劇場，而且她希望有一天可以演《哈姆雷》。她的夢想是組成一個全明星的莎劇劇團，召集艾爾‧帕西諾、勞勃‧狄尼洛和瑪莉‧貝斯‧赫特等人，以定目劇方式在全國巡演。喬‧帕普會擔任製作人，他們會走遍各地，到「比蓋瑞市（Gary）更不起眼」的地方演出。如果不是現在，或許等他們全超過五十五歲也可以。

她並非想要什麼就有什麼。例如，她必須要縮回她對百老匯版《艾薇塔》（Evita）的「感知觸角」。即使「有魅力的領導者非常有趣」，但她那時候已經懷孕，那個角色最後由派蒂‧露彭（Patti LuPone）拿下。梅莉也被詢問是否想參與《郵差總按兩次鈴》（The Postman Always Rings Twice）的重拍版。但片中有裸體戲份，而當她詢問傑克‧尼克森是否願意有同樣程度的裸露鏡頭，角色就給了潔西卡‧蘭。梅莉覺得只因為法國女星會用娃娃音低語，就覺得她們「神秘」、「性感」的人「滿腦大便」。她愛貝蒂‧戴維斯（Bette Davis）、蘿莎琳‧羅素（Rosalind

Russell）[9]、莉娜‧維特穆勒（Lina Wertmüller）[10] 和《阿瑪柯德》（Amarcord）[11]。她崇拜佐羅‧莫斯特，因為他「為了喜劇賭上生命」。她討厭派對——世界上最無聊的事，就是在 Studio 54[12] 度過一夜。她不喜歡當下流行的時尚「偷吃步」，更愛她先生買給她的聖誕禮物，一雙綠色的牛仔靴。

在許多記者口中，她是好萊塢星途燦爛的「非玉女的女演員」的一員。她有點像費‧唐納威，但不那麼冶豔；有點像珍‧芳達，但少了些傲氣；說像吉兒‧克雷堡（Jill Clayburgh），又沒那麼討好觀眾；像黛安娜‧基頓？沒那麼神經質。比起來，梅莉更像是凱薩琳‧赫本或卡羅‧藍巴德（Carole Lombard）的復刻版。綜合各家報導，她的名字發音「像鳥叫聲」，看起來像「尖細的蠟燭」或「佛萊明派大師畫作中的天使」。她也像阿萊索‧巴爾多維內底（Alesso Baldovinetti）筆下的〈黃衣女子的肖像〉（Portrait of a Lady in Yellow）的真人版。她的顴骨「很精緻」，鼻子「有貴族氣」，眼睛那蒼白的藍色難以形容——或許可說是「梅莉藍」？她「不只是另一個漂亮寶貝」。在她身上可以「看到米蒂亞（Medea）的影子」。她承認自己的經歷「像個灰姑娘故事」。她表示自己的生活哲學是「隨遇而安」。她討厭天氣熱，會讓她覺得自己像是太陽底下融化的起司。她從沒去過比維吉尼亞州亞歷山卓亞市更南邊的地方。

事實是，她不懂人們為什麼要在乎她的吊帶褲是在哪買的？為什麼她的臉該出現在《Parade》、《Playgirl》和《女仕家居》（Ladies Home Journal）雜誌上？這「過熱的一窩蜂」輕則把她神秘化，重則惹怒她。「有段時間，全國性雜誌的封面上不是我就是阿亞圖拉[13]。」兩年後，梅莉選擇在一個全國性雜誌的封面故事（確切來說，是《時代雜誌》）裡這樣抱怨。或許布魯斯坦對好萊塢「名人」風氣的批評還在她心中徘徊，但她的確視名氣為表演工藝所帶來的惡性副作用。還有，對她和唐來說，去藝廊變得越來越困難了。

當雜誌來訪問，梅莉可以表現得有魅力又謙虛，但有時候她就是單純有點不耐

煩。為了《Vogue》平面攝影，她興高采烈地表演啦啦隊劈腿招式。不過，當採訪者聽到她邊餵兩個月大的吉皮、邊對著錄音機說的抱怨之詞，仍覺得自己造成了不少困擾。她說：「我覺得，大家總認為演員欠觀眾一個解釋的這個想法有點奇怪。沒有人需要向大眾解釋一切，除了民選官員。但我又不是被選上，我從來就沒有要競選什麼……，對我來說，必須要和大眾分享自己和其他人共有的私密時光，是件詭異的事。」

在宣傳時，她和達斯汀盡力延續電影中的柔性對峙，至少在記者面前是如此。結果，兩人的發言聽起來都像在被動地攻擊對方。「達斯汀像技師般地縝密，而且要求非常高，但這並不是我聽說的大明星脾氣；」她這樣和《紐約時報》說：「這不是虛榮。不管在表演工藝、電影結構上他都是個完美主義者，而他讓自尊臣服於這些東西之下。」達斯汀給了類似的畸形稱讚：「我恨死她了，」在電影剛上映時他這樣說；「但我尊敬她。她戰鬥的最終目的不是為了自己，而是為那場戲。當她覺得自己是對的，她會扣緊扳機，不讓任何人隨便動她。」

1980 年第一週，梅莉成為《新聞週刊》的封面人物，媒體對她的迷戀正高漲。在那張照片裡，她戴著（那時候的）招牌珍珠耳環和蒙娜麗莎般的微笑，旁邊印著大大的白字：「八〇年代明星」。文章中寫到，梅莉‧史翠普可能會成為「珍‧芳達之後，第一個能和達斯汀‧霍夫曼、傑克‧尼克森、勞勃‧狄尼洛和艾爾‧

9、 蘿莎琳‧羅素（Rosalind Russell）：1907 － 1976，美國知名演員、喜劇演員。以《小報妙冤家》（His Girl Friday）、《瑪咪姑媽》（Auntie Mame）等作為人所知。她在演藝生涯中常扮演當時還鮮少在螢幕上出現的職業專業婦女，也是知名的角色演員，但向來不以性感尤物象徵為名。

10、莉娜‧維特穆勒（Lina Wertmüller）：出生於 1928 年，是當代重要的義大利導演及編劇。她是第一個被奧斯卡提名最佳導演的女性。知名作品包括《七美圖》（Seven Beauties）、《咪咪的誘惑》（The Seduction of Mimi）等。

11、《阿瑪柯德》（Amarcord）：義大利導演費里尼在 1973 年的作品，獲奧斯卡最佳外語片，被視為是他生涯重要的半自傳作品。

12、Studio 54：七〇年代知名的紐約夜店及迪斯可舞廳，現已改為劇場。

13、阿亞圖拉（Ayatollah）：伊斯蘭教什葉派宗教學者的階級名，但此處指的應該是魯霍拉‧何梅尼（Ruhollah Khomeini），1979 年伊朗革命的政治和精神領袖。

帕西諾等男性明星有同等力道、角色多樣性及影響力的美國女性。」在她還沒開始擔任電影主角前,就已經在文章中引發一陣最高級的關注。當 1981 年的《時代雜誌》接著把她放上封面,她「什麼都感覺不到」。

那段她可以專注享受演戲的甜蜜期,似乎已經過了。當事業剛起步時,她得花百分之八十的時間在拍照、試鏡、弄履歷,百分之二十在真正的工作上。現在,她還是得花百分之八十時間做些演戲之外的事,像是和《新聞週刊》、《Vogue》講講話。有部分的她希望自已依然是個「中等成就的演員」,那種大家不會感到好奇的演員。再一次地,她又在高高在上的返校節花車上,因為空氣之稀薄而驚訝。不知為何,這處境總讓她失望,彷彿不是她自己要登向高處,而是被眾人拱上去的。

◆

這位「八○年代明星」,在伍迪·艾倫的跨年派對上迎接八○年代的開始。這位還在拍攝《星塵往事》(Stardust Memories)的導演為此派對包下了七十五街一間芭蕾舞學校,包含現在站滿顯赫人物的排練室和大理石旋轉階梯。畢昂卡·傑格(Bianca Jagger)[14]靠在三樓的欄杆上,和安迪·沃荷(Andy Warhol)聊天。再往上走一層,寇特·馮內果(Kurt Vonnegut)和妻子吉兒·克曼茲(Jill Krementz)[15]在紅色的迪斯可舞廳裡跳舞,喬治·普林特頓(George Plimpton)[16]和珍·亞歷山大在一旁看著他們。葛洛莉亞·范德堡(Gloria Vanderbilt)[17]到得早,米克·傑格則姍姍來遲。還有許多電影明星:勞倫·巴克爾(Lauren Bacall)、貝蒂·米德勒(Bette Midler)、吉兒·克雷堡;以及文學大師諾曼·梅勒(Norman Mailer)、莉莉安·赫曼、亞瑟·米勒。有人聽到《哈洛與茂德》(Harold and Maude)裡的露芙·高登在說:「我很驚訝,居然有人會認識這麼多人。」

這天稍早，有些青少年混在外燴工作人員裡偷渡了進來，現在彷彿在美麗新世界裡一邊夢遊，一邊吃開胃小點。大多數人的話題都圍繞在主人身上，說這麼一個害羞的人要辦這場豪華派對，不是很勇敢就是很自虐。當這感想傳到伍迪耳裡，他皮笑肉不笑地回：「世界上還是有驍勇善戰之士的。」在晚宴廳裡，湯姆·布洛考（Tom Brokaw）[18] 試圖穿越重重人牆和梅莉·史翠普說上話。即使對主人有顯而易見的疑慮，她依然出席了。派對裡的所有人都是某某某，而她現在激起的漣漪和其他人並無二致。明星樂園可能是她的歸屬之處，但她已經開始想著要離開。

梅莉和唐在達卻斯郡（Dutchess County）找到一塊佔地九十二英畝 [19] 的地，兩人以約十四萬美金的金額將其購買下來。那裡有個裝潢好的三層樓獨棟房屋，被五千棵聖誕樹給圍繞著，還有個獨立的車庫，可以讓唐改建成他的工作室。他們想著要蓋一座風車和太陽能系統，如此就可以完全脫離電力公司的控制。最重要的是，他們想要有個地方可以躲避曼哈頓的髒亂和嘈嚷，更別說那些要簽名照的人。在生下亨利之前，梅莉會在蘇活區裡漫遊，看著櫥窗，想像那後頭每個人物的有趣之處。不過，她現在開始覺得這件事很醜陋。她帶著小孩無處可去，連在藥局買棉條都不自在。他們當然會保留城裡那間公寓，但要在這個樹林裡的綠洲，他們才能感覺自己像是在廣袤邊界開拓、自給自足的人。在名氣狂潮襲來，

14、畢昂卡·傑格（Bianca Jagger）：滾石樂團主唱米克·傑格（Mick Jagger）前妻。女演員、人權倡議者。

15、寇特·馮內果（Kurt Vonnegut）是美國以黑色幽默風格成名的作家，代表作是以他在德勒斯登戰俘營存活下來的經歷寫成的《第五號屠宰場》（Slaughterhouse-Five）。他的第二任妻子吉兒·克曼茲（Jill Krementz）則是當時知名的攝影師。

16、喬治·普林特頓（George Plimpton）：美國記者，擅長運動寫作。

17、葛洛莉亞·范德堡（Gloria Vanderbilt）：發跡於鍍金時代的荷蘭裔范德堡家族是美國最富有的家族之一。葛洛莉亞因小時候監護權問題，母親和姑姑打了一場「世紀官司」而聲名大噪，後來成為一知名服裝設計師。其子為現任 CNN 主播安德森·庫柏（Anderson Cooper）。

18、湯姆·布洛考（Tom Brokaw），NBC 當家的新聞主播，於 1982 年到 2004 年主持並製作晚間新聞。他和 CBS 的丹·拉瑟（Dan Rather）及 ABC 的彼得·詹寧斯（Peter Jennings）並列為美國三大新播主播。

19、約三十七萬平方米。

直覺式的自我保護模式啟動了。她需要把幕放下，讓一部份的自己保持小小的、安靜的、私密的樣子。

當芭蕾舞學校的鐘在午夜十二點響起，梅莉‧史翠普以及幾乎紐約市裡所有的名人一起和七〇年代說再見。人們已經開始談論起「新保守主義」，它後來不僅在政治界成為主角，也貫徹在電影產業。有些人似乎在梅莉精緻的臉龐和珍珠耳環中看到這股流行——《Vogue》稱她為「第一小姐」（the Lady）——但這大多都是人們的投射。不管怎麼說，新保守主義在伍迪‧艾倫的跨年派對中還沒那麼有存在感。這畢竟是個在《安妮霍爾》中，帶感情地說他的城市是「左派共產黨猶太同性戀色情攝影師」集結地的男子。

在 1979 年二月，《克拉瑪對克拉瑪》被提名九項奧斯卡；包含最佳影片（製作人史丹利‧加夫）、最佳男演員（達斯汀‧霍夫曼）、最佳導演（羅伯特‧班頓）、最佳改編劇本（依然是班頓）。時年八歲的賈斯汀‧亨利被提名為最佳男配角，成為奧斯卡史上最年輕的入圍者。而梅莉‧史翠普則和《突破》（Breaking Away）的芭芭拉‧巴瑞（Barbara Barrie）、《不結婚的男人》（Starting Over）的坎蒂絲‧柏根（Candice Bergen）；以及其他兩位共演的女明星，《克拉瑪對克拉瑪》的珍‧亞歷山大、《曼哈頓》的瑪莉葉‧海明威（Mariel Hemingway）共同在最佳女配角項目競爭。

現在，梅莉有足以扛起電影主角重擔的能力，這點毋庸置疑。山姆‧柯恩也開始尋找那個對的提案——或說「那些」提案。在《曼哈頓》和《克拉瑪對克拉瑪》之後，她覺得除了當代紐約客外什麼角色都可以。「把我放到月球上，」她和柯恩說。於是，他帶她到英倫海峽邊一座石造碼頭的盡頭。二月中時，她簽下《法國中尉的女人》戲約。這是一齣根據約翰‧福爾斯（John Fowles）小說改編的時代劇，電影劇本由哈洛德‧品特（Harold Pinter）[20]操刀。他們將在五月前往英格蘭西南部的多塞特郡（Dorset）拍攝，梅莉同時飾演兩角：一個維多莉亞時期

如同神秘海妖般的女子，以及在現代大製作電影中扮演前者的女演員。

同時，梅莉也極力爭取演出威廉·史迪龍小說《蘇菲的抉擇》改編的電影，故事描述一個從納粹大屠殺中存活的波蘭倖存者在布魯克林展開的生活。要搶到這個角色可能得頭破血流，因為導演亞蘭·J·帕庫拉心中已經有個捷克女演員，梅莉只能求他再次考慮。另外從三月開始，她的名字就謠傳和奧克拉荷馬州核電工人凱倫·絲克伍（Karen Silkwood）[21] 的一個拍攝計畫綁在一起。八〇年代才正要開始，但她接下來三年的事業版圖 —— 以及做為一個口音多變的悲劇演員之獨特定位 —— 已經清晰可見。一直要到很久以後，眾人才會把梅莉·史翠普和詼諧有趣聯想在一起。

同時，《克拉瑪對克拉瑪》橫掃獎季。金球獎頒獎典禮時，梅莉穿著她的白色婚紗去參加，並且在典禮進行到一半就開始分泌乳汁；她接過獎座時，還一手抱胸。電影在全球上映，從瑞典一路到日本。3 月 17 日，電影在倫敦萊斯特廣場奧迪安電影院（Odeon Leicester Square）舉行了場特別放映，觀眾裡有伊莉莎白二世及菲利普王子。梅莉和達斯汀·霍夫曼、賈斯汀·亨利、班頓、加夫一起飛去參加特映。她身著白色長裙，搭配一件領子豎起來的外套。當麗芙·鄔曼和彼得·賽勒斯（Peter Sellers）抬頭望，梅莉向女王伸出手，以白手套碰觸白手套。女王低身接近賈斯汀，問這是他第一個表演工作嗎？

「是的。」他說。

女王問電影會不會讓她哭。

「會，」賈斯汀回答：「我媽哭了四次。」

20、哈洛德·品特（Harold Pinter）：諾貝爾文學獎得主，當代英國最具有影響力的劇作家之一。

21、凱倫·絲克伍（Karen Silkwood）是在奧克拉荷馬州克爾麥吉（Kerr-McGee）核能工廠的化學技術員，在工作中不幸受到鈽污染，但污染事件卻被電廠當局和美國原子能委員會刻意掩蓋。她在 1974 年打算把一疊文件交給《紐約時報》記者的當天，卻離奇死於車禍，文件不翼而飛。她離奇的死促成大批報導，故事並被改編成《絲克伍事件》（Silkwood），由梅莉·史翠普主演。

◆

1980 年 4 月 14 日，新世代的明星們穿搭時尚，抵達朵樂絲 · 錢德勒劇院外。在歌蒂 · 韓（Goldie Hawn）、理查 · 吉爾（Richard Gere）、麗莎 · 明尼利和喬治 · 哈密頓（George Hamilton）這群電影之神裡，梅莉史翠普是身上唯一身上沒穿著亮片裝的女性。她身上的白色洋裝和她去見女王的是同一件，不過這次沒戴手套。

進到劇場內，梅莉坐在她先生和以《諾瑪蕾》（Norma Rae）入圍最佳女主角的莎莉 · 費爾德（Sally Field）之間。帶著大領結的亨利 · 曼西尼（Henry Mancini）指揮《星際爭霸戰》主題曲，為典禮拉開序幕。她在影藝學院主席費 · 卡寧（Fay Kanin）說起這個機構「輝煌的遺產」鼓掌。她緊張地坐著，聽強尼 · 卡森（Johnny Carson）在獨白中以玩笑話帶過《大青蛙布偶電影》（The Muppet Movie）、波 · 德瑞克（Bo Derek）在《十全十美》（10）裡的玉米鬚頭髮、伊朗人質危機、多利 · 派頓（Dolly Parton）的胸部（「乳腺對乳腺」），還有那年大片之中有三部都是離婚電影的事實：「當《一籠傻鳥》（La Cage aux Folles）[22] 成為唯一一段走得下去的關係，這說明了我們這時代的某種特質；」卡森開玩笑道：「誰說我們沒有好的女性角色啦？」

兩位來自普華會計師事務所（Price Waterhouse）的紳士負責保管得獎者信封，他們先上台向大家鞠躬。傑克 · 萊蒙（Jack Lemmon）和克蘿麗絲 · 利奇曼（Cloris Leachman）接著出場頒發今晚第一個獎項：最佳女配角。

當聽到她的名字在提名名單最後一個出現時，梅莉搓揉雙手，喃喃自語。「得獎的是，」利奇曼把信封交給萊蒙。

「謝謝妳，親愛的。」
「不客氣，親愛的。」

「梅莉・史翠普，《克拉瑪對克拉瑪》。」

整個大廳迴盪著《克拉瑪對克拉瑪》主題曲，韋瓦第 C 大調曼陀林協奏曲。當梅莉趕上台時，她彎下腰來親吻達斯汀的臉頰，然後爬上階梯、湊向麥克風，發表她的第一個奧斯卡獎得獎感言。

「我的老天[23]！」她看向手上的小金人，語調平靜：「我想要謝謝達斯汀・霍夫曼和羅伯特・班頓，沒有他們就沒有……這個。謝謝史丹利・加夫，給我機會演喬安娜。還有珍・亞歷山大、和賈斯汀，」—— 她給了個飛吻 ——「謝謝你們的愛和支持，讓這段時間變得非常、非常愉快。」

對觀眾席上的眾人和電視機前的百萬人來說，她看起來就像個孵化完成的明星，是沉著冷靜地站在蛋殼上的維納斯。只有她自己知道這件事有多難以置信 ——「電影明星」，居然真的成為她的職業。這是另一個蛻變：就像是十年前改變她生命航向的那一次 —— 那時四周丁香花的味道瀰漫，她還是茉莉小姐。她能在短短十年內攻克演藝事業的高峰，只是反映了克林特・阿金森當年知道，喬・帕普知道、約翰知道，然後或許她自己也知道的那件事：梅莉・史翠普一直以來就有這個能力。

在最後一個「非常謝謝你」後，她拿著小金人起步要向左走，傑克・萊蒙好心指

22、《一籠傻鳥》（La Cage aux Folles）：1978 年由法國與義大利合拍的喜劇電影，改編自同名小說，故事開始是一對同性戀伴侶的兒子要結婚，使這對伴侶得要面對保守的親家而開始。

23、梅莉用的是「Holy mackerel」，直譯為「聖鯖魚啊」，有一說是因為天主教徒習慣在星期五吃鯖魚，因而沿襲為聖瑪莉代稱。不過，Holy mackerel 現在通常是單純表示驚訝的口語用法。

向另一邊。

韋瓦第協奏曲在最佳改編劇本、最佳導演和最佳男主角時再次響起。達斯汀・霍夫曼從珍・芳達手中接下他的獎座，重申那眾人皆知、他向來憎恨頒獎典禮的立場（「我對影藝學院有許多批評，而這是有原因的」）。賈斯汀・亨利輸給了比他年長七十一歲的邁爾文・道格拉斯（Melvyn Douglas）（他以《無為而治》〔Being There〕獲獎）。賈斯汀實在太難過，「超人」克里斯多福・李維（Christopher Reeve）還被叫過來安慰他。而那晚的大結局，是由查爾頓・希斯頓（Charlton Heston）[24] 宣布最佳影片得主：《克拉瑪對克拉瑪》盡收囊內。

典禮過後，克拉瑪獲獎者們被領進一房間，內有約百位記者。「好吧，肥皂劇獲勝了。」達斯汀走進去時就丟出這句話，預期記者們會鄙視他們的勝利。很明顯地，這不是個典型那種開心握手、恭喜祝福的記者會，媒體們的好戰之情絲毫不輸達斯汀。專欄作家羅納・巴瑞特（Rona Barrett）說很多女性，尤其是女性主義者，「覺得這部電影就像在賞她們巴掌。」

「故事根本不是在講這個，」達斯汀反擊。「我不能阻止人們有那些他們感覺到的感覺，但我不覺得所有人都這樣想。」

當他們展開爭辯時，梅莉跳進戰場。「女性主義者來了。」她說。「我不那麼認為。」佔領發言權後，她繼續說道：「我認為女性主義的基礎，就是要同時將**男性和女性**都從原先設定的性別角色中解放出來。」

她可以說，表演的功用也是如此 —— 至少她的表演方式是，那種她嘗試得如此辛苦要做到的表演。她已經不再是那個以為女性主義和漂亮指甲、乾淨頭髮有關的大學新生了；事實上，女性主義和她的表演藝術密不可分，因為這兩件事都需要激進的想像實踐。像個伸展著可能性的女演員，喬安娜・克拉瑪得先想像自己

不只是妻子、不只是母親，好成為一個「完整的人」，無論自己身上還有多少缺陷。這件事在艾維利‧柯曼眼中可能沒那麼明顯，但梅莉卻看得清明。今晚的勝利，似乎在附和她是對的。

她不需要再偷偷把她的角色 —— 那些在劇本中被遺忘的女性們 —— 從後門偷渡進來。接下來那十年，她會把整個電影產業扳向她那邊；用她的能力，在電影銀幕容許的範圍內顯露出自覺的掙扎痕跡。山姆‧柯恩一直到 1991 年都是她的經紀人，在他的幫助下，梅莉會掌握這些她從前認為不可能在好萊塢出現的複雜女性角色：丹麥的冒險家、華盛頓貴族階級、大蕭條時期酒鬼和澳洲謀殺案嫌疑犯[25]。在 1981 年後，她會完全放棄劇場的舞台，只在德拉科特劇場客串登場。有部分原因是她的孩子們：亨利之後還有三位，分別名為瑪咪（Mamie）、葛瑞絲（Grace）和露易莎（Louisa）；梅莉得在幾乎沒什麼空檔的工作之間把他們養大。她和唐‧剛默的婚姻起先看似衝動之舉，後來卻證明是好萊塢最經得住時間考驗的關係。

在往後的歲月裡，梅莉會更堅定地為她的政治想法發聲，督促國會持續推動《平權修正案》，並在 2014 年的國家評論協會晚宴上將華特‧迪士尼形容為「性別獨裁者」。她會以沮喪之情透露，在所有她嘗試過的角色裡，每個和她同年齡的男人 —— 包含比爾‧柯林頓 —— 都和她說他們最喜歡的是琳達，《越戰獵鹿人》中那個服從的櫃台小姐。這也難怪她接下這個角色時會如此擔憂；她知道這個世界會非常輕易地將一個女人變成一個純真無邪的少女。她在 2010 年提到，當男人終於有另一個喜歡的角色時，可以看成時代變遷的度量衡。他們喜歡的另一個角色，是米蘭達‧普利斯里（Miranda Priestly），《穿著 Prada 的惡魔》中呼風

24、查爾頓‧希斯頓（Charlton Heston）：美國一代男演員，代表作為《十誡》、《決戰猩球》1968 年版本（時譯《浩劫餘生》），以《賓漢》榮獲奧斯卡最佳男主角。

25、指的分別是《遠離非洲》、《心火》（Heartburn）、《紫苑草》（Ironweed）、《暗夜哭聲》（Evil Angels）。

喚雨的時尚編輯。「他們能同理米蘭達，」她解釋道：「但他們想和琳達約會。」

現在，回到站在一屋子的記者面前的梅莉，她手上拿著奧斯卡獎，簡單宣示：「女性主義者來了。」

有人問她：「感覺如何？」

「無與倫比，」她說，「我試著在我心跳聲裡聽見你的問題。」如果她看起來很鎮定，那只是個表演。稍早，當她發表完得獎感言，她在後台漫無目的行走，然後在廁所裡停下來緩一緩呼吸。她的腦袋暈眩，心臟強力拍打。在短暫獨處後，她走出來，準備要面對這好萊塢規模的喧鬧。「嘿！」她聽到一個女生喊，「有人把小金人掉在這！」不知怎地，在那激動迷幻的狀態裡，那尊小雕像就這樣被忘在廁所地上了。

Gallery
圖片集錦

「女生們不吃這套，」
梅莉說起自己高中時表現出來的人格：
「她們嗅出端倪，知道這只是演戲。」

梅莉和麥克‧布福在舞會。

1969 年 12 月，梅莉在瓦薩學院扮演茱莉小姐。
這是她第一次看認真的戲劇表演，而且是由她主演。

梅莉在耶魯戲劇學院時最突破性的角色，
就是在《白痴卡拉馬佐夫》中飾演一個八十歲的「翻譯家」康士坦絲‧卡內特。
克里斯多夫‧杜蘭跪在她右側，飾演艾悠沙。

梅莉的百老匯初登場,
演出《「井」裡的特羅尼》

梅莉在《皆大歡喜》中飾演哈雷路亞‧李兒。

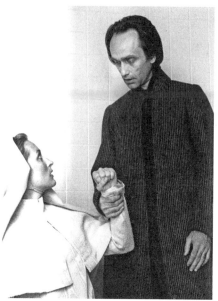

「我們感受到她和安傑羅之間在『性』上的收受。」
《紐約時報》的劇評如此描述梅莉在《量‧度》中的表演。
她飾演伊莎貝拉,和約翰‧卡佐爾演出對手戲。

梅莉和卡佐爾於李‧史特拉斯堡的七十五歲生日派對。
「那個混蛋總是讓所有事情變得非常有意義,」
她後來說:「有那麼好的判斷力、那麼清澈的想法。」

梅莉和麥可‧奇米諾及勞勃‧狄尼洛在《越戰獵鹿人》的拍攝現場。

梅莉和查克‧阿斯佩格倫、狄尼洛以及卡佐爾，
在《越戰獵鹿人》那場看似永遠不會結束的結婚典禮。
卡佐爾並沒有活著見到這部電影。
他參與演出的五部劇情長片全都在奧斯卡獎被提名為最佳影片，但他從來沒入圍過任何獎項。

「我覺得他就是討厭我的角色，」
梅莉說起選她演出《曼哈頓》的伍迪‧艾倫。
她在片中飾演他前妻。

梅莉在《馴悍記》後台讀潔曼‧葛里爾的《女太監》。

喬安娜在《克拉瑪對克拉瑪》的開場戲裡離開泰德。

泰德的律師質詢喬安娜:
「在生命中最重要的一段關係裡,妳是不是一個失敗者?」

在《克拉瑪對克拉瑪》的皇室特映會中拜見女王。

試圖和唐・剛默享受私密的片刻,但顯然失敗了。

梅莉以《克拉瑪對克拉瑪》喬安娜一角，拿下第一座奧斯卡（女配角）獎。

Supporting Characters
最佳配角們

梅莉‧史翠普身邊的關鍵人物們

依英文姓氏的開頭字母排序

A.

艾倫‧艾達（Alan Alda）—— 以長壽的電視劇《外科醫生》（M*A*S*H）最為人所知的演員，也是電影《喬‧泰南的誘惑》（The Seduction of Joe Tynan）的編劇及主演。

珍‧亞歷山大（Jane Alexander）—— 劇場及電影女演員，曾分別以《拳王奮鬥史》（The Great White Hope）、《大陰謀》（All the President's Men，同名書籍在台譯為《總統的人馬》）、《克拉瑪對克拉瑪》（Kramer vs. Kramer）以及《遺言》（Testament）獲四次奧斯卡提名。

克林特‧阿金森（Clint Atkinson）—— 梅莉在瓦薩的戲劇老師，在《茱莉小姐》及其他作品中以導演身份指導她。他去世於 2002 年。

琳達‧阿金森（Linda Atkinson）—— 耶魯的戲劇學院學生，1975 級。

B.

布蘭琪‧貝克（Blanche Baker）—— 和梅莉一起在《喬‧泰南的誘惑》及《大屠殺》（Holocaust）演出的女演員，後者讓她抱回艾美獎。她後來在百老匯《蘿莉塔》（Lolita）中演片名角色。

羅伯特‧班頓（Robert Benton）—— 奧斯卡金獎編劇及《克拉瑪對克拉瑪》的導演。他也是《我倆沒有明天》（Bonnie and Clyde）的共同編劇，以及《深夜脫口秀》（The Late Show）、《心田深處》（Places in the Heart）、《大智若愚》（Nobody's Fool）的導演。

麥克‧布福（Mike Booth）—— 梅莉的高中男友，在參與越戰時和當時就讀於瓦薩的梅莉保持通信。

艾文‧布朗（Arvin Brown）——《二十七車棉花》（27 Wagons Full of Cotton）及《兩個星期一的回憶》（A Memory of Two Mondays）的導演。他是紐哈芬長埠劇場（Long Wharf Theatre）長期合作的藝術導演。

羅伯特‧布魯斯坦（Robert Brustein）—— 耶魯戲劇學院從 1966 年到 1979 年的院長，是耶魯劇場（Yale Repertory Theatre）的創團導演。他後來在麻州劍橋成立了美國定目劇團（American Repertory Theatre）。

C.

史蒂芬‧卡撒爾（Stephen Casale）—— 約翰‧卡佐爾的弟弟。他在年輕時將姓氏卡佐爾（Cazale）換回原先的義大利拼法卡撒爾（Casale）。

菲利浦‧卡斯諾夫（Philip Casnoff，又稱「菲爾」Phil）—— 梅莉在耶魯時的男友，舞台及電視演員。

約翰‧卡佐爾（John Cazale）—— 舞台及螢幕演員，以《教父》及《教父第二集》中的佛雷多‧柯里昂（Fredo Corlene）一角最為人所知。其他演出的電影有《對話》（The Conversation）、《熱天午後》（Dog Day Afternoon）和《越戰獵鹿人》（The Deer Hunter）。他和梅莉在 1976 年共同演出莎士比亞經典名劇《量‧度》（Measure for Measure），兩人交往直到他在 1978 年過世。

麥可‧奇米諾（Michael Cimino）——以《越戰獵鹿人》獲奧斯卡的金獎導演。其他作品有《沖天炮與飛毛腿》（Thunderbolt and Lightfoot）、《龍年》（Year of the Dragon）、《天國之門》（Heaven's Gate），後者被看作電影史上最災難性的財務虧損。

山姆‧柯恩（Sam Cohn）——在 ICM 經紀公司擔任梅莉的經紀人直到 1991 年。他的客戶還包含鮑伯‧福斯（Bob Fosse）、伍迪‧艾倫（Woody Allen）、麥克‧尼可斯（Mike Nichols）、諾拉‧艾弗隆（Nora Ephron）、羅伯特‧班頓、保羅‧紐曼（Paul Newman）以及琥碧‧戈柏（Whoopi Goldberg）。他在 2009 年逝世。

艾維利‧柯曼（Avery Corman）——小說《克拉瑪對克拉瑪》作者，著有《舊社區》（The Old Neighborhood）、《噢，上帝！》（Oh, God!）。

麥可‧迪里（Michael Deeley）——EMI 電影先前的總裁，也是《越戰獵鹿人》、《銀翼殺手》（Blade Runner）以及《天外來客》（The Man Who Fell to Earth）的製作人。

D.

克里斯多夫‧杜蘭（Christopher Durang）——耶魯 1974 級的編劇主修學生，他在學生時期及和亞伯特‧伊紐拉共同創作《白痴卡拉馬佐夫》（Idiots Karamazov）。後來的作品有《不只是治療》（Beyond Therapy）、《瑪莉‧依納爵姐妹爲您帶來完整解釋》（Sister Mary Ignatius Explains It All for You），以及獲得東尼獎的《凡亞和松尼亞和瑪莎和史派克》（Vanya and Sonia and Masha and Spike）。

F.

麥可‧凡高（Michael Feingold）——耶魯劇場第一位實際上的管理者，他在那裡導演了《皆大歡喜》（Happy End）。他從 1971 年開始幫《村聲》雜誌寫稿，在 1983 年到 2013 年間是該雜誌的戲劇評論主筆。

理查‧費修夫（Richard Fischoff）——《克拉瑪對克拉瑪》的監製（Associate producer）。

G.

康士坦絲‧卡內特（Constance Garnett）——英語譯者，1861 年生，1946 年歿。她是托爾斯泰、杜斯妥也夫斯基和契訶夫等俄羅斯經典作品最早的英語譯者。

羅賓‧古德曼（Robyn Goodman）——劇場製作人，曾任演員。因丈夫華特‧麥可金而成爲約翰‧卡佐爾的好友。她在 1979 年成立第二舞台劇團（Second Stage）。

喬‧古利發西，「古利佛」（Joe "Grifo" Grifasi）——耶魯戲劇學院的表演主修學生，1975 級。他和梅莉共同的舞台演出有《仲夏夜之夢》、《兩個星期一的回憶》、《機密任務》（Secret Service）、《皆大歡喜》（Happy End）以及電影《越戰獵鹿人》、《碧玉驚魂夜》（Still of the Night）以及《紫苑草》（Ironweed）。

唐‧剛默（Don Gummer）——雕刻家，梅莉‧史翠普的丈夫。

亨利·沃夫·剛默（Henry Wolfe Gummer）—— 梅莉·史翠普和唐·剛默的兒子，嬰兒時期的綽號是「吉皮」（Gippy）。現在是個演員、音樂家。

梅·古梭（Mel Gussow）——《紐約時報》長期的劇評和文化報導者；於 2005 年時逝世。

H.

湯瑪士·哈斯（Thomas Haas）—— 耶魯戲劇學院的表演老師。他後來成為印第安納定目劇場的藝術總監；於 1991 年逝世。

J·羅伊·賀蘭（J. Roy Helland）—— 梅莉長期合作的髮型師及化妝藝術師；在 2012 年以《鐵娘子》（The Iron Lady）贏得奧斯卡獎。

莉莉安·赫曼（Lillian Hellman）—— 劇作家，作品有《兒童時間》（The Children's Hour）、《小狐狸》（The Little Foxes）和《閣樓裡的玩具》（Toys in the Attic）。她的回憶錄《舊畫再現》（Pentimento）是電影《茱莉亞》（Julia）的故事原型。赫曼已於 1984 年去世。

賈斯汀·亨利（Justin Henry）—— 在《克拉瑪對克拉瑪》中扮演比利·克拉瑪（Billy Kramer）的童星。

伊瑟利·哈洛維茲（Israel Horovitz）—— 編劇、導演。約翰·卡佐爾曾演出他的舞台作品《那個印度人想要布朗克斯》(The Indian Wants the Bronx) 和《歌舞線上》（Line）。

瑪莉·貝絲·赫特（Mary Beth Hurt）—— 和梅莉一起在「井」裡的特羅尼》、《機密任務》和《櫻桃園》演出的女演員。其他電影知名作品包含《我心深處》（Interiors）、《加普的世界觀》（The World According to Garp）。

I.

亞伯特·伊紐拉圖（Albert Innaurato）—— 耶魯 1974 級的編劇主修學生，他在學生時期與克里斯多夫·杜蘭共同創作《白痴卡拉馬佐夫》；後期作品包含《雙子》（Gemini）和《熱情》（Passione）。

J.

史丹利·R·加夫（Stanley R. Jaffe）——《克拉瑪對克拉瑪》的製作人。其他製作包含《致命的吸引力》（Fatal Attraction）、《控訴》（The Accused）以及《校園風雲》(School Ties)。

華特·瓊斯（Walt Jones）—— 耶魯 1975 級導演主修學生，後編劇、導演百老匯《1940 年代的收音機時間》(The 1940's Radio Hour)。

勞爾·朱利亞（Raúl Juliá）—— 劇場、電影演員，曾和梅莉在《櫻桃園》和《馴悍記》（The Taming of the Shrew）中合作。最讓觀眾印象深刻的是在《阿達一族》(The Addams Family) 電影版中的高梅茲（Gomez）。於 1994 年逝世。

K.

寶琳·凱爾（Pauline Kael）——《紐約客》（The New Yorker）雜誌從 1968 年到 1991 年的電影評論；逝世於 2001 年。

雪莉·奈特（Shirley Knight）——演員，最為人所知的作品是《黑暗樓頂》（The Dark at the Top of the Stairs）和《青春小鳥》（Sweet Bird of Youth）。在《皆大歡喜》中被梅莉·史翠普替換。

L.

鮑伯·勒凡（Bob Levin）——梅莉在瓦薩時的男友，他是耶魯橄欖球隊的全衛。

查爾斯·勒凡，「查克」（Charles "Chuck" Levin）——耶魯戲劇學院表演主修學生，1974 級。鮑伯·勒凡的弟弟。

羅伯特·路易斯，「鮑比」（Robert "Bobby" Lewis）——演員工作室（Actors Studio）的創辦人及團體劇場（Group Theatre）的創團成員。後來領導耶魯戲劇學院的表演和導演部門，於 1997 年逝世。

愛絲黛·利普林（Estelle Liebling）——十分有影響力的歌唱教練，梅莉·史翠普青少年時的老師；於 1970 年逝世。

強·李斯高（John Lithgow）——和梅莉一起演出《「井」裡的特羅尼》、《機密任務》和《兩個星期一的回憶》，後來以《加普的世界觀》、《親密關係》（Terms of Endearment）兩度獲奧斯卡提名。

克里斯多夫·洛伊德（Christopher Lloyd）——耶魯時期和梅莉一起演出《群魔》（The Possessed）和《仲夏夜之夢》，也在百老匯上演出《皆大歡喜》。最為人所知的電影演出有《終極殺陣》（Taxi）、《回到未來》（Back to the Future）及《阿達一族》。

威廉·艾韋·隆（William Ivey Long）——耶魯 1975 級的設計主修學生，後成為百老匯服裝設計師，以《九》（Nine）、《金牌製作人》（The Producers）和《髮膠明星夢》（Hairspray）及其他製作多次獲艾美獎。在 2012 年時被選為美國戲劇聯盟（American Theatre Wing）主席。

M.

華特·麥可金（Walter McGinn）——約翰·卡佐爾的大學同學及好友，演員。他和羅賓·古德曼結婚，於 1977 年辭世。

凱特·麥可葛雷果 - 史都華（Kate McGregor-Stewart）——耶魯戲劇學院主修表演的學生，1974 級。

亞蘭·米勒（Allan Miller）——表演指導，在梅莉耶魯時期導演《芭芭拉少校》（Major Barbara）。

麥可·莫里亞提（Michael Moriarty）——舞台、電影演員，和梅莉一起演出《賽維爾的花花公子》（The Playboy of Seville）、《亨利五世》（Henry V）、《大屠殺》（Holocaust）。後以影集《法網遊龍》（Law & Order）中班傑明·史東（Benjamin Stone）一角為人所知。

P.

蓋兒‧瑪瑞菲得‧帕普（Gail Merrifield Papp）—— 喬瑟夫‧帕普的寡妻；先前掌管公共劇場（The Public Theatre）的戲劇發展部門。

喬瑟夫‧帕普（Joseph Papp）—— 紐約莎士比亞藝術節、「公園裡的莎士比亞」（Shakespeare in the Park）活動以及公共劇場的創辦人。公共劇場在他於 1991 年辭世後更名為「喬瑟夫‧帕普公共劇場」。

R.

羅夫‧瑞德帕夫（Ralph Redpath）—— 耶魯戲劇學院的表演系學生，1975 級。

艾倫‧羅森堡（Alan Rosenberg）—— 耶魯戲劇學院的表演系學生，輟學。後以電視影集《內戰》（Civil Wars）、《洛城法網》（L.A. Law）、《西碧兒》（Cybill）為人所知。美國演員工會（Screen Actors Guild）2005 年到 2009 年的主席。

S.

約翰‧沙瓦奇（John Savage）—— 電影演員，曾擔任《越戰獵鹿人》中的史蒂芬（Steven）一角，知名影視作品還有《田園劫》（The Onion Field）、《髮》（Hair）和《薩爾瓦多》（Salvador）。

傑瑞‧夏茲柏格（Jerry Schatzberg）——《喬‧泰南的誘惑》導演。其他知名作品還有《毒海鴛鴦》（The Panic in Needle Park）、《稻草人》（Scarecrow）和《忍冬玫瑰》（Honeysuckle Rose）。

安德烈‧塞班（Andrei Serban）—— 羅馬尼亞戲劇導演，作品有在林肯中心演出的《櫻桃園》和《阿加曼儂》（Agamemnon）。

貝瑞‧史派金斯（Barry Spikings）—— 電影製作人，先後在英國獅子影業（British Lion Films）和 EMI 影業工作；作品有《越戰獵鹿人》和《大車隊》。

艾佛‧史普瓊恩（Evert Sprinchorn）—— 先前的瓦薩學院戲劇系主任，現為榮譽退休教授。

馬文‧史塔克曼（Marvin Starkman）—— 電影導演，約翰‧卡佐爾好友。他在自己的短片《美國之路》（The American Way）中和卡佐爾合作。

小哈利‧史翠普（Harry Streep Jr.）—— 梅莉‧史翠普的父親，於 2003 年辭世。

哈利‧史翠普三世（Harry Streep III）—— 梅莉‧史翠普的弟弟，綽號「老三」。

瑪莉‧沃夫‧威金森‧史翠普（Mary Wolf Wilkinson Streep）—— 梅莉‧史翠普的母親，於 2001 年辭世。

伊莉莎白‧史瓦杜斯（Elizabeth Swados）—— 劇場實驗作曲家，創作的音樂劇《愛麗絲夢遊演奏會》（Alice in Concert）在多次重新搬演時都由梅莉‧史翠普演出。最知名的作品有 1978 年在百老匯開演的《亡命之徒》（Runaways）。

T.

布魯斯‧湯森（Bruce Thomson）—— 梅莉在高中時的男友。

蘿絲瑪麗‧替胥勒（Rosemarie Tichler）—— 公共劇場從 1975 年到 1991 年的選角指導，在那之後擔任藝術製
作人直到 2001 年。

雷普‧托恩（Rip Torn）—— 和梅莉一起演出《父親》（The Father）以及《喬‧泰南的誘惑》（The
Seduction of Joe Tynan）。最為人知的作品還有《發薪日》（Payday）、《十
字小溪》（Cross Creek）以及《賴瑞‧山德斯秀》（The Larry Sanders
Show）。

W.

德瑞克‧瓦胥本恩（Deric Washburn）——《越戰獵鹿人》編劇。

溫蒂‧瓦瑟斯坦（Wendy Wasserstein）—— 耶魯戲劇學院編劇主修學生，1976 級。創作包含《不平凡的女性
及其他》（Uncommon Women and Others）、《羅森絲韋格姐妹》
（The Sisters Rosensweig）以及榮獲普立茲獎和東尼獎的《海蒂紀
事》（The Heidi Chronicles）。已於 2006 年逝世。

山姆‧華特斯頓（Sam Waterston）—— 梅莉和約翰在《量‧度》中合作的演員。後來以《殺戮戰場》
（The Killing Fields）、影集《法網遊龍》及《新聞急先鋒》（The
Newsroom）為人所知。

雪歌妮‧薇佛（Sigourney Weaver）—— 耶魯戲劇學院 1974 級的表演主修學生，在電影《異形》（Alien）、《上
班女郎》（Working Girl）、《迷霧森林十八年》（Gorillas in the Mist）
以及《阿凡達》（Avatar）裡演出。在 2013 年時主演里斯多夫‧杜蘭的
東尼獎作品《凡亞和松尼亞和瑪莎和史派克》。

艾琳‧沃斯（Irene Worth）—— 和梅莉一起參與《櫻桃園》演出的演員，分別以《小艾莉絲》（Tiny
Alice）、《青春小鳥》及《我的天才家庭》（Lost in Yonkers）成為三次
東尼獎得主；於 2002 年逝世。

Z.

佛瑞德‧辛曼（Fred Zinnemann）—— 電影《茱莉亞》導演，知名作品包含《日正當中》（High Noon）、
《亂世忠魂》（From Here to Eternity）及《良相佐國》（A Man for All
Seasons），於 1997 年逝世。

Supporting Characters

最佳配角們：梅莉‧史翠普身邊的關鍵人物們

Acknowledgments

謝辭

我要向我的經紀人大衛·庫恩（David Kuhn），致上我第一個、也是最深刻的感謝。他總是在人們知道自己能做到什麼之前，就知道他們可以；然後以如此精彩的方式指揮我完成這本書。也感謝貝琪·史偉倫（Becky Sweren），讓我確實地完成了這本書。

謝謝我優秀的編輯蓋兒·溫斯頓（Gail Winston），以她的洞見、遠見和不間斷地指導、陪伴我。也謝謝哈潑柯林斯（Harper Collins）出版社的大家，包含蘇菲亞·格魯普曼（Sofia Groopman）、貝絲·席爾芬（Beth Silfin）、馬丁·威爾森（Martin Wilson）和強納森·本翰（Jonathan Burnham）。

如果沒有受訪者們在時間、精神上的慷慨和善意，我絕對寸步難行。這本書的調查過程就像是食腐動物的覓食之旅，透過各式各樣精神上的引領輕推，帶著我到各種難以預料的地方。所有從車庫深層挖出一箱舊物、拍掉老照片上的灰塵，以及召喚出一段往日回憶（或是很多段）的人們，都是幫助我拼起一塊塊拼圖的關鍵，我深深感激。

謝謝以下所有的圖書館員和檔案管理人員：帕里媒體中心（Paley Center for Media）（特別是不屈不撓的珍·可蘭〔Jane Klain〕）、耶魯大學的羅伯特·B·哈斯家族藝術圖書館（Robert B. Haas Family Arts Library）、德州大學奧斯汀分校的哈利·蘭森中心（Harry Ransom Center）、波士頓大學的霍華·戈立比資料庫研究中心（Howard Gotlieb Archival Research Center）、肯特州立大學的圖書館、伯納德鎮公共圖書館的當地歷史收藏、克利夫蘭公共圖書館、紐哈芬免費公共圖書館、波契浦西的雅德安斯紀念圖書館（Adriance Memorial Library）、史都本鎮及傑佛遜郡公共圖書館（The Public Library of Steubenville and Jefferson County）、比佛利山莊的瑪格莉特·赫瑞克圖書館（Margaret Herrick Library）；以及，特別感謝紐約公共圖書館表演藝術部門，可以的話，我真想住在那裡。

有關素材的使用權，謝謝克里斯多夫‧杜蘭、亞伯特‧伊紐拉圖、克里斯多夫‧利平寇（Christopher Lippincott）、威廉‧貝克（William Baker）、麥克‧布福、威廉‧艾韋‧隆、保羅‧達維斯（Paul Davis）、伊瑟利‧哈洛維茲、羅伯特‧馬克思、安‧古梭（Ann Gussow）、羅伯特‧布魯斯坦，以及歐美音樂組織（European American Music Corporation）以及利夫萊特出版公司（Liveright Publishing Corporation）。

我要將最誠摯的感謝，獻給曾給予我鼓勵、智慧和友情的娜塔莉亞‧派恩（Natalia Payne）、蘿拉‧米倫朵夫（Laura Millendorf）、班‧瑞瑪羅爾（Ben Rimalower）和「劇場學者」（Theaterists）的大家：潔絲‧奧克斯菲德（Jesse Oxfeld）、瑞秋‧蘇克特（Rachel Shukert）、席拉‧米利郭斯基（Shira Milikowsky）、黛比‧馬戈林（Deb Margolin）以及聰慧的丹‧費須貝克（Dan Fishback）。至於這段時間的建議、精神喊話和憐憫同情，謝謝丹尼爾‧克茲－費蘭（Daniel Kurtz-Phelan）、克里斯多夫‧希尼（Christopher Heaney）、傑森‧季諾曼（Jason Zinoman）、詹姆斯‧山德斯（James Sanders）、麥可‧巴巴羅（Michael Barbaro）和山姆‧華森（Sam Wasson）——我把他的作品《永恆的優雅：奧黛麗‧赫本、第凡內早餐與好萊塢璀璨魔法》（Fifth Avenue, 5 A.M.）像護身符一樣隨身攜帶。謝謝《紐約客》的同事，特別是朗達‧雪曼（Rhonda Sherman）、理查‧布洛迪（Richard Brody）、約翰‧拉爾（John Lahr）、蕾貝卡‧米德（Rebecca Mead）、沙納‧里昂（Shauna Lyon）、保羅‧羅德尼克（Paul Rudnick）、蘇珊‧莫里森（Susan Morrison）和大衛‧雷姆尼克（David Remnick）。謝謝莫莉‧米哈森（Molly Mirhashem）的事實查核，艾德‧柯恩（Ed Cohen）的校訂編輯。還有許多不可或缺的事物，要感謝費德瑞克‧恩尼斯特（Frederik Ernst）、麥可‧凡高（Michael Feingold）、芭芭拉‧德‧都波維（Barbara De Dubovay）、理查‧雪帕德（Richard Shepard）、坎蒂‧亞當斯（Candi Adams）、艾咪‧貝爾（Aimee Bell）和蕾斯黎‧達特（Leslee Dart）。

也謝謝妳,梅莉·史翠普。謝謝妳活出如此精彩的人生;謝謝妳沒有在我寫作的路上放下路障。

感謝給我無盡支持的家人:我的父親理查、姐妹阿莉莎以及母親南西;她也在五○年代的郊區長大,在六○年代留著長髮、熱愛民謠;在七○年代搬到又舊又髒的紐約市,然後在八○年代連續輪流拋接著母職和事業(而且直到今日),並在我的臥室裡畫上雲朵。

以及最重要的,我要向在無數傍晚忍受史翠普傳奇的傑米·多拿特(Jaime Donate)獻上我的愛與感謝:所有我在生命裡最在乎的事,你都給了我。

Notes
附錄

在調查梅莉史翠普的早期生活及事業發展時，我不僅在八十幾位好心讓我訪問的受訪者上得到極大的幫助，還受惠於以前曾有幸採訪過仍是崛起新星的她的報導。其中，梅・古梭為《紐約時報雜誌》1979 年 2 月 4 日的報導〈The Rising Star of Meryl Streep〉所做的筆記和採訪稿特別有幫助。你可以在德州大學奧斯汀分校的哈利・蘭森中心，翻閱梅・古梭選輯第二系列 144 號櫃，便可以找到這篇文章。在這份附錄中，會以「MG」，梅・古梭（Mel Gussow）的英文縮寫表示。

我在紐約公共圖書館表演藝術部門度過許多愉快的午後；那裡不僅是工作的好地方，也是保存電影及劇場界轉瞬即逝的事物的寶庫。所有想看看梅莉・史翠普在《二十七車棉花》、《兩個星期一的回憶》及《馴悍記》中身影的人，只需要致電劇場影片及影帶資料庫（Theatre on Film and Tape Archive）並預約（快去！）。其中助益良多的是比利・羅斯劇場部門（Billy Rose Theatre Division）收藏的紐約莎士比亞藝術季錄影，我在後文以「NYSF」表示，並附帶收藏櫃的號碼。在耶魯大學羅伯特・B・哈斯家族藝術圖書館中找到的資料，則以縮寫「HAAS」表示。

◆

序曲

「你是否也覺得」：Catherine Kallon, "Meryl Streep in Lanvin—2012 Oscars,"www.redcarpetfashionawards.com, 2012.2.27。

「拖著沉重腳步」：A. O. Scott, "Polarizing Leader Fades into the Twilight," New York Times，2011.12.30

「走紅毯還會緊張嗎？」：整個對話可以在 Hollyscoop 的影片中看到：https://www.you- tube.com/watch?v=p72eu8tKlbM

「哦，我什麼也沒準備」：第六十屆金球獎頒獎典禮，2003.1.19

「我偶爾會覺得自己被謬讚了」：第五十六屆艾美獎頒獎典禮，2004.9.19

「我覺得自己和在場所有的人」：第六十四屆金球獎頒獎典禮，2007.1.15

「我甚至沒為頒獎典禮買件洋裝」：第十五屆演員工會獎，2009.1.25

「噢，我的天。噢，好了好了！」：她在第八十四屆奧斯卡獎上台領獎時的致詞，2012.2.26

「饒了他吧！」：威廉・莎士比亞，《量・度》，第二幕第二景。

「就像上教堂一樣」："Meryl Streep: Inside the Actors Studio," Bravo TV, 1998.11.2

「一如往常，她費了許多心思和努力」：Pauline Kael, "The Current Cinema: Tootsie, Gandhi, and Sophie," The New Yorker, 1982.12.27

「女人，比起男人更會演戲」：梅莉‧史翠普在巴納德學院（Barnard College）的畢業典禮致詞，2010.5.17

「我到了一個未知的臨界點」：來自麥克‧布福的私人收藏。

◆

瑪莉：偽裝與轉變的天份

十一月的第一個星期六："Miss Streep Is Crowned," Bernardsville News, 1966.11.10

「史翠普的眼神、金髮讓她擁有女武神」：Pauline Kael, "The Current Cinema: The God-Bless-America Symphony," The New Yorker, 1978.12.18

「我當年六歲」：梅莉在巴納德學院的畢業典禮致詞，2010.5.17

「我記得拿著我媽媽的眉筆」：同上。

她母親家族來自於貴格教派：梅莉的家族血統及她對父親、祖父母的回憶在這本書中有詳細的記載：Henry Louis Gates, Jr., Faces of America: How 12 Extraordinary People Discovered Their Pasts (New York: New York University Press, 2010), p.34–50.

「享受生活哲學」：Good Morning America, ABC, 2009.8.3

「特別日」裡許願："Meryl Streep : Inside the Actors Studio," Bravo TV, 1998.11.22

「眼睛彷彿發射出火花」：MG

「年輕的時候真的有點可怕」：Paul Gray, "A Mother Finds Herself," Time, 1979.12.3

「我並沒有所謂歡樂的童年」：同上，她的父親曾向法蘭茲‧李斯特學藝：愛絲黛‧利普林的生平是從猶太性資料庫百科全書中 Charlotte Greenspan 所撰寫的詞條而來：www.jwa.org

「在你背後也還有空間」："Meryl Streep: The Fresh Air Interview," National Public Radio, 2012.2.6

「利普林小姐對我十分嚴格」：比佛利‧細爾斯，Beverly: An Autobiography (Toronto: Bantam Books, 1987), p 41.

「撐過！撐過！撐過！」：Gerald Moore, "Beverly Sills," Opera Magazine, 2006.12

《欲望之翼》：The Wings of the Dove: Gray, "A Mother Finds Herse

「同理心，是表演藝術的核心」：梅莉‧史翠普在巴納德學院的畢業典禮致詞，2010.5.17

「弔詭的妥協」：同上。

「我在這個角色塑造上花的工夫」：同上，像從雜誌裡走出來的完美女孩：Gray, "A Mother Finds Herself."

「我們生活在一個薄殼隔絕的小世界裡」：黛比‧波札克的引用出自作者訪問，2014.4.30

「只要想著生物」：梅莉把她 1965 年署名的《伯納德人》年度紀念冊給了麥克‧布福，現在仍歸其所有。

在異性面前，意見這種事只能先被丟到後頭："Meryl Streep: The Fresh Air Interview," 2012.2.6

梅莉剛進入高中時就遇見了麥克‧布福：布福的高中回憶出自作者採訪，2014.7.10，以及他的文章 "Meryl & Me," US, 1986.8.25

連她的化學老師都叫她「黃鶯」："An Interview with Meryl Streep," The Charlie Rose Show, WNET, 1999.11.5

「過去兩個月來，幾乎每天」：" . . . And the Music Lingers On," The Crimson, 1966.4

「我想著唱歌的部分」：Rosemarie Tichler and Barry Jay Kaplan, Actors at Work (New York: Faber and Faber, 2007), p. 290

「我覺得只要看起來漂亮」：Diane de Dubovay, "Meryl Streep," Ladies' Home Journal, 1980.3

芭芭拉‧史翠珊唱片："Meryl Streep: The Fresh Air Interview," 2012.2.6

「某方面的成功」：梅莉‧史翠普在巴納德學院的畢業典禮致詞，2010.5.17

「我在高四的時候到了一個境界」：同上。

她第一次搭上飛機："Spotlight: Meryl Streep," Seventeen, 1977.2

「美式足球隊上的帥氣四分衛」：1967 年的《伯納德人》年度紀念冊上高四生的留言。

班寧頓學院入學辦公室：Susan Dworkin, "Meryl Streep to the Rescue!," Ms., 1979.2

「我是個好女孩，漂亮」：梅莉‧史翠普在瓦薩學院的畢業典禮致詞，1983.5.2

◆

茱莉：瓦薩學院的劇場啓蒙

「成功地教育年輕女子」：Elizabeth A. Daniels and Clyde Griffen, Full Steam Ahead in Poughkeepsie: The Story of Coeducation at Vassar, 1966–1974 (Poughkeepsie: Vassar College, 2000), p.18

「雖然我們有過幾次機會」：溫蒂‧瓦瑟斯坦，《不平凡的女性及其他》(New York: Dramatists Play Service, 1978), p. 36

「我覺得這應該不是個過分的願望」：同上，p.21

「如果你在我剛進入瓦薩的時候問我」：梅莉‧史翠普在瓦薩學院的畢業典禮致詞，1983.5.22

歌單：塗鴉和史翠普大一的信，來自於麥克‧布福的私人收藏。

「很快地，我就認識了」：梅莉‧史翠普在巴納德學院的畢業典禮致詞，2010.5.17

鮑伯・勒凡，美式足球隊上的全衛：出自作者和鮑伯・勒凡的訪談，2014.12.16。Kevin Rafferty 在 2008 年的紀錄片 Harvard Beats Yale 29–29 完整講述 1968 年傳奇的那場球賽故事。

「我還記得應該是在大二的時候」："Meryl Streep: The Fresh Air Interview," National Public Radio, 2012.2.6

「歡迎，喔生活！」：詹姆斯・喬伊斯《一個年輕藝術家的畫像》(A Portrait of the Artist as a Young Man) (New York: B. W. Huebsch, 1916), p. 299

凌晨兩點：麥克・布福的回憶敘述出自作者訪談，2014.7.10

到了 1967 年，瓦薩有三分之二：這段瓦薩轉為男女共同教育過程的描述，大量參考了 Daniels and Griffen, Full Steam Ahead in Poughkeepsie.

「這真是讓人無法想像」：同上，p.29

一項 1967 年春天的問卷調查：同上，p.34-35

「追求完全男女共學的瓦薩」：Vassar Miscellany News, 1968.10.4

〈瓦薩男子 —— 迎接滑稽的末日〉：Vassar Miscellany News, 1968.10.11

「真實的身份認同」：Diane de Dubovay, "Meryl Streep," Ladies' Home Journal, 1980.3

「念《茱莉小姐》(Miss Julie)」Susan Dworkin, "Meryl Streep to the Rescue!," Ms., 1979.

「你不能這樣做」：艾佛・史普瓊恩的敘述出自作者訪談，2014.

「今晚她又要發瘋了」：出自艾佛・史普瓊恩的翻譯，被用在瓦薩學院的製作裡。全劇收錄於羅伯特・布魯斯坦編輯版本的 Strindberg:Selected Plays and Prose (New York: Holt,Rinehart and Winston, 1964), p. 73

找丁香花做佈景：出自作者與佈景設計師 C. Otis Sweezey 的訪談，2014.9.26

「她看起來比我成熟很多」：出自作者與朱蒂・林傑 (Judy Ringer) 的訪談，2014.4.12

「我不記得她做了什麼特別的努力」：出自作者與李・德文 (Lee Devin) 的訪談，2014.4.7

「那是一個非常認真嚴肅的劇」："Meryl Streep: Inside the Actors Studio," Bravo TV, 1998.11.22

「她一開始有些神經質」：Michel Bouche, "Don't Miss 'Miss Julie' in Vassar Performance,"Poughkeepsie Journal, 1969.12.13

「我愛我的父親，」：布魯斯坦編輯版本，Strindberg: Selected Plays and Prose, p. 99

「現代的角色」：同上，p. 61

「成為唯一一個男生」：Daniels and Griffen, Full Steam Ahead in Poughkeepsie, p. 124 - 25

「男生在我大三大四的時候入學」：梅莉・史翠普在瓦薩學院的畢業典禮致詞，1983.5.22

「對我來說那就是伊甸園」：布魯斯坦編輯版本，Strindberg: Selected Plays and Prose, p. 85

「他們真的很不想要我們出現」：除了特別註明之處，史翠普對達特茅斯的回憶敘述出自 Mark Bubriski, "From Vassar (to Hanover) to Hollywood: Meryl Streep's College Years," The Dartmouth, 2000.5.19

「梅莉的同學卡羅‧杜德利（Carol Dudley）」：杜德利的回憶敘述出自作者訪談，2014.5.5

「我全部的科目都拿A」：梅莉‧史翠普在瓦薩學院的畢業典禮致詞，1983.5.22

「高度象徵性」：MG

〈活在改革中〉：葛洛莉亞‧史黛納（Gloria Steinem）在瓦薩學院的畢業典禮致詞，1970.5.31

「我懷疑這個問題是否成立」：The Dartmouth, 2000.5.19

「我所認識各種不同階級」：George Lillo, The London Merchant, Act IV, Scene

「梅莉‧史翠普低聲呼喚」：Debi Erb, "Meryl Streep Excels in 'London Merchant,'" Miscellany News, 1971.3.12

「即使在排練中」：出自作者和菲利浦‧勒史傳奇的訪談，2014.5.21

「我從來沒把這個題目給過其他人」：出自作者和松卓‧格林的訪談，2014.5.21

「在那之前，我不曾讓自己感動到哭過」："Meryl Streep: Inside the Actors Studio," 1998.11.22

「你這個奴僕！」：布魯斯坦編輯版本，Strindberg: Selected Plays and Prose, p. 95 梅莉常唱些經典爵士歌曲：瑪姬‧歐尼爾-巴特勒寄給作者的 E-mail，2014.7.10 得到一些自由發揮的空間：出自作者與彼得‧帕內爾的訪談，2014.5.28

「那真的顏像是在牧歌裡」：出自作者與彼得‧米克的訪談，2014.5.22

「業餘團體」：MG

「這就像是人口取樣」 Jack Kroll, "A Star for the '80s,"Newsweek, Jan. 7, 1980.1.7

「慈悲的本質」：威廉‧莎士比亞，《威尼斯商人》第四幕第一景

「你想要支持她？」：勒凡的回憶，2014.12.16

◆

康士坦絲：耶魯戲劇學院的天才學生

「我直覺上認為」：克里斯多夫‧杜蘭，"New Again: Sigourney Weaver," Interview, 1988.7

「我第一年就得去心理治療」：出自作者與凱特‧麥可葛雷果 史都華的訪談，2014.2.10

「他們並不是要找到你的優點」：出自作者與琳達‧阿金森的訪談，2014.1.22

「我在戲劇學院的時候」：Hilary de Vries, "Meryl Acts Up," Los Angeles Times, 1990.9.9

帶毛球的綠色睡褲：杜蘭，"New Again: Sigourney Weaver"

「我看起來很陰沉」：出自作者與雪歌妮‧薇佛的訪談，2015.6.9

「我根本搞不清楚」：出自作者與威廉‧艾韋‧隆的訪談，2014.1.19

「戲劇學院的每個班上」：華特‧瓊斯的引用摘句，除了註明之處皆出自於作者訪談，2014.1.30

「那裡有的就是熱情粉絲」：出自作者與羅伯特‧布魯斯坦的訪談，2014.1.14

「污水凝滯的池塘」：羅伯特‧布魯斯坦，Making Scenes: A Personal History of the Turbulent Years at Yale 1966–1979 (New York: Random House, 1981), p. 8

「我的計劃」：同上，p.10

「騎著白馬來解救眾人」：出自作者與果敦‧洛果夫的訪談，2014.1.16

「我想要培養的演員」：布魯斯坦，Making Scenes, p.15

「褻瀆性的宗教獻祭儀式」：同上，p.104

「我曾經試著當一個溫和」：同上，p.90

「你知道那個莎拉‧李」：Thomas Meehan, "The Yale Faculty Makes the Scene," New York Times Magazine, 1971.2.7

戲劇學院在佈告欄上的正式公告：課表及課程內容可以在 HAAS Box 16 中的 Yale Repertory Theatre and Yale School of Drama Ephemera Collection 裡找到。

「我現在能想到」：Rosemarie Tichler and Barry Jay Kaplan, Actors at Work (New York: Faber and Faber, 2007), p. 291

「哈斯是梅莉的魔王」：出自作者與羅伯特‧布魯斯坦的訪談，2014.1.14

「啟蒙眾人的燈塔」：出自作者與史提夫‧羅爾的訪談，2014.2.16

「我像被雷打到一樣」：出自作者與艾倫‧羅森堡的訪談，2014.3.10

「她更有彈性」：c 1.13

「這是什麼意思，你這糟糕的男人！」：Jean-Claude van Itallie 翻譯，Anton Chekhov's Three Sisters (New York: Dramatists Play Service, 1979), p. 9

「舞台正中央有個沙發」：出自作者與麥可‧波斯尼克的訪談，2014.1.16

「他說我為了避免和同儕競爭」：梅‧古梭 "The Rising Star of Meryl Streep," New York Times Magazine, 1979.2.4

「所有人都在說，『一年級的糟透了』」：出自作者與亞伯特‧伊紐拉圖的訪談，2014.1.10

「我就知道這女孩注定」：出自作者與麥可‧凡高的訪談，2014.2.11

「我特別注意到」：布魯斯坦，Making Scenes, p.152

「慵懶性感的特質」：MG

「幾乎沒有真誠過」：出自作者與亞蘭‧米勒的訪談，2014.7.28

「一開始他們幽微地表達」：出自華特・瓊斯寄給作者的 E-mail，2014.3.30

「我都和導演睡了」：出自米勒的回憶敘述，2014.7.28

「潛入個人的私領域」：MG

「那真是一場血浴」：其他幾位學生也記得「血浴」，但米勒不記得評量相關的事情，並說梅莉史翠普「合作起來很愉快」。

「感覺真有點奇怪」：Robert Brustein Collection, Howard Gotlieb Archival Research Center at Boston University, Box 34.

「充滿派系、惡性競爭」：布魯斯坦，Making Scenes, p.168

「每一年，都會有場政變」：Diana Maychick, Meryl Streep: The Reluctant Superstar (New York: St. Martin's Press, 1984), p. 37

甄選老女人的角色：出自瓊斯的回憶，2014.1.30

「我們排演了幾個禮拜」：David Rosenthal, "Meryl Streep Stepping In and Out of Roles,"Rolling Stone, 1981.10.15

「像隻致命食人魚」：布魯斯坦，Making Scenes, p.240

「康士坦絲：《卡拉馬佐夫兄弟》」：克里斯多夫・杜蘭和亞伯特・伊紐拉圖，The Idiots Karamazov (New York: Dramatists Play Service, 1981), p. 22

「梅莉有哪一場表演是好看的嗎？」：出自杜蘭的回憶敘述。除了註明之處，皆出自作者訪談，2014.9.26

「對梅莉有心結」：Rosenthal, "Meryl Streep Stepping In and Out of Roles."

「這是我在劇場有史以來」：出自杜蘭的回憶敘述，2014.9.26

「你或許會問」：杜蘭及伊紐拉圖，The Idiots Karamazov, p. 51

「梅莉有著完美的偽裝」：布魯斯坦，Making Scenes, p.188

事情也到了該了結的時刻：這段的事件描述出自羅森堡，2014.3.10

《成長的極限》一書：史翠普在 Diane de Dubovay 採訪的錄音帶裡提到，檔案由 de Dubovay 家族提供給作者。訪談而成的文章最後刊登在 Ladies' Home Journal, 1980.3

「我後來才發現」：Terry Curtis Fox, "Meryl Streep: Her 'I Can't Wait' Jumps Right Out at You," Village Voice, 1976.5.31

不專業到了羞辱人的地步：史蒂芬・桑坦在他的書 Finishing the Hat: Collected Lyrics (1954–1981) with Attendant Comments, Principles, Heresies, Grudges, Whines and Anecdotes (New York: Knopf, 2010), p.285–87 提到對於這件事的觀點。布魯斯坦則在 Making Scenes 中的一章 The Frogs（p. 178–82）提到自己的挫折感及校園的反應。

「回音有時候會持續」：Aristophanes, Burt Shevelove, Stephen Sondheim, The Frogs(Chicago: Dramatic Publishing Co., 1975), p. 8

「引人入勝的米高梅史詩」：梅・古梭，"Stage: 'Frogs' in a Pool," New York Times, 1974.5.23

「貴劇院曾搬演多少和女性相關的戲劇」：布魯斯坦，Making Scenes, p. 218

「我就是沒辦法進入這些妹仔的東西」：出自 Julie Salamon 精彩的作品 Wendy and the Lost Boys: The Uncommon Life of Wendy Wasserstein (New York: Penguin Press, 2011), p. 135

「我發現溫蒂某些方面讓我覺得很可怕」：同上，p. 126

「她絕對不會拿毒蘋果給你」：溫蒂‧瓦瑟斯坦，Bachelor Girls (New York: Knopf, 1990), p. 78

「她一直看起來有點寂寞」：Salamon, Wendy and the Lost Boys, p. 177

暑期歌舞秀：這段回憶出自華特‧瓊斯，2014.1.30

「直接、不矯揉造作的表演」：古梭，"The Rising Star of Meryl Streep"。

「如果沒有被一齣劇保護著就上台」：同上。

「我在克拉科夫演出時還砍了幾幕」：出自凡高的回憶敘述，2014.2.11

艾爾傑芙塔‧切潔夫斯卡：Bruce Weber, "Elzbieta Czyzewska, 72, Polish Actress Unwelcome in Her Own Country, Dies," New York Times, 2010.6.18

這次沒有哈斯的指導了：哈斯後來成為印第安納定目劇場的藝術總監，1991 年在慢跑時發生車禍而逝世。

「你給我滾出我的學校」：阿金森，2014.1.22

「她應該要像個妓女」：隆，2014.1.19

「你被限制，而這個限制讓你自由」：MG

「這齣戲的明星角色非譯者」：梅‧古梭，"Play:'Idiots Karamazov,' Zany Musical," New York Times, 1974.11.11

「讓人喪氣的工作」：布魯斯坦，Making Scenes, p. 190

紅色領帶：同上，p.198

「弄堅固一點吧」：羅爾敘述，2014.2.16

「在舞台下懷著和劇中同等的殘酷」：布魯斯坦，Making Scenes, p.199

「妳只想要讓《紐約時報》親你屁股」：瑞德帕夫敘述，2014.1.13

「托恩把大家嚇死了」：Ira Hauptman 為這齣《父親》所記錄的戲劇日誌，可以在耶魯戲劇學院 Production Casebook Collection, HAAS, Box 1 裡找到。

「表演組的競爭」：Andrea Stevens, "Getting Personal about Yale's Drama School," New York Times, 2000.11.12

「我壓力太大了」：同上。

「托恩絕對沒辦法」：布魯斯坦，Making Scenes, p. 199

「再過十一週你就要畢業了」：Stevens,"Getting Personal about Yale's Drama School."

「驚訝」和「失望」：布魯斯坦，Making Scenes, p.192

「嫉妒和惡意在校園裡氾濫」：同上，p.191

「統治著史達林暴君的成吉思汗」：同上，p.194

「情侶們想要更多排練時間」：羅伯特‧馬克思為《仲夏夜之夢》這次製作的戲劇日誌，可以在耶魯戲劇學院 Production Casebook Collection, HAAS, Box 1 裡找到。

「集大成之作」：布魯斯坦，Making Scenes, p. 201

「這次在處理命運多舛的戀人們時」：梅‧古梭，"Stage: Haunting Shakespeare 'Dream,'" New York Times, 1975.5.15

「那種東拼西湊、抓到什麼學什麼」：Jack Kroll, "A Star for the '80s," Newsweek, 1980.1.7

「耶魯劇場是我的家」：Robert Brustein Collection, Howard Gotlieb Archival Research Center at Boston University, Box 8

◆

伊莎貝拉：得到百老匯第一個角色

「連在梅西百貨裡賣手套」：Michael Lassell, "Waiting for That 'First Break,'" New Haven Register, 1975.7.13

我今年二十六歲：梅‧古梭，"The Rising Star of Meryl Streep," New York Times Magazine, 1979.2.4

「天啊！梅莉在哪？」：Susan Dworkin, "Meryl Streep to the Rescue!," Ms., 1979.2

「我覺得妳該見見這個人」：替脅勒的回憶敘述出自 Kenneth Turan 和喬瑟夫‧帕普的著作 Free For All: Joe Papp, The Public, and the Greatest Theater Story Ever Told (New York: Doubleday, 2009), p. 363–64 以及作者訪談，2014.6.25

「拿掉皇冠」：威廉‧莎士比亞，《亨利四世》第三部分第一幕第四景。

「我在休士頓這長大」：Terrence McNally, Whiskey: A One-Act Play (New York: Dramatists Play Service, 1973), p. 48

「演哈姆雷，怎麼能不斷條腿」：有關喬瑟夫‧帕普的生平資訊出自 Helen Epstein 不可或缺的傑作 Joe Papp: An American Life (Boston: Little, Brown, 1994)。此句出自第 11 頁。

「不負責任的共產鬼子」：同上，p.158

「我們在尋找熱血、有骨氣的演員」：同上，p.167

「他一直都感到腹背受敵」：出自作者與蓋兒‧帕普的訪談，2014.6.19

「擴張主義者時期」：Epstein, Joe Papp: An American Life, p. 345

「百合般潔白的會員」：同上，p.296

「即使在最小的細節上」：Arthur Wing Pinero, Trelawny of the "Wells"(Chicago: Dramatic Publishing Co., 1898), "A Direction to the Stage Manager."

「美國的新手村」：有關尤金‧歐尼爾劇場中心的歷史沿革，可以在他們的網站上看到：www.theoneill.org

「用包著光亮漆包線的空心磚裝飾」：古利發西的 1975 年夏日回憶敘述，出自他在 O'Neill's Monte Cristo Awards 中表彰史翠普的致詞，2014.4.21

「毫不相干又特立獨行的人們」：Jeffrey Sweet, The O'Neill: The Transformation of Modern American Theater (New Haven: Yale University Press, 2014)。梅莉‧史翠普為此書撰寫前言。

「無聊」的成就：同上。

梅莉和古利佛借來一輛車：古利發西和替胥勒的敘述略有出入，替胥勒記得史翠普是被困在火車上。

他們不會雇用我的：Rosemarie Tichler and Barry Jay Kaplan, Actors at Work (New York: Faber and Faber, 2007), p. 305

「百分之九十五的女演員」：Turan and Papp, Free for All, p. 363

「每個月我會得到三張帳單」：梅莉‧史翠普在瓦薩學院的畢業典禮致詞，1983.5.22

「我覺得自己真的失敗了」：出自作者與瑪莉‧貝絲‧赫特的訪談，2014.7.16

「南方語調中那種婀娜的曲線以及極細微的調情成分」：Turan and Papp, Free for All, p. 364

「蒼白，有著玉米絲般長直髮的女孩」：John Lithgow, Drama: An Actor's Education (New York: Harper, 2011), p. 275–76

「從那一刻開始」：Tichler and Kaplan, Actors at Work, p. 305–6

「安頓先生把這齣劇」：Clive Barnes, "The Stage: Papp Transplants Pinero's 'Trelawny,' "New York Times, 1976.10.16

「當燈光一打在舞台」：Walter Kerr, "'A Chorus Line' Soars, 'Trelawny' Falls Flat," New York Times, 1975.10.26

他把《Playgirl》雜誌的性感男模：Dave Karger, "Oscars 2012: Love Story," Entertainment Weekly, 2012.3.2

「好呀，那我們以後拍片」：J‧羅伊‧賀蘭在 New Yorker Festival 的論壇 Extreme Make over 中提起這段往事，2014.10.11

「羅伊不只是個躲在暗處」：出自作者與傑佛瑞‧瓊斯的訪談，2014.6.26

「別想著要當個角色演員」：Terry Curtis Fox, "Meryl Streep: Her 'I Can't Wait' Jumps Right Out at You," Village Voice, 1976. 5.31

「當梅莉和艾文隨意聊起」：Lithgow, Drama, p. 277

「她是如此苗條、美麗」：出自作者與艾文‧布朗的訪談，2014.4.8

「傑 —— 克！」：Tennessee Williams, 27 Wagons Full of Cotton: And Other Plays (New York: New Directions, 1966), p. 3

「高挑、善打扮」：Julius Novick, "The Phoenix Rises—Again," Village Voice, 1976.2.9

「Che brutta」："Meryl Streep: The Fresh Air Interview," National Public Radio, 2012.2.6

「愛和再見 —— 到底是什麼？」：William Gillette, Secret Service (New York: Samuel French, 1898), p. 182

「在鳳凰劇場的這兩齣戲」：Joan Juliet Buck, "More of a Woman," Vogue, 1980.6

「深深的不舒服」：MG

「我覺得他很棒的一點」：Epstein, Joe Papp: An American Life, p. 334

「當我在耶魯的時候」：Fox, "Meryl Streep: Her 'I Can't Wait' Jumps Right Out at You."

「那內心無限的安逸」：威廉‧莎士比亞，《亨利五世》，第四幕第一景。

「我們全被叫進去」：出自作者與東尼‧西蒙的訪談，2014.5.2

「喔，給即將降臨的火之繆思」：威廉‧莎士比亞，《亨利五世》，第一幕，序曲。

「這是我第一次明白」：Eric Grode, "The City's Stage, in Rain, Heat and Ribald Lines," New York Times, 2012.5.27

「麥可‧莫里亞提根本不鳥」：出自作者與 Gabriel Gribetz 的訪談，2014.4.23

「我是羨慕他們可以」：Thomas Lask, "Rudd, Meryl Streep, Actors to Hilt," New York Times, 1976.6.19

排隊隊伍逆時針蜿蜒：出自 George Vecsey, "Waiting for Shakespeare," New York Times, 1976.7.16

「伊莎貝，以貞潔之身活下去」：莎士比亞，《量‧度》第二幕第四景。

「這個角色是如此美麗」：Judy Klemesrud, "From Yale Drama to 'Fanatic Nun,'" New York Times, 1976.8.13

「男人從以前就一直拒絕伊莎貝拉」：Fox, "Meryl Streep: Her 'I Can't Wait' Jumps Right Out at You."

「我會和他說安傑羅的要求」：莎士比亞，《量‧度》第二幕第四景。

「說起來很好笑」：Klemesrud, "From Yale Drama to 'Fanatic Nun.'"

「我最單純的心聲，就是我愛你」：莎士比亞，《量‧度》第二幕第四景。

「是他們之間的動能」：出自作者與茱蒂絲‧萊特的訪談，2014.6.18

「兩人之間身體的吸引力」：出自作者與凡高的訪談，2014.2.11

「我們感受到她和安傑羅」：Mel Gussow, "Stage: A 'Measure' to Test the Mettle of Actors,"New York Times, 1976.8.13

「從我到這座城市來」：Klemesrud,"From Yale Drama to 'Fanatic Nun.'"

◆

佛雷多：與《教父》男演員約翰·卡佐爾的熱戀

「我們在鄉下有間房子」：出自作者與馬文·史塔克曼的訪談，2014.4.24

「我們有台彩色電視」：出自作者與羅賓·古德曼的訪談，2014.6.5

「我們得把劇場的鑰匙交給他」：出自作者與伊瑟利·哈洛維茲的訪談，2014.4.17

「當你和他一起吃飯」：出自 Richard Shepard 導演的紀錄片 I Knew It Was You: Rediscovering John Cazale,
        Oscilloscope Laboratories, 2010.

「他身上有股憂傷的暗流」：出自作者與史蒂芬·卡撒爾的訪談，2014.4.2

「一直以來我都很照顧你」：出自 Francis Ford Coppola 導演的 The Godfather: Part II, Paramount Pictures, 1974.

「他快氣瘋了」：卡佐爾的家族及童年故事出自作者與史蒂芬·卡撒爾的訪談（2014.4.2）以及 Clemente
        Manenti, "The Making of Americans," Una Città, Sept., 2011.

「喬凡尼·卡撒爾」：約翰的弟弟史蒂芬在 1967 年時將姓氏換回原先的義大利拼法 Casale。

「我要去馬文家。」：史塔克曼回憶講述，2014.4.24

「又是你」：帕西諾在片中回憶 I Knew It Was You (Shepard, dir.)

「所有人都想當第一」：Israel Horovitz, Plays: 1 (London: Methuen Drama, 2006), p. 64

「那是佛雷多」：I Knew It Was You (Shepard, dir.)

「次子佛多里哥」：Mario Puzo, The Godfather (New York: Putnam, 1969), p. 17

「在義大利家庭裡」：出自法蘭西斯·福特·卡波拉在《教父》DVD 選輯中的導演評論，The Godfather:
        DVD Collection, Paramount Pictures, 2001

「西岸最厲害的竊聽者」：Francis Ford Coppola, The Conversation, Paramount Pictures, 1974

「我知道是你，佛雷多」：The Godfather: Part II (Coppola, dir.)

「佛雷多精神上的衰弱」：Tim Lewis, "Icon: John Cazale," British GQ, 2010.1

「你知道十號罐頭是什麼嗎」：史塔克曼講述，2014.4.24

「就是你了」：悉德尼·盧梅在《熱天午後》DVD 中的導演評論，Dog Day Afternoon, Warner Home Video,
        2006

「懷俄明」：Dog Day Afternoon, Sidney Lumet (dir.), Warner Bros., 1975

帕普先讓山姆·華特斯頓選擇：出自作者和山姆·華特斯頓的訪談，2015.6.26

「這是我帶來的古巴雪茄」：出自作者與東尼·西蒙的訪談，2014.5.2

「他帶來威脅、帶來痛苦」：出自作者與替胥勒的訪談，2014.6.25

「即使那些蕩婦」：莎士比亞，《量‧度》第二幕第二景。

「喔，我的天，我遇到」：I Knew It Was You (Shepard, dir.)

「他和我這輩子認識的其他人都不同」：同上。

「我們的討論沒有終點」：同上。

「快和傑克用義大利文」：卡撒爾講述，2014.4.2

「那個混蛋總是讓」：Brock Brower, "Shakespeare's 'Shrew' with No Apologies," New York Times, 1978.8.6

「他做什麼事都慢慢來」：I Knew It Was You (Shepard, dir.)

「芳達有著近乎野性的敏銳度」：出自史翠普在 The 42nd AFI Life Achievement Award: A Tribute to Jane Fonda 的致詞，2014.6.5，洛杉磯。

「我崇拜珍‧芳達」：Susan Dworkin, "Meryl Streep to the Rescue!," Ms., 1979.2

談政治和里昂‧托斯基：出自史翠普在 An Academy Salute to Vanessa Redgrave 的致詞演講，2011.11.14，倫敦。

放假的日子：出自作者與約翰‧葛婁佛的訪談，2015.4.7

「美麗的！」：Joan Juliet Buck, "More of a Woman," Vogue, 1980.6

「你說沒辦法找到我」：出自史塔克曼講述，2014.4.24

我犯了個糟糕的錯誤："Streep's Debut Turned Her Against Hollywood," WENN, 2004.11.1

「你不能用以前的方式來做經典」：Helen Epstein, Joe Papp: An American Life (Boston: Little, Brown, 1994), p. 343

「這才是真正能工作的方式」：Terry Curtis Fox, "Meryl Streep: Her 'I Can't Wait' Jumps Right Out at You," Village Voice, 1976.5.31

「一種更輕盈」：除了特別註明之處，塞班的引用句皆出自他給作者的 E-mail，2014.6.2

「你可以拿走劇裡其他角色」：Fox, "Meryl Streep: Her 'I Can't Wait' Jumps Right Out at You."

「那考慮看看《櫻桃園》」：Diana Maychick, Meryl Streep: The Reluctant Superstar (New York: St. Martin's Press, 1984), p. 53

「妳不胖欸！」：出自作者與凡高的訪談，2014.2.11

「我從來沒有看過有人可以」：出自作者與瑪莉‧貝絲‧赫特的訪談，2014.7.16

「用痕好笑、痕好笑的方式」：Mel Gussow, "The Rising Star of Meryl Streep," New York Times Magazine, 1979.2.4

「我們對一個羅馬尼亞暴發戶」：John Simon, "Deadly Revivals," The New Leader, 1977.3.14

「這是天才的慶典」：Clive Barnes, "Stage: A 'Cherry Orchard' That Celebrates Genius,"New York Times, 1977.2.18

「我覺得，這個可怕的製作」：這些憤怒的信件都被親切地安置在 NYSF，Box 2-56 裡。

「她就像離心力」：引言出自作者與羅伯特‧馬可維茲的訪談，2014.10.6

「當我看到你在比賽裡揮擊」：The Deadliest Season (Robert Markowitz, dir.), CBS, 1977.3.16

「一直覺得這個製作是個災難」：出自作者與洛伊德的訪談，2014.6.28。想了解更多這齣災難製作，可以翻閱 Davi Napoleon, Chelsea on the Edge (Ames: Iowa State University Press, 1991), p. 212–16

◆

琳 達：成 爲 眾 人 皆 知 的 電 影 明 星

「約翰‧卡佐爾整天幾乎」：NYSF, Box 5-114

「讓人煩惱的症狀」：Helen Epstein, Joe Papp: An American Life (Boston: Little, Brown, 1994), p. 4

希特席格醫生七十餘歲：Ronald Sullivan, "Dr. William M. Hitzig, 78, Aided War Victims," New York Times, 1983.8.30

「顏色像檸檬一樣瘋狂」：出自作者和蓋兒‧帕普的訪談，2014.6.19

「他在醫院幫我們掛號」：Epstein, Joe Papp: An American Life, p. 4

「今晚之後，傑米‧札凱」：NYSF, Box 5-114

義大利餐館孟賈納若：出自作者與劇團成員 Prudence Wright Holmes 的訪談，2014.6.17

「她的愛很堅韌剛毅」：出自作者和克里斯多夫‧洛伊德的訪談，2014.6.28

「你有想過要戒菸嗎」：出自作者和史蒂芬‧卡撒爾的訪談，2014.4.2

「我們總會打倒這東西的」：Richard Shepard, dir., I Knew It Was You: Rediscovering John Cazale, Oscilloscope Laboratories, 2010

「泗水強尼，爲何我感到如此憂鬱」：原作詞：Bertolt Brecht、作曲：Kurt Weill、原創德文 劇本：Dorothy Lane、改編書籍及歌詞：Michael Feingold。Happy End: A Melodrama with Songs (New York: Samuel French, 1982), p. 59

「不，我沒有足夠的信心」：出自 Holmes 的講述，2014.6.17

「當我在開玩笑的時候」：Steve Garbarino, "Michael Cimino's Final Cut," Vanity Fair, 2002.3

「就像五歲就可以畫出完美圓形」：同上。

瑞德可在大概二十年前一本雜誌：此段有關《越戰獵鹿人》的敘述來自作者與昆恩‧瑞德可（2014.11.11）和麥可‧迪里（2014.9.27）的訪談，以及迪里的著作 Blade Runners, Deer Hunters, and Blowing the Bloody Doors Off (New York: Pegasus Books, 2009), p.130–31

「我能說的」：出自作者與迪里的訪談，2014.9.27

「防衛心很重」：瓦胥本恩的摘句皆出自作者訪談，2014.9.29

「好的，德瑞克，你該滾蛋了」：Peter Biskind, "The Vietnam Oscars," Vanity Fair, 2008.3

「你知道俄羅斯輪盤是在幹麻嗎」：除了特別標註之處，巴瑞‧史派金斯的回憶講述皆出自作者訪談，
　　　　　　　　2014.9.26

「一個脆弱的小東西」：Michael Cimino 和 Deric Washburn 共同編寫的《越戰獵鹿人》草稿 第二稿第 12 頁
　　　　　　　（1977.2.20）。可在此找到：Robert De Niro Papers, Harry Ransom Center, the
　　　　　　　University of Texas at Austin, Series I, Box 44

EMI 支付了狄尼洛要求的：Deeley, Blade Runners, Deer Hunters, and Blowing the Bloody Doors Off, p. 168–69

「在劇本、在其他角色的生命中都被遺忘」：Mel Gussow, "The Rising Star of Meryl Streep,"New York Times
　　　　　　　　Magazine, 1979.2.4

「以一個明星之姿打響名號」：MG

「他們需要安插一個女孩」：Susan Dworkin, "Meryl Streep to the Rescue!," Ms., 1979.2

「失敗的雄性領導者」：奇米諾在 DVD 裡的導演評述，出自 The Deer Hunter, StudioCanal, 2006

後來，他終於和奇米諾說：Jean Vallely, "Michael Cimino's Battle to Make a Great Movie,"Esquire, 1979.1.2–16

「那些 EMI 的智障」：David Gregory, dir., Realising "The Deer Hunter": An Interview with Michael Cimino, Blue
　　　　　　　　Underground, 2003.

「我和他說他瘋了」：Vallely ,"Michael Cimino's Battle to Make a Great Movie."

他們收到的醫療建議：Deeley, Blade Runners, Deer Hunters, and Blowing the Bloody Doors Off, p. 170

我要退出：Vallely,"Michael Cimino's Battle to Make a Great Movie."

「完全可怕至極的屎」：Realising"The Deer Hunter" (Gregory, dir.)

「他的病比我們想像中還要嚴重」：I Knew It Was You (Shepard, dir.) 幾十年後她都還在重複這個故事：就像
　　　　　　　　她在紀錄片 I Knew It Was You 中說的一樣。演員們都有簽一張同意書：
　　　　　　　　沙瓦奇的回憶敘述。他的引文，除非有特別註記，皆來自作者訪談，
　　　　　　　　2014.9.19

「明果市民因電影歡欣鼓舞」：Herald-Star (Steubenville), 1977.7.6

「拍電影帶來錢潮，不帶來污染」：Sunday Plain Dealer (Cleveland), 1977.7.31

「他們說在這拍攝」：Steve Weiss, "Mingo Gets Robbed—No Name in Lights," Herald-Star, 1977.7.1

偉斯伯格衣飾店：Dolly Zimber, "Mingo Citizens Elated by Film," Herald-Star, 1977.7.6

「琳達在本質上就是個男人視角」：Roger Copeland, "A Vietnam Movie That Does Not Knock America," New
　　　　　　　　York Times, 1977.8.7

歐嘉‧蓋朵斯：她的訪談內容出自 Cleveland State University Libraries 的 The Cleveland Memory Project，可在
　　　　　　　網站上看到詳細資料：www.clevelandmemory.org

「夠了喔」：引文出自作者和瑪莉‧安‧漢娜的訪談，2014.9.21

「在我們倆那段詭異的生命」：I Knew It Was You (Shepard, dir.)

在蘭科大廳外：Chris Colombi, "Where's the Glamour?," Plain Dealer (Cleveland), 1977.12.9

日薪二十五塊美金：Donna Chernin, "Clevelander Finds Extras for Film-Shooting Here,"Plain Dealer, 1977.7.22

「麥可，所有人都帶禮物來了」：出自奇米諾的導演評述，The Deer Hunter, StudioCanal, 2006

奇米諾說，他叔叔在家族婚禮：同上。

「我回想高中那些永遠」：Dworkin,"Meryl Streep to the Rescue!"

「儲存」：出自梅莉‧史翠普在巴納德學院（Barnard College）的畢業典禮致詞，2010.5.17

如何殺死蒼蠅：漢娜的回憶講述，2014.9.21

「這真是一場美麗的婚禮」：奇米諾的導演評述，The Deer Hunter

「就是這樣」：Michael Cimino (dir.), The Deer Hunter, Columbia-EMI-Warner/Universal Pictures, 1978.

「某種死亡的預示」：奇米諾對於山中狩獵的描述，出自 The Deer Hunter 的導演評述。

「徹底奧式」：Dworkin,"Meryl Streep to the Rescue!"

「我必須用些方法」：Marvin J. Chomsky, dir., Holocaust, NBC, 1978

「超凡的美與壓迫感」：收藏在 NYSF, Box 1-160。明信片正面是 Johann Strauss 紀念碑的相片。

「對我來說真的太沉重了」：Dworkin, "Meryl Streep to the Rescue!"

像被關在監獄裡：Paul Gray, "A Mother Finds Herself," Time, 1979.12.3

「她或許覺得自己擔心」：引文出自作者和馬文‧喬姆斯基的訪談，2014.11.6

「因為在那種地方工作」：Jane Hall, "From Homecoming Queen to 'Holocaust,' " TV Guide, 1978.6.24

二十歲的布蘭琪‧貝克：出自作者和布蘭琪‧貝克的訪談，2014.10.9

「該死的羽絨被」：Brock Brower, "Shakespeare's 'Shrew' with No Apologies," New York Times, 1978.8.6

「有關梅莉」：出自作者和亞伯特‧伊紐拉圖的訪談，2014.1.10

「我希望可以一直一直看著」：William G. Cahan, M.D., No Stranger to Tears: A Surgeon's Story (New York: Random House, 1992), p. 264

「我男友病得非常嚴重」：未註記日期的信件，出自 Robert Lewis Papers, Kent State University Libraries, Special Collections and Archives, Sub-Series 3B, Box 33

「我和他是如此靠近」：Diane de Dubovay, "Meryl Streep," Ladies' Home Journal, 1980.3

「暴雪警報」：Andy Newman, "A Couple of Weeks Without Parking Rules? Try a Couple Months," www.nytimes.com, 2011.1.7

「他們的味道直達天聽」：奇米諾的導演評述，The Deer Hunter

拍到一半的時候：出自史派金斯未出版的回憶錄，由本人提供給作者。

「我們來吧」：同上。

「我們現在沒在演了」：Biskind, "The Vietnam Oscars."

「他媽的讚」：Wendy Wasserstein, Uncommon Women and Others (New York: Dramatists Play Service, 1978), p. 33

因自信而散發出來的氣質：出自作者和史蒂芬・羅伯曼的訪談，2014.12.21

「史蒂芬，我們現在有在拍艾倫」：出自作者和艾倫・派克的訪談，2014.12.3

「他現在不太好」：Gussow, "The Rising Star of Meryl Streep."

「讓我們來看一段影片」的華納・沃夫：Brower, "Shakespeare's 'Shrew' with No Apologies."

「她照顧起約翰」：MG

「當我看到那女孩」：I Knew It Was You (Shepard, dir.)

「沒事的，梅莉」：伊瑟利・哈洛維茲在雜誌上說過這件事，可見 Tim Lewis, "Icon: John Cazale," British GQ, 2010.1。卡佐爾另一位朋友也向作者提到這件事。

沒辦法過日常生活：Epstein, Joe Papp: An American Life

「在我們生命裡，約翰・卡佐爾是一輩子」：Israel Horovitz, "A Eulogy: John Cazale (1936–1978)," Village Voice, 1978.3.27。經哈洛維茲同意後始用於本書。

「情緒中毒」：Gray, "A Mother Finds Herself."

她會畫素描：Epstein, Joe Papp: An American Life

「騙子」和「自私的傢伙」：Deeley, Blade Runners, Deer Hunters, and Blowing the Bloody Doors Off, p. 178

「完了！我們沒觀眾了」：Realising "The Deer Hunter" (Gregory, dir.)

「獵鹿人和獵人和獵人」：Biskind, "The Vietnam Oscars."

「我和他們說，我會盡所有可能」：Vallely, "Michael Cimino's Battle to Make a Great Movie."

買通了放映師：Realising "The Deer Hunter" (Gregory, dir.)。

史派金斯提到這件事時說：「我會用藝術自由來形容。」她總是在凌虐那幾幕遮住雙眼：MG

一個星期天早上：出自卡撒爾講述的回憶，2014.4.2

「我不想停止重播過去」：Hall, "From Homecoming Queen to 'Holocaust.'"

「當我想要一個東西的時候」：Jerry Schatzberg 執導，The Seduction of Joe Tynan, Universal Pictures, 1979

「現代女性」：MG

在伊利諾州宣傳修正案：Howard Kissel, "The Equal Opportunity Politics of Alan Alda," Chicago Tribune, 1979.8.12

他感受到那個地方的哀傷：出自作者與傑瑞·夏茲柏格的訪談，2014.10.6

「我用自動導航系統」：Dworkin,"Meryl Streep to the Rescue!"

「喔，」梅莉回答：出自夏茲柏格，2014.10.6

「那東西還在」：出自貝克，2014.10.9

「我其實是他的律師」：Karen Hosler, "Tinseltown Entourage Reveals Star-Struck City,"Baltimore Sun, 1978.5.7

「每當他想改他自己的台詞」：出自夏茲柏格，2014.10.6

「非常親切，有同理心的人」：Dworkin,"Meryl Streep to the Rescue!"

「那是一場需要高度興奮」：Jack Kroll, "A Star for the '80s," Newsweek, 1980.1.7

「是真的耶，東西遇冷」：The Seduction of Joe Tynan (Schatzberg, dir.)

「她把這部電影看作」：Kroll, "A Star for the '80s."

「不真實、廉價」：Elie Wiesel, "Trivializing the Holocaust: Semi-Fact and Semi-Fiction," New York Times, 1978.4.16

「艾羅爾·弗林般」：Joseph Papp, "The 'Holocaust' Controversy Continues,"New York Times, 1978.4.30

在德國：出自 Nicholas Kulish 和 Souad Mekhennet 於 2014.5.9 在 www.salon.com 上發表的文章 "How Meryl Streep Helped the Nazi Hunters," 以及著作 The Eternal Nazi: From Mauthausen to Cairo, the Relentless Pursuit of SS Doctor Aribert Heim (New York: Doubleday, 2014)

在安那波利斯裡閒晃：Hosler, "Tinseltown Entourage Reveals Star-Struck City."

「嘿，大屠殺」：Scot Haller, "Star Treks," Horizon, 1978.8

「我真希望自己能多重視」：MG

艾美獎典禮隔天：Tony Scherman, "'Holocaust' Survivor Shoots 'Deer Hunter,' Shuns Fame," Feature, 1979.2

「龐大、難以應付」：Vincent Canby, "Blue-Collar Epic," New York Times, 1978.12.15

「就像越戰本身一樣」：Frank Rich, "Cinema: In Hell Without a Map," Time, 1978.12.18

「男性同袍情誼的神秘連結」：Pauline Kael, "The Current Cinema: The God-Bless-America Symphony," The New Yorker, 1978.12.18

「在和幽魂打架」：Leticia Kent, "Ready for Vietnam? A Talk with Michael Cimino," New York Times, 1978.12.10。奇米諾和媒體的關係似乎對他造成了些傷害；他透過助理喬安·卡瑞里拒絕為此書受訪，並說：「你要謝謝你的同業讓你得到這個回覆。」

「如果他是個特種部隊的軍醫」：Biskind,"The Vietnam Oscars."

「越戰的政治與道德議題」：Tom Buckley, "Hollywood's War," Harper's, 1979.4

詹·史庫格斯：Mary Vespa and Pat Gallagher, "His Dream Was to Heal a Nation with the Vietnam Memorial, but Jan Scruggs's Healing Isn't Over Yet," People, 1988.5.30

許多退伍軍人：出自作者與麥克·布福的訪談，2014.7.10

「我想穿件至少不會讓我媽丟臉」：Bettijane Levine and Timothy Hawkins, "Oscar:Puttin' on the Glitz," Los Angeles Times, 1979.4.6

她甚至去游泳池泡了一下：Janet Maslin, "At the Movies: Meryl Streep Pauses for Family Matters," New York Times, 1979.8.24

有十三個人被逮捕：Aljean Harmetz, "Oscar-Winning 'Deer Hunter' Is Under Attack as 'Racist' Film," New York Times, 1979.4.26

「擁護的只有共同的人性」：Lance Morrow, "Viet Nam Comes Home," Time, 1979.4.23

「像這種鄉鎮裡的人們的價值」：Gussow, "The Rising Star of Meryl Streep."

「我看到許多新面孔」：第 51 屆奧斯卡獎頒獎典禮上的發言，1979.4.9

「有著基本尊重，但絕非熱烈」：Charles Champlin, " 'Deer Hunter'—A Life of Its Own," Los Angeles Times, 1979.4.11

「種族歧視、五角大廈版本的越戰」：Morrow, "Viet Nam Comes Home"。奇米諾在 The Deer Hunter 的 DVD 導演評述中提到他和方達在電梯中相遇的事。

◆

喬 安 娜 ： 拿 下 第 一 座 奧 斯 卡

「當時我們理所當然地假設」：出自作者和古德曼的訪談，2014.6.5

「國際藝術中心」：Grace Glueck, "Art People: The Name's Only SoSo, But Loft-Rich TriBeCa Is Getting the Action," New York Times, 1976.4.30

一個人待在公寓裡：Diane de Dubovay, "Meryl Streep," Ladies' Home Journal, 1980.3

「如果你要成為一個藝術家」：Donor Highlight, "Don Gummer," Herron School of Art + Design, www.herron.iupui.edu.

出生在肯德基州的路易威爾：唐·剛默的生平資訊來自 Irving Sandler, "Deconstructive Constructivist," Art in America, 2005.1

在榻榻米地墊上：Gallery label, Nara and Lana, Indianapolis Museum of Art, www.imamuseum.org.

「我覺得他想說些什麼」：出自古德曼，2014.6.5

「貪求工作」：出自 Michael Arick 執導的紀錄片 Finding the Truth: The Making of "Kramer vs. Kramer," Columbia TriStar Home Video, 2001

「山姆避開劫難的次數」：此描述及更多有關山姆·柯恩的美好細節出自 Mark Singer, "Dealmaker," The New Yorker, 1982.1.11

「有著自信的斷句節奏」：同上。

「每天早上都有個很長的清單」：出自作者與蘇珊‧安德森的訪談，2014.10.6

「他們從不會一對一吃飯」：出自作者與艾琳‧多納凡的訪談，2014.9.22

艾維利察覺可疑：艾維利‧柯曼的兒時經歷細節出自他的作品 My Old Neighborhood Remembered: A Memoir (Fort Lee: Barricade Books, 2014), p. 5–6, p. 80–86。其餘和柯曼相關的回憶詳述，出自作者與他的訪談，2014.9.30

「引人注目，苗條的女性」：Avery Corman, Kramer vs. Kramer (New York: Random House, 1977), p. 6

「女性主義者會為我鼓掌」：同上，第 44 頁。

「和他的神經系統相連」：同上，第 161 頁。

「是我最掛心的事」：Judy Klemesrud, "Avery Corman on His Latest Book: A Father's Love Note to His Family," New York Times, 1977.10.21。茱蒂‧柯曼後來成為 Scholastic, Inc. 的公關主管，主導數本《哈利波特》的上市行銷宣傳。她在 2004 年時過世。

1975 年時，美國一年辦理離婚：Keith Love, "For First Time in U.S., Divorces Pass 1 Million," New York Times, 1976.2.18

「寬度、廣度，以及情感的複雜呈現」：出自作者與費修夫的訪談，2014.11.9

我要怎麼拍呢？：書中班頓的引文，除了特別註明之處皆出自作者與班頓的訪談，2014.10.15

拜恩希望可以繼續追尋自己的表演及舞蹈生涯：Tony Schwartz, "Dustin Hoffman Vs. Nearly Everybody," New York Times, 1979.12.16

「我要處理離婚」：Stuart Kemp, "Dustin Hoffman Breaks Down While Recounting His Past Movie Choices," Hollywood Reporter, 2012.10.16

「那就像團體心理治療一樣」：Finding the Truth (Arick, dir.)

「讓離婚如此痛苦的」：同上。

「煩人、愛爭吵的悍婦」：威廉‧莎士比亞，《馴悍記》第一幕第二景。

「我對女人的頭腦簡單感到羞恥」：同上，第五幕第二景。

「她唱起舞來」：Brock Brower, "Shakespeare's 'Shrew' with No Apologies," New York Times, 1978.8.6

當她第一次遇到勞爾：Eric Pace, "Raul Julia Is Remembered, with All His Panache," New York Times, 1994.11.7

「這女孩是個表演工廠」：出自作者與劇團團員 George Guidall 的訪談，2014.12.12

「他想要她的靈魂」：Germaine Greer, The Female Eunuch (New York: McGraw-Hill, 1971), p. 206

「女性主義者通常把這部戲」：Brower, "Shakespeare's 'Shrew' with No Apologies." 梅莉在此處回應 Greer 在 The Female Eunuch（p.206）中所述：「凱特在這齣劇的結尾所說，是基督教一夫一妻制的最佳辯護。這在丈夫同時扮演保護者和朋友的角色時成立，而在凱特身上正是如此，因為她有個能夠保護、陪伴她的男人 —— 彼圖奇奧既紳士又強壯（讓他去打她是非常邪惡的扭曲）。」

「她學會如何看待物品」：Jack Kroll, "A Star for the '80s," Newsweek, 1980.1.7

真是隻噁心的豬：Ronald Bergan, Dustin Hoffman (London: Virgin, 1991), p. 137

「是個食人魔、是個公主」：Stephen M. Silverman, "Life Without Mother," American Film, 1979.7-8

「她沒張開嘴過」：Dustin Hoffman: Private Sessions, A&E, 2008.12.21

「好笑有趣的孩子」：Finding the Truth (Arick, dir.)

「我所有的朋友」：Susan Dworkin, "Meryl Streep to the Rescue!," Ms. 1979.2

「當一個女性的困境」：MG 一部分的她曾希望：同上。

「我越想越覺得」：Kroll, "A Star for the '80s."

某天早上刷牙時：MG

「我拍《克拉瑪對克拉瑪》時還沒有小孩」：Ken Burns, "Meryl Streep," USA Weekend, 2002.12.1

「我的角色不會住在這間公寓裡」：出自費修夫回憶敘述，2014.11.9

達斯汀甩了她一巴掌：史翠普在 BBC One 的節目 Friday Night with Jonathan Ross 中提過這件事（2008.7.4），費修夫及班頓敘述的回憶也是如此。

「別讓我再走進那裡了」：Robert Benton, dir., Kramer vs. Kramer, Columbia Pictures, 1979.

「非常、非常幸運」：出自作者與茱莉葉·泰勒的訪談，2014.11.17

「與其說是個角色」：出自馬歇爾·布里克曼給作者的 e-mail，2014.11.6

「我覺得他就是討厭我的角色」：Rachel Abramowitz, "Streep Fighter," Premiere, 1997.6

「伍迪會說」：Finding the Truth (Arick, dir.)

「我們假裝剛在這張餐桌上」：出自作者與凱倫·路德維格的訪談，2014.10.16

「我不覺得伍迪·艾倫記得我」：de Dubovay, "Meryl Streep."

「在某個程度上」：同上。

「那你就是個演員了」：霍夫曼於 Finding the Truth (Arick, dir.)

「藝術性上的差異」：Clarke Taylor, "'Kramer': Love on the Set," Los Angeles Times, 1978.11.12

但她還是有被嚇到的時候：出自作者與珍·亞歷山大的訪談，2015.5.8

「某人的妻子、某人的媽媽」：Kramer vs. Kramer (Benton, dir.)

「梅莉，妳可不可以別再扛著」：Christian Williams, "Scenes from the Battle of the Sexes," Washington Post, 1982.12.17

「看到桌上那玻璃杯嗎」：霍夫曼於 Finding the Truth (Arick, dir.)

「不要那樣對我說話」：Kramer vs. Kramer (Benton, dir.)

「下次你這麼做時」：Nick Smurthwaite, The Meryl Streep Story (New York: Beaufort Books, 1984), p. 53

「親愛的帕普先生」：NYSF, Box 2-122

「我的馬，我的牛」：威廉‧莎士比亞，《馴悍記》第三幕第二景。

「但她沒有受傷」：NYSF, Box 5-121

「我不敢相信」：Christopher Dixon 執導的電視電影 Kiss Me,Petruchio, 1981

「我的感受很矛盾」：同上。

「當你給予」：同上。

「喬就對我的行程沒意見」：Helen Epstein, Joe Papp: An American Life (Boston: Little, Brown, 1994), p. 335

特威德法院大樓：這棟大樓的歷史可在其網頁上看到：www.nyc.gov

「因為他是我的孩子」：這段台詞的第一個版本出現在拍攝腳本中，標註時間為 1978.9.5，由費修夫提供給作者。第二版是從電影中抄錄下來。

「持續最久的親密關係」：Kramer vs. Kramer (Benton, dir.)

在拍這場戲之前，達斯汀走到證人席：霍夫曼本人略為自豪地在 Finding the Truth 中講到這 段故事。

「我還沒有走出來」：de Dubovay, "Meryl Streep."

「兇殺案」：霍夫曼於 Finding the Truth (Arick, dir.)

「她為自己做了對的選擇」：MG

「在最讓人無法度過的時期」：NYSF, Box 1-173

「對於他選我作為接班人」： Epstein, Joe Papp: An American Life, p. 427。帕普最後的接班人是 JoAnne Akalaitis。他於 1991 年 10 月 31 日辭世。

「當我離開之後」：Benton, Kramer vs. Kramer 的拍攝腳本，1978.9.5

「這個成熟的演員」：Mel Gussow, "Stage: 'Alice' Downtown, with Meryl Streep," New York Times, 1978.12.29

「我早上起床後」：抄錄自電影最終呈現。

「這是梅莉‧史翠普的一季」：MG

「不是專業的」："Births," Variety, 1979.11.28

《生命初始的十二個月》：史翠普在 Diane de Dubovay 訪問的錄音帶中提到當媽媽的準備及去歐洲的旅行。文章刊登在 1980 年三月號的 Ladies' Home Journal；錄音帶則由 de Dubovay 家族交給作者。

「世界上最自然的事」：de Dubovay, "Meryl Streep."

「我一直都很重視我的工作」：同上。

在環球影業總裁呂‧瓦瑟曼的堅持下：Alan Alda, Things I Overheard While Talking to Myself(New York: Random House, 2007), p. 116

「雖然電影對自己的提問」：Frank Rich, "Grownups, A Child, Divorce, And Tears," Time, 1979.12.3

「《克拉瑪對克拉瑪》是一部曼哈頓電影」：Vincent Canby, "Screen: 'Kramer vs. Kramer,' "New York Times, 1979.12.19

總收入：Box Office Mojo

「很難不認爲結論」：Gary Arnold, "'Kramer vs. Kramer': The Family Divided," Washington Post, 1979.12.19

「我不斷想著喬安娜」：Barbara Grizzuti Harrison, "'Kramer vs. Kramer': Madonna, Child, and Mensch," Ms., 1980. 1

在麥克道格街購買牛仔吊帶褲：MG

夏威夷印花夾克：Mel Gussow, "The Rising Star of Meryl Streep," New York Times Magazine, 1979.2.4

她偏愛珍珠耳環：Joan Juliet Buck, "More of a Woman," Vogue, 1980.6

「哈囉……嗯……」：Paul Gray, "A Mother Finds Herself," Time, 1979.12.3

「生命的現實」：de Dubovay, "Meryl Streep."

男性避孕："Meryl Streep," People, 1979.12.24

「比蓋瑞市更不起眼」：Tony Scherman, " 'Holocaust' Survivor Shoots 'Deer Hunter,' Shuns Fame," Feature, 1979.2

「有魅力的領導者非常有趣」：MG

《郵差總按兩次鈴》：Kroll, "A Star for the '80s."

「滿腦大便」：MG

「爲了喜劇賭上生命」：Kroll,"A Star for the '80s."

「像鳥叫聲」：Buck, "More of a Woman."

「偷吃步」：MG

「尖細的蠟燭」：Dworkin, "Meryl Streep to the Rescue!"

「佛萊明派大師畫作中的天使」："People Are Talking About . . . ," Vogue, 1979.7

〈黃衣女子的肖像〉： Buck, "More of a Woman."

「梅莉藍」、「不只是另一個漂亮寶貝」：Gray,"A Mother Finds Herself."

「看到米蒂亞的影子」：Buck,"More of a Woman."

「像個灰姑娘故事」：Gray,"A Mother Finds Herself."

「隨遇而安」：de Dubovay, "Meryl Streep."

維吉尼亞州亞歷山卓亞市：MG

「過熱的一窩蜂」：John Skow, "What Makes Meryl Magic," Time, 1981.9.7

「我覺得，大家總認為演員」：Buck,"More of a Woman."

「達斯汀像技師般的縝密」：Schwartz,"Dustin Hoffman Vs. Nearly Everybody."

「我恨死她了」：Kroll,"A Star for the '80s."

「珍·芳達之後」：同上。

「什麼都感覺不到」：Bob Greene,"Streep," Esquire, 1984.12

「中等成就的演員」：Buck, "More of a Woman."

伍迪·艾倫的新年派對：派對細節來自 Charles Champlin, "An 'A' Party for Woody," Los Angeles Times, 1980.1.4

廣袤邊界開拓、自給自足的人：de Dubovay,"Meryl Streep."

「第一小姐」：Buck, "More of a Woman."

「左派共產黨猶太」：Woody Allen, dir., Annie Hall, United Artists, 1977

「把我放到月球上」：David Rosenthal, "Meryl Streep Stepping In and Out of Roles,"Rolling Stone, 1981.10.15

金球獎頒獎典禮：史翠普在 BBC 的 The Graham Norton Show 中講過這個故事，2015.1.9

「我媽哭了四次」：Beverly Beyette, "Justin Henry: A Little Speech, Just in Case …," Los Angeles Times, 1980.4.14

「輝煌的遺產」：第 52 屆奧斯卡獎頒獎典禮的致詞，1980.4.14

「好吧，肥皂劇獲勝了」：記者會的細節出自 Lee Grant, "Oscars Backstage: A Predictable Year," Los Angeles Times, 1980.4.15，以及 "'Kramer' Family Faces the Hollywood Press," UPI, 1980.4.15

「他們能同理米蘭達」：出自梅莉·史翠普在巴納德學院的畢業典禮致詞，2010.5.17

「有人把小金人掉在這」："The Crossed Fingers Worked, but Then Meryl Left Her Oscar in the John," People, 1980.4.28

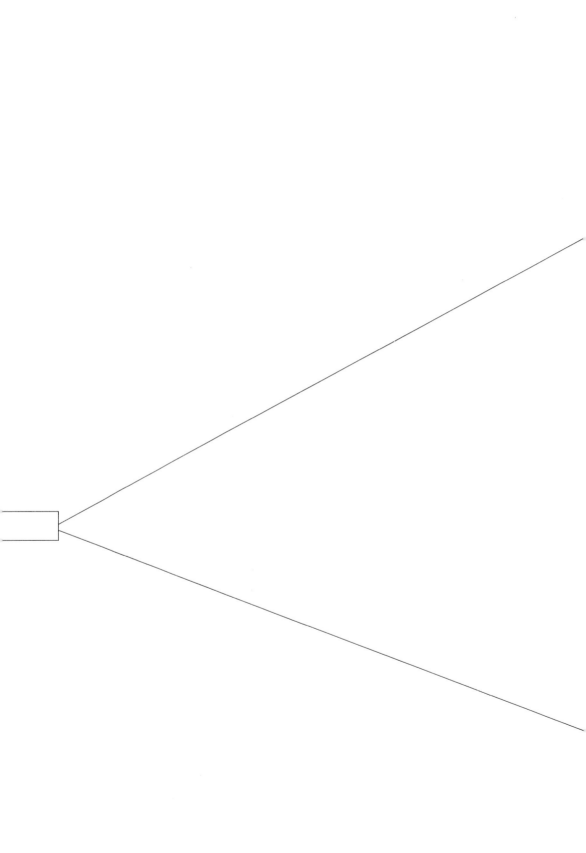

二魚文化　閃亮人生　B050

梅莉・史翠普：永遠的最佳女主角
Her Again：Becoming Meryl Streep

作　　　者　麥可・舒曼 Michael Schulman
譯　　　者　溫若涵
責任編輯　李亮瑩
美術設計　周晉夷
校　　　對　溫若涵、李亮瑩、郭正寧、葉珊、鄭雅勻
行銷企劃　郭正寧
讀者服務　詹淑真

出版者　二魚文化事業有限公司
發行人　葉珊
　　　　　地址　106 台北市大安區新生南路二段 2 號 6 樓
　　　　　網址　www.2-fishes.com
　　　　　電話　(02)23515288
　　　　　傳真　(02)23518061
　　　　　郵政劃撥帳號　19625599
　　　　　劃撥戶名　二魚文化事業有限公司

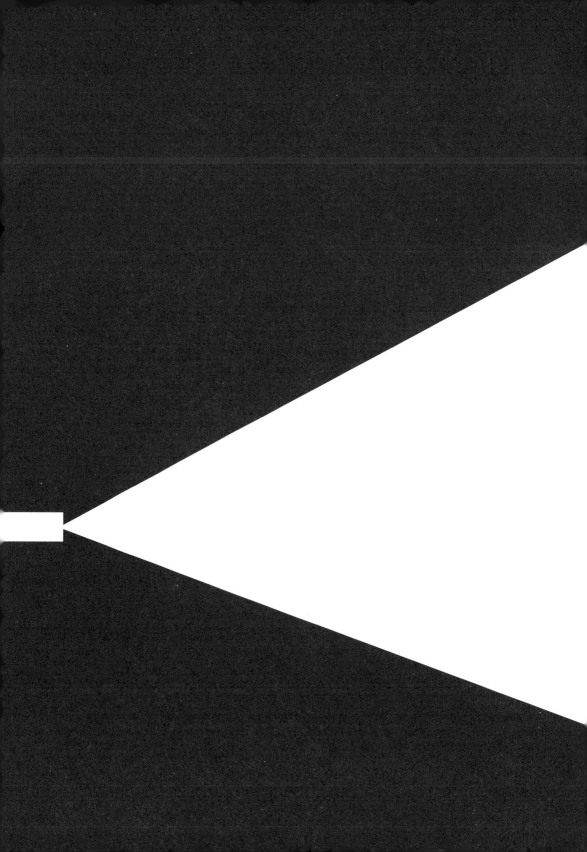

法律顧問　北辰著作權事務所、林鈺雄律師事務所
總 經 銷　黎銘圖書有限公司
　　　　　　　　　　電話　(02)89902588
　　　　　　　　　　傳真　(02)22901658

製版印刷　彩達印刷有限公司
初版一刷　二〇一七年十一月
Ｉ Ｓ Ｂ Ｎ　978-986-5813-92-5
定　　　價　五〇〇元

HER AGAIN@2016 by MICHAEL SCHULMAN
Complex Chinese language edition published in
agreement with Kuhn Projects LLC through The
Artemis Agency.
Jacket photograph © Evening Standard / Getty
Images
Interior illustrations©HarperCollins Publishers

國 家 圖 書 館 出 版 品 預 行 編 目 (CIP) 資 料
梅莉史翠普：永遠的最佳女主角 / 麥可.舒曼作 .
-- 初 版 . -- 臺 北 市 : 二 魚 文 化 , 2017.10
360 面 ; 17*23 公 分 . -- (閃 亮 人 生 ; B050)
譯 自：Her again : becoming Meryl Streep
Ｉ Ｓ Ｂ Ｎ　9 7 8 - 9 8 6 - 5 8 1 3 - 9 2 - 5 (平 裝)

1. 史 翠 普 (Streep, Meryl) 2. 演 員 3. 傳 記

785.28　　　　　　　　　　　　　　　106014189